中国社会科学院
经济研究所
INSTITUTE OF ECONOMICS

经济所人文库

李成勋集

中国社会科学院经济研究所学术委员会

组编

中国社会科学出版社

图书在版编目（CIP）数据

李成勋集/中国社会科学院经济研究所学术委员会组编.
—北京：中国社会科学出版社，2020.10
（经济所人文库）
ISBN 978 - 7 - 5203 - 6973 - 2

Ⅰ.①李… Ⅱ.①中… Ⅲ.①经济学—文集 Ⅳ.①F0 - 53

中国版本图书馆 CIP 数据核字（2020）第 145666 号

出 版 人	赵剑英
责任编辑	王 曦
责任校对	李斯佳
责任印制	戴 宽

出　　版	中国社会科学出版社
社　　址	北京鼓楼西大街甲 158 号
邮　　编	100720
网　　址	http://www.csspw.cn
发 行 部	010 - 84083685
门 市 部	010 - 84029450
经　　销	新华书店及其他书店
印刷装订	北京君升印刷有限公司
版　　次	2020 年 10 月第 1 版
印　　次	2020 年 10 月第 1 次印刷
开　　本	710×1000　1/16
印　　张	25
字　　数	337 千字
定　　价	128.00 元

贵的财富。

抚今怀昔，述往思来，在经济所迎来建所 90 周年之际，我们编选出版《经济所人文库》（以下简称《文库》），既是对历代经济所人的纪念和致敬，也是对当代经济所人的鞭策和勉励。

《文库》的编选，由中国社会科学院经济研究所学术委员会负总责，在多方征求意见、反复讨论的基础上，最终确定入选作者和编选方案。

《文库》第一辑凡 40 种，所选作者包括历史上的中央研究院院士，中华人民共和国成立后的中国科学院学部委员、中国社会科学院学部委员、中国社会科学院荣誉学部委员、历任经济所所长以及其他学界公认的学术泰斗和资深学者。

《文库》第二辑共 25 种，在延续第一辑入选条件的基础上，第二辑所选作者包括经济所学术泰斗和资深学者，中国社会科学院二级研究员，经济所学术委员会认定的学术带头人。

在坚持学术标准的前提下，同时考虑的是入选作者与经济所的关联。他们中的绝大部分，都在经济所度过了其学术生涯最重要的阶段。

《文库》所选文章，皆为入选作者最具代表性的论著。选文以论文为主，适当兼顾个人专著中的重要篇章。选文尽量侧重作者在经济所工作期间发表的学术成果，对于少数在中华人民共和国成立之前已成名的学者，以及调离经济所后又有大量论著发表的学者，选择范围适度放宽。为好中选优，每部文集控制在 30 万字以内。此外，考虑到编选体例的统一和阅读的便利，所选文章皆为中文著述，未收入以外文发表的作品。

《文库》每部文集的编选者，大部分为经济所各学科领域的中青年学者，其中很多都是作者的学生或再传弟子，也有部分系作者本人。这样的安排，有助于确保所选文章更准确地体现作者的理论贡献和学术观点。对编选者而言，这既是一次重温经济所所史、领略前辈学人风范的宝贵机会，也是激励自己踵武先贤、在学术研究道路上砥砺前行的强大动力。

　　《文库》选文涉及多个历史时期，时间跨度较大，因而立意、观点、视野等难免具有时代烙印和历史局限性。以现在的眼光来看，某些文章的理论观点或许已经过时，研究范式和研究方法或许已经陈旧，但为尊重作者、尊重历史起见，选入《文库》时仍保持原貌而未加改动。

　　《文库》的编选工作还将继续。随着时间的推移，我们还会将更多经济所人的优秀成果呈现给读者。

　　尽管我们为《文库》的编选付出了巨大努力，但由于时间紧迫，工作量浩繁，加之编选者个人的学术旨趣、偏好各不相同，《文库》在选文取舍上难免存在不妥之处，敬祈读者见谅。

　　入选《文库》的作者，有不少都曾出版过个人文集、选集甚至全集，这为我们此次编选提供了重要的选文来源和参考资料。《文库》能够顺利出版，离不开中国社会科学出版社领导和编辑人员的鼎力襄助。在此一并致谢！

　　一部经济所史，就是一部经济所人以自己的研究成果报效祖国和人民的历史，也是一部中国经济学人和中国经济学成长与发展历史的缩影。《文库》标示着经济所 90 年来曾经达到的学术高度。站在巨人的肩膀上，才能看得更远，走得更稳。借此机会，希望每一位经济所人在感受经济所 90 年荣光的同时，将《文库》作为继续前行的新起点和铺路石，为新时代的中国经济建设和中国经济学发展作出新的更大的贡献！

　　是为序。

于 2019 年 5 月

作者小传

李成勋，男，1934 年 3 月 9 日生于河南省获嘉县，1992 年 2 月进入经济所，先后聘任为研究员、博士研究生导师。他是著名的《资本论》研究专家和经济发展战略理论与实践研究专家，享受国务院特殊津贴，中共党员。

李成勋幼年生活在战乱之中。1938 年 2 月 18 日，日本侵略军的炮火燃烧到了他的家乡，他的母亲背着他和乡亲们一起逃出村子躲藏在附近的一座古冢里。他的记忆就是从这个难忘的时刻开始的。热爱祖国、仇恨侵略者的理念就在这个不足四周岁的幼小心灵里开始萌生。

李成勋 1941 年年初开始上学，他的父亲是一位小学教师，为了不使他到日伪办的学校接受奴化教育，就让他在自己办的私塾里学习中国传统典籍。次年私塾被迫停办后，只得到本村以后又到县城官办的小学读书。1944 年春天正在读小学四年级的他，又因日本鬼子抢占校舍，不得不先后两次转入私塾。这就使他有机会在私塾里熟读《论语》《大学》《中庸》和《孟子》这些儒家经典，从而使他对中国丰厚的传统文化有所认知。

日本投降后，他考入本县城关中心小学，1946 年夏毕业后考入设在新乡的国立第十中学。1947 年春因躲避战火学校迁至郑州市郊。1948 年 10 月郑州解放时，他是一个初中三年级的学生。他亲眼看到了威武雄壮的中国人民解放军奔赴战场的情景，也看到了被俘的大批大批的国民党士兵被押下战场的场面。这一波澜壮阔的解放战争的真实画面使他备受鼓舞并牢记心间。

1949 年 7 月，李成勋初中毕业后，年仅 15 岁的他毅然决然自主选择参加革命工作。他接受的第一个任务是在当时属于平原省的武陟县参加土地改革。经过三批土改后，这场对于中国农民和中国历史具有重大意义的革命斗争使他的心灵受到了震撼和锻炼。土改后，他被分派到县粮食局担任行政统计员。在武陟他曾被评为全县甲等工作模范。1951 年 4 月，他被上调到新乡专署粮食局工作，半年之后于 1951 年 11 月他又被选派到北京参加中央财政部粮食总局干训班学习储粮技术。1952 年 6 月学习结束后，他是少数几个幸运留京工作中的一个。这一年国家粮食部成立，他转任该部采购储存局防治检验技术室技术员。学习和从事技术工作，对他之后从事经济研究也颇有裨益。

1956 年 6 月，他报考中国人民大学经济学系，他是当年国家粮食部同时报考的 12 个考生中唯一被录取的。在中国人民大学，他获得"北京市优秀大学生"称号。1960 年夏毕业后留校任教，讲授马克思主义政治经济学。1963 年，他在著名的学术期刊《教学与研究》上发表了第一篇理论文章《帝国主义时期资本主义国家经济政治发展不平衡规律》。

粉碎"四人帮"后，李成勋从 1977 年开始讲授《资本论》。1979 年，他出版了第一本理论专著《马克思与〈资本论〉》。此著篇幅不大，但对《资本论》的写作背景、研究对象与方法、体系结构以及主要理论等做了简明而系统的论述，颇受经济学人和读者的好评。

1978 年到 1982 年，他从中国人民大学被借调到北京市委大学部继而又转借到国家教育部编写高校政治经济学教材，最后又转借到中央财经委员会经济体制改革调研组中的理论与方法组。组长为于光远。这期间他还出版了《〈资本论〉自学指南》一书。

1982 年 4 月，李成勋正式从中国人民大学调入中国社会科学院，在马列主义毛泽东思想研究所任马恩研究室副主任，继而任马克思主义基本理论研究室主任。1983 年他被评为副研究员。在此他除了参加于光远编写组的撰写和联络工作外，还开创性地研究了马克思《资本论》中的全部脚注，并将成果写成题为《一份珍贵的遗产——读马克思〈资本论〉中的脚注》一文，发表在《经济研究》1983 年第 4 期上，《人民日报》还转载了其中《足资楷模的治学风格》一节。

值得提出的是，李成勋鉴于家乡河南高教发展滞后，经过一番奔波，在教育主管部门和地方党政领导支持下，于 1985 年在河南新乡市创办了一所大学——平原大学。本世纪初，他又多方助力，促成平原大学与新乡高等师专和新乡教育学院整合成名为"新乡学院"的本科院校。一介书生能为家乡创办大学，实属不易。

1986 年 3 月，李成勋调入本院研究生院任教务长，并兼任中国社会科学院学位评定委员会秘书长，后来又兼任本校马克思主义理论教研部主任。1988 年被评为教授。

在研究生院，他除了完成教学行政工作外，还讲授《资本论》和《经济发展战略学》两门课。为了在本院开展博士后工作，1988 年，他曾到法国和瑞士考察博士后工作经验。1989 年，他出版了国内首部《经济发展战略学》。

1992 年 2 月，他调入经济研究所，被聘为研究员，并兼任中国社会科学院可持续发展研究中心秘书长及本院马克思主义研究院特聘研究员。他到所后主持了一系列重大科研项目，其中两项是和"双百梦想"相关的大型课题：一是 1997 年完成的《1996—2050 年中国经济社会发展战略——走向现代化的构想》；一是《2020 年的中国——对未来经济技术社会文化生态环境的展望》。此外，还参与主持了国家社科基金重点课题暨中国社会科学院重大课题《中国可持续发展研究》。同时他作为中国发展战略学研究会副理事长兼经济战略专业委员会主任还经常带领专家团队深入到全国各地，为地方政府和大型国企研制发展战略规划，其目的在于为创建经济发展战略学这门新学科奠定实践基础。在此期间，他除了两次完成《经济发展战略学》的修订版外，2009 年还出版了《区域经济发展战略学》，2012 年出版了《企业发展战略学》，2015 年出版了《产业发展战略学》。同时还坚持《资本论》的深化研究，2018 年出版了《〈资本论〉基本原理求索》一书。并且从 70 周岁开始每五年出版一部以《李成勋学案》定名的论文集，至今已出版了四集。

2001 年，李成勋曾赴美访问美国共产党及其他左派政党，了解有关美国共运现状。2007 年，李成勋被推选为世界政治经济学学会顾问，此后他曾先后到日本、法国、美国、墨西哥等国参加学会的年会并发表学术演讲。

今年已经 85 周岁的李成勋，老当益壮，眼下他除了不倦地读、不停地写以外，还带着五位在读的"马工程"博士研究生。他的人生理念是："活到老、学到老、干到老、反思到老"；"学马列、讲马列、用马列、坚持马列"。并且坚持"与人为善""助人为乐"的为人风格。

目　录

资本主义即帝国主义时期却有着不同的作用形式和后果。

在垄断前资本主义时期，即在 19 世纪 70 年代以前，资本主义国家发展不平衡作用的形式和后果，正如斯大林同志曾经指出的："当时资本主义的发展是相当平稳、相当缓慢的，一些国家是在很长一段时间内不经过跃进、不一定经过世界规模的军事冲突而超过另一些国家的。"① 这是因为在 19 世纪 70 年代以前，整个资本主义还处于上升阶段，那时企业数目众多，生产比较分散，自由竞争占统治地位，现代生产技术还没有高度发达，因此，资本主义各国可以比较平稳地向前发展；同时，世界上还存在着广大的未被资本主义占领的土地，各国还可以自由地向外扩张而不一定相互去争夺属于对方的土地，这样，就不会导致世界规模的军事冲突。17 世纪的荷兰是最发达的资本主义国家，其工业生产、海上航运和世界贸易都居于世界首位，英国从 17 世纪到 18 世纪赶上并超过荷兰。18 世纪下半期英国开始产业革命后，就成为世界工业最发达的国家，它在工业方面的领先地位曾经保持了一百多年之久。法国从 18 世纪末资产阶级大革命后，资本主义虽然有了较迅速的发展，并超过了其他许多西欧国家，但是从 18 世纪到 19 世纪它始终落在英国后面。德国和美国直到 19 世纪 80 年代以前也长期落在英国后面。在这一时期，虽然曾经发生过争夺海上霸权和殖民地的战争，但还没有发生过世界规模的军事冲突。由上可知，资本主义国家经济政治发展不平衡的规律在这一时期还没有成为瓦解资本主义的有利因素。

到了 19 世纪末和 20 世纪初，自由竞争的资本主义过渡到了垄断的资本主义即帝国主义。在帝国主义时期，资本主义国家经济政治发展的不平衡空前加剧了。这种不平衡性首先表现在企业之间，由于垄断的统治，竞争更加激烈。在残酷的竞争中，依据"弱肉强食"的原则，那些强大的垄断组织便进一步迅速发展起来，广大的中小企业便日益被排挤甚至被吞没，某些大企业也不能不屈从于更

---

① 《斯大林全集》第 9 卷，人民出版社 1954 年版，第 95 页。

狡猾更强大的敌手。这一切都使生产和资本更加集中在少数的大企业手中，从而大大加剧了企业间发展的不平衡性。

在帝国主义时期，各个生产部门之间发展的不平衡性也更加严重了。一些新兴的工业部门，由于技术较新、市场较大、利润较多、生产集中程度较高等，从而能够得到迅猛的、跳跃式的发展；而在一些旧的工业部门中，由于市场较小、获利较难、生产比较分散和限于大量旧的投资的累赘而无法大量采用新技术，所以它的发展十分迟缓而停滞不前。例如，在 19 世纪末 20 世纪初，垄断形成的过程中及垄断形成后的初期，那些原来在工业中占主要地位的由旧技术装备起来的、比较分散的棉纺、毛纺等轻工业部门，就逐渐让位给由新技术装备起来的、比较集中的机械制造工业、动力工业等重工业部门。这种工业部门之间的发展不平衡性，到了资本主义总危机时期便更为加剧，在总危机时期，与帝国主义扩军备战相联系的军事工业部门及获利较高的化学工业部门等的发展又较其他部门更为迅速。

在资本主义各生产部门之间发展不平衡加剧的基础上，资本主义国家之间的发展不平衡也大大加剧起来了。那些在国民经济中以新兴的生产部门占优势的年轻的资本主义国家可以飞快地发展，而那些在国民经济中以旧的生产部门为基础的较老的资本主义国家，由于被旧的投资的沉重包袱所压制而不能大量采用新技术，否则便会为资本家的固定资产带来严重的无形损耗，权衡目前的得失，这些国家的资本家宁愿维持原有的旧技术以至发展停滞，最终并被新兴的资本主义国家迅速地超过。

到了帝国主义时期，资本主义国家经济政治发展不平衡规律的作用加剧，使各国的发展不平衡具有了跳跃性，并由此会引起严重的后果，因此，各资本主义国家发展的不平衡就成为瓦解资本主义的强有力的因素。

在帝国主义时期，由于自由竞争为垄断所代替，资本主义的基本经济规律在帝国主义时期就表现为保证最大限度的资本主义利润的规律。在这一规律支配下，垄断组织采取加紧剥削和掠夺国内广大人民的办法以及发动战争和国民经济军事化的办法以保证获取垄断高额利润，而不求诸技术的改进，这就加深了它的腐朽性，使经济发展具有停滞趋势；同时，在竞争的逼使下，垄断组织有时又不得不设法采用新技术和扩大生产规模，特别是与国民经济军事化有关的生产发展较快。正是由于上述两方面作用的消长变化在各个国家的表现不同，因而使得帝国主义时期资本主义国家经济政治的不平衡发展具有跳跃性。可具体分述如下：

首先，在垄断统治确立过程中急速发展起来的现代技术在这里起着极重要的作用。发展较晚的年轻的资本主义国家，由于不受旧的投资的拖累，一开始就利用了当代技术发展的新成果，以新的技术装备和生产方法来发展自己的工业，特别是发展了那些新兴的工业部门，因而能够跳跃式地前进，在很短的时期内赶上并超过老的资本主义国家。同时，在较老的资本主义国家中，由于垄断统治而产生的寄生、腐朽趋势已开始阻滞这些国家工业的发展。例如，新兴的资本主义国家德国和美国，在 19 世纪末 20 世纪初，就利用技术发展的新成果，迅速发展了冶金工业和建立了机械制造工业、电机工业及化学工业等新兴的工业部门，因此，它们很快地加入了世界竞争的行列，赶上并超过了建立在由旧技术装备起来的纺织、采煤等生产部门基础上的老旧的英国。

其次，资本输出也是使各资本主义国家发展不平衡加剧的一个重要因素。资本输出的后果就输出资本的国家来说，一方面固然使这些国家的财富得到增值，同时，通过输出资本使这些国家在世界市场上的地位也大大巩固起来；但另一方面，由于大量资本的输出影响到国内工业装备的更新和改进，阻碍了这些国家经济的发展。这种情形在 19 世纪末 20 世纪初法国经济史上表现得特别明显，从 1871 年普法战争到第一次世界大战，法国输出的资本增加了 3.5—4 倍，但工业发展的速度却落后于美、德、英各国。资本输出对英国经济的发展也有重大影响，它把由资本输出得来的巨额利润，用在进一步扩充其在殖民地的经营范围及寄生性的消费上，从而使其经济发展速度日渐迟缓。

最后，和上述两点相联系的市场竞争力量的变化也加剧了资本主义国家发展的不平衡性。经济发展迅速的国家有可能降低商品的成本，从而夺取其他发展缓慢的国家的市场，这就加剧了这两种国家在经济发展速度上的不平衡性。例如，建立在旧技术基础上的英国的棉纺织业，由于竞争不过新兴的日本等国的棉纺织业而输出额不断下降。1913年其棉纺织品输出总额占全世界的73%，1928年则降为57%，1935年更降至37%。

由于上述原因，在帝国主义时期资本主义国家经济发展的不平衡就具有跳跃性，各国经济实力对比发生了空前迅速的变化。例如，1786年到1880年，美国工业生产增加了113%，英国在同一时期只增加了56%；1890年到1913年，德国的工业生产增加了148%，英国在同一时期只增加了61%。在1860年，占世界工业生产第一位的是英国，其次是法国，那时德国和美国还刚刚走上世界舞台。十年以后，情形发生了变化。美国超过了法国，居世界工业生产的第二位。又过了十年，美国超过了英国，占据世界工业生产的第一位。同时，德国又超过了法国，占据第三位。20世纪初，德国又挤掉了英国，居美国之后，列为世界第二位。在上述各国经济发展不平衡加剧的情况下，各国政治上的不平衡也日益严重起来。这主要表现在随着各国经济实力的变化，它们的政治军事力量对比也发生了显著变化。

帝国主义时期资本主义国家经济政治发展不平衡的直接后果之一，是帝国主义国家之间对抗性矛盾的加剧，并由此而必然导致帝国主义战争。在帝国主义时期，那些迅速强大起来的新兴的资本主义国家，为了攫取国外市场、原料产地、投资场所，从而扩张势力、争夺霸权，必然要提出领土要求，但是在帝国主义阶段世界领土已经瓜分完毕，更没有"无主的"土地可供占领。在这种情况下，已经改变了的各国经济军事力量对比的状况必然同它们原有的殖民地和势力范围的划分发生矛盾，这就不可避免地要引起帝国主义列强之间重新分割世界的你死我活的斗争，这种斗争最终必将导致帝国主义战争。列宁曾经指出过："试问，要在资本主义基础上消除生产力发展和资本积累同财政资本对殖民地和'势力范围'的分割之间的不相适应的状况，除了用战争以外，还能有什么其他办法呢？"[1]列宁的论断雄辩地指明了只要有帝国主义存在，就必然会发生帝国主义之间的战争。20世纪发生的两次世界大战充分证明了列宁这一论断的正确性。

在20世纪初期，列宁从帝国主义时期资本主义国家经济政治发展不平衡规律出发，彻底批判了第二国际的机会主义者考茨基的臭名昭著的"超帝国主义论"。所谓"超帝国主义"，按照考茨基的说法，就是由于垄断的出现，全世界的帝国主义者将联合起来，用相互妥协的办法来消弭彼此间的冲突和战争，从而达到永久的和平。这一反动谬论的目的，在于掩盖垄断资本主义的深刻矛盾，否认帝国主义时期资本主义国家经济政治发展不平衡规律，制造帝国主义可能和平发展的幻想，用资产阶级的改良主义来偷换马克思主义的革命理论，从而解除工人阶级的思想武装。事实是帝国主义在瓜分世界领土的斗争中，有时它们虽然会结成一定的政治同盟，但是这种政治同盟亦如国际垄断同盟一样是不稳固的，帝国主义国家之间的暂时政治同盟，已经包含了新的冲突、新的帝国主义战争的因素，一旦实力对比发生变化，重新瓜分世界的斗争就会演变成帝国主义之间的战争。"超帝国主义"是绝不可能实现的，它不过是一种"超等废话"而已。

列宁关于帝国主义时期资本主义国家经济政治发展不平衡的理论和他的其他论断一样在现在仍然是有效的，资本主义的现实状况充分证明了这一点。第二次世界大战的结果，德、意、日三国战败了，英、法大大削弱了，只有美国在战时又一次发了横财成为资本

---

[1] 《列宁全集》第22卷，人民出版社1958年版，第268页。

主义世界的霸主。但是，战后十几年来，一方面，由于美帝国主义寄生性、腐朽性的加强，以及国民经济军事化的发展和资本输出的空前增加；另一方面，由于战败国为了恢复战争创伤而进行了大规模的固定资产的更新等，资本主义国家发展不平衡较之前更为严重了，帝国主义阵营内部发生了不利于美国的变化。从工业增长速度来看，1953—1961 年发生的变化是：美国增长了 20%，英国 28%，法国 84%，西德 91%，日本 217%。可见，美国工业增长的速度日益落后于其他资本主义国家；由此，它在资本主义世界工业生产中所占的比重也日益下降：1948 年为 53.4%，1953 年为 51.6%，1960 年为 44.1%，1961 年更下降为 43.0%；同样，它在资本主义世界出口贸易中的比重，也由 1947 年的 32.5% 降为 1961 年的 17.7%。但是，我们知道，尽管美国的经济发展速度落在一系列资本主义国家的后面，但它仍未失去它在资本主义世界中的霸主地位。因此，目前资本主义世界的发展就出现了这样一种局面，即一方面是美国力图保持和扩大它在资本主义世界中的垄断地位；另一方面其他一些帝国主义和资本主义国家则力图摆脱美帝国主义的羁绊。这说明美帝国主义和其他帝国主义之间的矛盾已达尖锐化的程度。在第二次世界大战后，由于一系列社会主义国家的出现，使资本主义市场大大缩小了，以及亚、非、拉美一系列民族独立国家的成立，瓦解了帝国主义在这些地方的垄断地位，因此，帝国主义之间所固有的矛盾，不仅在美帝国主义与其他帝国主义之间日益尖锐，而且就所有帝国主义国家之间的关系来说，其矛盾不是比过去缓和了，而是比过去更尖锐了。当前，英国与法国围绕"西欧共同市场"的斗争，法国与西德在"西欧共同市场"内部的斗争，都进行得十分紧张。帝国主义各国之间还在亚、非、拉美以及西欧为争夺市场和势力范围而激烈冲突，甚至达到了火拼的程度。帝国主义之间的矛盾就它们的实际利益来说，比它们同社会主义国家之间的矛盾更直接、更现实、更迫切。所以，那些把当代世界的矛盾简单地只看成是社会主义阵营和帝国主义阵营之间的矛盾的观点是十分错误的。

帝国主义时期资本主义国家经济政治发展不平衡规律，是列宁关于社会主义可能首先在少数国家或者甚至在单独一国胜利的学说的出发点。列宁指出："经济政治发展的不平衡是资本主义的绝对规律。由此就应得出结论：社会主义可能首先在少数或者甚至在单独一个资本主义国家内获得胜利。"①

帝国主义阶段，由于资本主义经济政治发展不平衡规律的作用的加剧，必然导致帝国主义各国之间为重新瓜分世界领土的战争，这种情形下，帝国主义世界体系的各种矛盾就极端尖锐化起来。同时，资本主义发展不平衡规律也预先决定了各国无产阶级革命成熟时机不同。有些国家，由于阶级矛盾十分尖锐、无产阶级的觉悟程度和组织程度较高，加以无产阶级如能和农民建立起巩固的联盟，那么，在无产阶级政党的正确领导下，革命成熟的时机就可能早一些；相反，有些国家就可能晚一些。因此，社会主义不可能同时在一切国家获得胜利，而将首先在少数甚或一个国家内获得胜利。

列宁关于社会主义可能首先在少数甚或在一个国家内胜利的学说，是对马克思主义的重大发展。在 19 世纪 40 年代，马克思和恩格斯根据当时的情况曾经认为，社会主义革命不可能单独在某一个国家内获得胜利，它只有在一切或大多数文明国家内同时发生才能胜利，这个结论在当时是完全正确的；但是，到了帝国主义时期这个结论就不正确了。列宁根据已经变化了的历史条件，得出了社会主义可能首先在少数甚或一个国家内获得胜利的新结论。机会主义者托洛茨基，曾经故意把资本主义国家发展的不平衡性和它们的经济发展水平的差异混为一谈，并借故资本主义国家在个别年份发展水平差异的缩小来否定资本主义国家发展不平衡规律，进而否认社会主义在一个国家内胜利的可能性。

列宁尖锐地批判了各色资产阶级的、机会主义和修正主义的谬论，得出了这个新结论，从而把无产阶级的战略思想提高到了一个

---

① 《列宁全集》第 21 卷，人民出版社 1959 年版，第 321 页。

新阶段，武装了各国的无产阶级。在列宁这一光辉思想照耀下，1917 年，俄国首先取得了伟大十月社会主义革命的胜利。沿着十月革命的道路，在第二次世界大战后，亚洲、欧洲一系列国家的无产阶级又取得了社会主义革命的胜利；接着，在拉丁美洲，古巴也走上了发展社会主义的道路。

社会主义在某些国家的胜利，并不是无产阶级革命的最后胜利，它只是无产阶级世界革命的开始，已经胜利了的社会主义国家，为世界革命建立了根据地、支撑点和突击队，它的任务在于积极支援和促进其他国家的无产阶级争取共产主义在全世界的胜利。

（原载《教学与研究》1963 年第 4 期）

劳动二重性学说是理解政治经济学的枢纽

马克思主义的政治经济学，具有十分严密的科学体系和理论结构。因此，学习和研究它必须按照其内在联系、抓住关键问题，步步深入地去理解。

马克思指出，生产商品的劳动的二重性"是理解政治经济学的枢纽"。① 所以，我们要想很好地理解马克思主义的政治经济学，就需要首先弄清这个枢纽点，弄清它本身的含义以及它为什么成为理解上的枢纽。下面就这些问题作些粗浅论述。

我们知道，《资本论》分析资本主义生产关系是从分析商品开始的，因为商品是资本主义生产方式的细胞。马克思主义的政治经济学认为，每个商品都具有两方面的性质：一方面，它具有使用价值，即具有一定的效用，可以满足人们的某种需要，如食品可以充饥，衣服可以御寒，等等；另一方面，它又具有交换价值，即可以用来按照一定比例和别的商品相交换，如1件上衣＝50斤粮食。那么，为什么这两种商品必须按照上述比例相交换呢？这是因为任何商品不管其使用价值如何不同，但都花费了人类的劳动，即都具有价值，因而可以互相比较。上述两种商品能够按一定比例相交换，证明它们都包含有同样多的人类劳动，即同样多的价值。所以，价值是交换价值的基础，交换价值则是价值的表现形式。归结起来说，商品的二重性，就是从同一商品既具有使用价值又具有价值这两方面的性质而言的。

---

① 《资本论》第一卷，人民出版社2004年版，第55页。

　　商品为什么必然具有这二重的性质呢？这是因为，一切商品都是为交换而生产的劳动产品，所以商品的二重性质，就要从生产商品的劳动的性质里去探索。马克思科学地论证了生产商品的劳动也具有二重性。商品的二重性就是由劳动的二重性决定的。那么，劳动的二重性表现在哪里呢？从一方面看，生产商品的劳动是具体的、特殊的、各不相同的。例如，种庄稼的劳动不同于织布的，而织布的劳动又不同于打铁的，如此等等。生产商品的劳动从这方面看，就是具体劳动，或称有用劳动。具体劳动由于有着不同的目的、操作方式、对象和手段，因而就有着不同的结果。所以不同的具体劳动具有不同的性质。具体劳动创造了商品的使用价值。从另一方面看，如果把生产商品的劳动的特定性质撇开，也就是把劳动的有用性质撇开，那么，生产商品的劳动就只剩下一个共同点：它是人类劳动力的耗费。尽管具体劳动千差万别，但它都是人的脑力、肌肉、神经、手等的劳动耗费。从这个意义上考察，生产商品的劳动又是抽象劳动，或称一般人类劳动。抽象劳动在质上是等同的，它只有量的差别。抽象劳动形成商品的价值，或者说，商品价值就是一般人类劳动的凝结，或者说是人类一般劳动的凝结。马克思对于劳动二重性以及它同商品二重性的关系曾经作过如下精辟的概括："一切劳动，一方面是人类劳动力在生理学意义上的耗费；就相同的或抽象的人类劳动这个属性来说，它形成商品价值。一切劳动，另一方面是人类劳动力在特殊的有一定目的的形式上的耗费；就具体的有用的劳动这个属性来说，它生产使用价值。"① 具体劳动是人类社会生存的条件，它反映人和自然的关系。抽象劳动是劳动的社会属性，它反映人和人之间的一定的社会关系，因而它是一个历史范畴，一定的社会条件消失了，人们也就没有必要考察抽象劳动了。

　　现在，需要进一步研究生产其他劳动产品的劳动为什么不具有二重性，而生产商品的劳动为什么具有二重性？要解决这个问题，

---

① 《资本论》第一卷，人民出版社 2004 年版，第 60 页。

就必须从商品生产产生的社会根源上，或者说从它存在的社会条件上去探索。人类历史上出现商品生产，最初必须具备两个条件：一是社会分工的发展；一是生产资料私有制的存在。由于社会分工，使得生产者之间结成了相互联系、相互依存的关系，每个生产者的劳动都是社会总劳动的一部分，因而劳动就取得了社会劳动的性质。同时，由于生产资料私有制的存在，劳动又是生产者私人的事情，劳动成果也归私人所有，因而劳动就具有私人性质。私人劳动和社会劳动的矛盾是商品生产的基本矛盾。正是这一矛盾决定了生产商品的劳动具有二重性。那么，劳动的二重性是怎样在这一矛盾的基础上产生的呢？我们知道，私人劳动首先要表现为具体劳动，而每个私人劳动，只有通过商品交换才能对社会有用，才能得到社会的承认，从而也才能转化为社会劳动。但要进行商品交换，各种具体劳动因性质不同无法进行比较，也就是说，无法确定交换的比例，这就要求抛开劳动的具体特点，单纯比较一般人类劳动力的耗费，这就是要把具体劳动还原为抽象劳动。这样，生产商品的劳动就具有了具体劳动和抽象劳动两方面的性质。

以上就是马克思的劳动的二重性学说的基本内容。生产商品的劳动的二重性，是由马克思首先批判证明的。已往的经济学者，包括资产阶级处于上升时期它的被称为古典经济学的最有成就的代表，也没有分清劳动的二重性。马克思指出："古典政治经济学在任何地方也没有明确地和十分有意识地把表现为价值的劳动同表现为产品使用价值的劳动区分开。……它从来没有意识到，各种劳动的纯粹量的差别是以它们的质的统一或等同为前提的，因而是以它们化为抽象人类劳动为前提的。"① 可见，科学地证明劳动的二重性的功绩，完全是属于马克思的。

那么，生产商品的劳动二重性，为什么是理解政治经济学的枢纽呢？我们应当怎样去把握这个枢纽呢？这可以从以下几个方面加

① 《资本论》第一卷，人民出版社 2004 年版，第 98 页注（31）。

以说明。

一　劳动二重性学说是科学的劳动价值论的核心

科学的劳动价值论是马克思主义政治经济学的出发点。政治经济学的一切分析和论证都是由此一步一步展开的。没有劳动价值论作基础，剩余价值论也就得不到证明，关于资本积累的理论等也无法科学地论证。在马克思以前，资产阶级古典经济学者虽然也曾对商品价值作出某些正确的分析，承认价值是劳动创造的，但是由于阶级的局限性，他们的劳动价值论是极不完善的、极不彻底的。他们只是笼统地说到了劳动，但从未明确地把具体劳动和抽象劳动区分开来。马克思创立了劳动二重性学说，就正确地指明：生产商品的具体劳动创造了商品的使用价值，抽象劳动则形成了商品的价值。并由此揭示了商品、价值等绝不仅仅是物，而是在物的掩盖下人与人关系的体现。

同时，由于劳动二重性学说的建立，也就解决了商品价值量的确定问题。商品价值既然是一般人类劳动即抽象劳动的凝结，因而商品的价值量也就是由生产商品所耗费的一般人类劳动量决定的。劳动量是按劳动时间计算的。所以，商品价值量就是由生产商品所耗费的劳动时间来确定，不过它不是由个别生产者的个别劳动时间而是由社会必要劳动时间来确定。"社会必要劳动时间是在现有的社会正常的生产条件下，在社会平均的劳动熟练程度和劳动强度下制造某种使用价值所需要的劳动时间。"① 商品价值量是由社会必要劳动时间决定的规律，就是商品经济的共有规律——价值规律。

以上分析说明了，由于马克思的劳动二重性学说的阐明，就使劳动价值论成为完全科学的理论。所以说，劳动二重性学说是科学的劳动价值论的核心，没有劳动二重性学说，也就没有科学的劳动

---

① 《资本论》第一卷，人民出版社 2004 年版，第 52 页。

价值论。

二 劳动二重性学说是阐明剩余价值来源的关键

列宁说过："剩余价值学说是马克思经济理论的基石。"[1] 剩余价值规律是资本主义社会的基本经济规律。剩余价值理论的中心问题是剩余价值来源问题。马克思以劳动二重性的原理为基础，科学地阐明了剩余价值的来源，从而彻底粉碎了资产阶级学者为了替资本主义剥削制度辩护而编造出来的种种谬论。那么，马克思是怎样运用劳动二重性原理揭露剩余价值来源的呢？

我们知道，资本家要进行生产，必须在劳动市场上购买劳动力，还必须在商品市场上购买生产资料，有了这些条件便可以开始资本主义的生产过程。在生产过程中，雇佣工人以具体劳动利用生产设备对原材料进行加工，制造出一个新的使用价值即新的产品出来。在此过程中，工人就把生产时耗费的生产资料的价值转移到新产品中来了，其中包括耗费掉的原材料的价值和生产设备磨损的价值。至此还不能说明剩余价值的来源问题，因为具体劳动只是在创造新的使用价值时转移和保存了耗费掉的生产资料的原有价值即旧价值，原有价值是多少，就只能转移和保存多少，并未增加分文。但是，生产商品的劳动还有另一方面的性质即抽象劳动，工人在转移旧价值和创造新的使用价值的同时，由于耗费了一定数量的一般人类劳动即抽象劳动，所以又形成了一部分新价值。这部分新价值，除了补偿劳动力本身的价值即工人的工资以外还有剩余，这剩余的部分就是剩余价值。可见，剩余价值就是雇佣工人的劳动创造的被资本家无偿占有的超过劳动力价值以上的价值。到这里，剩余价值的来源问题，由于运用劳动二重性的原理而得到了科学的说明。

---

① 《列宁选集》第2卷，人民出版社1995年版，第312页。

三　劳动二重性学说是资本划分为不变资本和可变资本的依据

资本在生产过程中，采取生产资料和劳动力这样两种不同的形态，这两部分资本在剩余价值的生产上所起的作用是完全不同的。为了进一步揭露剩余价值的来源和阐明资本主义的剥削实质，马克思运用自己所创立的劳动二重性学说，对这两部分资本及其不同作用，进行了科学的划分。

在剩余价值生产过程中，生产资料这部分资本的价值，只是通过工人的具体劳动转换了自己的物质形态，如由木材、油漆等的形态，转换为家具的形态，但它不发生任何价值量的变化，不发生增值。所以，马克思把这部分资本称作不变资本。

资本的另一部分，即资本家用以购买劳动力的那一部分资本。由于劳动力的价值不是被转移，而是由工人的劳动再生产出来，而且工人在生产中新加入的劳动即新耗费的体力和脑力这种抽象意义上的劳动，所形成的新价值，不仅包括劳动力价值的等量，而且包括一定数量的剩余价值。也就是说，这部分资本在生产过程中发生了价值增值，说明它是一个可变的量。所以，马克思把这部分资本称作可变资本。

运用劳动二重性的学说，根据资本的各个因素在价值增值过程中的不同作用，把资本划分为不变资本和可变资本，这是马克思的伟大功绩之一。一切资产阶级经济学者，由于他们的阶级局限性，不仅不能而且竭力反对对资本进行这种划分。因为这一科学的划分，进一步证明了剩余价值仅仅是可变资本带来的，也就是说从剥削雇佣工人的劳动中得来的，资本家发财致富的唯一来源，就在于此。同时，这一科学划分，还便于揭露资本家对工人的剥削程度。这一科学划分，也为资本有机构成学说的形成奠定了基础。

四 劳动二重性学说有力地支撑了社会资本再生产问题的分析论证

再生产理论是马克思主义政治经济学的重要组成部分。为了说明社会资本再生产和流通过程，马克思把社会总产品作为分析的出发点，着重分析社会总产品如何实现，就是它如何在价值上和实物上得到补偿。为此，马克思依据自己所创立的劳动二重性学说，对社会总产品在价值上划分为三部分，即不变资本、可变资本和剩余价值。不变资本部分，是全社会劳动者在一定时期内，通过具体劳动转移过来的生产资料的旧价值；可变资本部分，是劳动者在转移旧价值的同时以抽象劳动形成的一部分新价值，它是用以补偿劳动力价值的那部分新价值；剩余价值部分，是劳动者的抽象劳动形成的另一部分新价值，是被资本家无偿占有的那部分价值。在再生产过程中，社会总产品的三个部分，都必须在价值上和实物上得到相应的补偿。否则再生产便不能顺利进行。可见，对社会总产品的这种划分，就为研究再生产问题奠定了一个重要的理论前提。

资产阶级经济学者曾经长期研究社会资本再生产问题，但都没有得到科学的结论。例如，古典经济学的主要代表人物之一亚当·斯密，就把社会总产品的价值只分解为各种收入，即只分解为可变资本和剩余价值两部分，而不变资本的补偿被排除了。他的这一错误，就是把一定时期内劳动者新创造的价值当成了社会总产品的全部价值。他之所以对社会总产品不能在价值上作出正确的划分，一个重要的原因，就是由于他不懂得劳动的二重性，因而不了解工人的劳动在创造新价值的同时，还必然把生产资料的旧价值转移到产品中去。可见，劳动二重性学说，对于正确分析社会资本再生产问题，有着密切的联系。

以上分析虽然是很不完善的，但也足以说明劳动二重性学说在马克思主义政治经济学理论体系中的重要地位。马克思的劳动二重性学说，的确是理解政治经济学的枢纽，一系列重要原理，只有借助于它，才能迎刃而解。劳动二重性学说，就像一把钥匙，通过它可以打开马克思主义政治经济学的理论宝库。所以，我们要想学好弄通马克思主义的政治经济学，就必须很好地理解马克思在《资本论》中所创立的劳动二重性学说。

（原载《北京师院学报》1978 年第 1 期）

剩余价值学说是马克思经济理论的基石

马克思在自己的科学劳动价值论的基础上创立了剩余价值学说，并且以这一学说为武器彻底批判了资产阶级经济学，揭示了资本主义经济运动的规律，建立了以剩余价值理论为中心的无产阶级政治经济学的完整体系，实现了政治经济学史上的伟大革命，从此反映无产阶级根本利益的马克思主义政治经济学诞生了。剩余价值学说是马克思主义经济理论的基石。所以，我们弄清了剩余价值学说，就掌握了打开马克思主义政治经济学理论宝库的钥匙。

要说明剩余价值学说为什么是马克思经济理论的基石，我们必须首先了解剩余价值学说的基本内容。

马克思的剩余价值学说的核心是阐明剩余价值的来源和本质。为此，马克思首先分析了货币是怎样转化为资本的。我们知道，资本首先表现为一定数量的货币。因为任何一个资本家在开始他的经营活动时，都必须掌握一定数量的货币，以便购买生产资料和招雇工人。但是，货币本身并不就是资本，当作货币的货币和当作资本的货币在本质上是不同的。为了说明它们的区别，马克思比较了简单商品流通和资本流通两种公式。简单商品流通公式是：商品—货币—商品。这一公式表明简单商品流通就是为买而卖，即卖出自己所生产的商品，换回货币，是为了再买自己所需的商品。一般来说，这里是不存在剥削关系的。资本流通的公式是：货币—商品—更多的货币。这一公式表明资本流通是为卖而买，即垫付资本，购买商品，是为了赚得更多的货币。马克思把投入资本流通的货币价值的这种增值，叫做剩余价值。正是这种"增值"，使货币变为资本。

那么，货币是怎样增值的呢？也就是说剩余价值是从哪里来的呢？它不可能是在商品流通中产生的，因为商品流通中通行的是等价交换的原则，即使贱买贵卖，由于买主和卖主之间的盈亏必然会抵消，所以就全社会来说，货币还是不能增值的。因此，资本家要获得剩余价值就必须在市场上找到这样一种商品，它的使用价值本身具有成为价值源泉的性质，就是说，它的使用过程同时就是价值的创造过程。这种商品是有的，那就是人的劳动力。

马克思在政治经济学史上对劳动和劳动力第一次做了科学的区分，从而为探寻剩余价值的来源铺平了道路。劳动力就是存在于正常人的身体中的劳动能力，而劳动则是劳动力的使用和发挥。劳动力作为商品同其他商品一样，具有价值和使用价值两方面的性质。劳动力的价值和其他商品的价值一样，是由生产和再生产劳动力这一商品的社会必要劳动时间决定的。由于劳动力是存在于工人身体中的，要维持工人的劳动力，就必须维持工人的生存和传宗接代。所以劳动力的价值就由工人及其家属所需要的生活资料的价值决定的。劳动力的使用价值则具有自己的特点。其他商品使用价值的被使用，就是被消费了，而劳动力使用价值的发挥就是劳动，它是价值的源泉，不仅可以创造出等于劳动力价值的价值，而且可以创造出更大的价值。

资本家购买了劳动力这一商品，就像购买了其他商品，使用权归他所有。于是资本家就强迫工人整天做工，比如说，让工人一天干十二小时的活儿，其实工人在六小时内，就能创造出等于劳动力价值的价值，所以这六小时称做必要劳动时间；其余六小时则创造出资本家不付任何报酬的剩余价值，所以这六小时就叫做剩余劳动时间。可见，剩余价值就是雇佣工人的劳动创造的被资本家无偿占有的超过劳动力价值以上的价值。以上分析已经说明了剩余价值的来源就是雇佣工人的无偿劳动。剩余价值的本质就是资产阶级和无产阶级之间剥削和被剥削的一种生产关系。

马克思为了进一步论证剩余价值的来源，根据资本的不同部分在剩余价值生产中的不同作用，把资本划分为两部分，一部分是用在购买生产资料上的资本，这一部分资本在生产中只是把自己的价值一次性地（如原材料）或逐步地（如机器设备）转移到新产品中去，而不发生价值量的变化，所以叫做不变资本。另一部分是用在招雇工人即购买劳动力上面的资本，正是这一部分资本在生产中发生了价值量的增值，为资本家带来了剩余价值，所以叫做可变资本。剩余价值同可变资本之比，就是剩余价值率，它表示资本家对工人的剥削程度。

资本家进行生产的目的就是攫取剩余价值，因而他们总是要千方百计地提高剩余价值率。马克思分析了资本家提高剩余价值率、增加剩余价值生产的两种基本方法：一种是靠绝对延长劳动日来增加剩余劳动时间；一种是靠缩短必要劳动时间来相对地增加剩余劳动时间。前者叫做绝对剩余价值生产，后者叫做相对剩余价值生产。

马克思的剩余价值学说，还包括对资本主义工资实质的揭露。从表面上看，工资就好像是劳动的价格，资产阶级及其经济学者也正是这样宣扬的。他们说什么，资本家付给工人的工资是工人全部劳动的报酬，因而不存在什么资本家对工人的剥削。马克思则证明，工人出卖的只能是劳动力，而不是劳动。劳动是工人出卖劳动力以后才表现出来的。所以资本主义制度下工人得到的工资，绝不是劳动的价格，而是劳动力价值和价格的表现形式。工资只是工人所创造的全部价值的一部分，另一部分则作为剩余价值被资本家无偿占有了。马克思通过对资本主义工资实质的揭露，剩余价值理论就得到了更完整更充分的论证。所以，工资理论是马克思剩余价值理论体系的重要组成部分。

概括说来，对货币如何转化为资本，资本怎样带来剩余价值，资本家又怎样不断提高剩余价值率，以及雇佣工人工资的实质等问题的科学论证，就构成了马克思剩余价值学说的基本内容。我们弄清了剩余价值学说的基本内容，就可以进一步研究剩余价值学说为什么是马克思主义经济理论的基石了，不过对于这个问题只有在系统地钻研了马克思的《资本论》的全部内容之后，才能获得比较透彻的理解，而且要对它做出比较充分的阐述，还需要相当的篇幅，这里只能够为认识这一问题提供一个粗浅的框架。这里分作以下几个方面加以论述。

第一，在剩余价值学说的基础上，才能揭露资本的本质。

从现象上看，资本首先表现为一定数量的货币，而后又表现为厂房、机器、原材料以及制成的各种产品等。但是，这些东西本身并不就是资本。如果说凡是货币、机器就是资本，那将是十分荒谬的。我们从剩余价值的生产过程可以知道，货币、机器等只有在一定的生产关系下才成为资本，也就是说，只有资本家占有了它们，并用以作为剥削工人的手段，给他带来剩余价值时，才成为资本。马克思说过："黑人就是黑人。只有在一定的关系下，他才成为奴隶。纺纱机是纺棉花的机器，只有在一定的关系下，它才成为资本。脱离了这种关系，它也就不是资本了，就象黄金本身并不是货币，沙糖并不是沙糖的价格一样。"① 可见，资本是能够带来剩余价值的价值，它本质上是资产阶级和无产阶级之间剥削和被剥削的一种生产关系。

资产阶级经济学者为了替资本主义制度辩护，把生产资料说成是资本，有的甚至更荒谬地宣扬原始人使用石块和木棒就已经是资本的起源。我们从马克思的剩余价值学说可以知道，资本绝不是生产资料这些物本身，它只是体现在某些物上面的一定的生产关系。但是，资本家剥削工人这种生产关系一旦表现在物上面，就给人以假象，好像这些物本身天然就是资本，天然就具有增值的能力，这种虚幻的看法，就是资本的拜物教观念。马克思的剩余价值学说，彻底戳穿了这种反映资产阶级利益的虚幻观念，为我们认识资本的本质提供了理论依据。

剩余价值学说揭露了资本的本质，同时也就揭露了资产阶级的

---

① 《马克思恩格斯选集》第 1 卷，人民出版社 1972 年版，第 362 页。

本质。所谓资本家不过是人格化的资本。资本的本性就是资本家的本性。资本是能够带来剩余价值的价值，资本家就是专门攫取剩余价值的剥削者。不管资本家如何美化自己，在马克思的剩余价值学说面前，它的吸血鬼的面貌立刻就会暴露无遗。马克思说，资本家追逐剩余价值的欲望是无止境的。工人"'只要还有一块肉、一根筋、一滴血可供榨取'，吸血鬼就决不罢休。"[1]

　　剩余价值学说揭露了资本的本质和资产阶级的本质，就为揭露整个资本主义制度的本质奠定了基础。马克思指出："资本主义生产——实质上就是剩余价值的生产，就是剩余劳动的吮吸"，"生产剩余价值或赚钱，是这个生产方式的绝对规律"。[2] 尽量榨取工人的剩余劳动，获得更多的剩余价值，是资本主义生产的唯一动机和直接目的，这一点决定了资本主义生产方式的一切主要方面。剩余价值规律，就是资本主义的基本经济规律。可见，资本主义制度就是一个残酷的人剥削人的制度。但是，这一剥削制度具有不同于其他剥削制度的特点。在奴隶主义和封建主义的剥削制度下，人剥削人是赤裸裸的，而资本主义的剥削制度则蒙上了一层自由、平等的面纱。从表面上看，工人可以自由地出卖劳动力，自由地选择雇主，但事实上工人的这种自由不过是被剥削的自由。工人可以暂时摆脱某个资本家，但是却摆脱不了被剥削的阶级地位。从表面上看，工人和资本家之间好像是一种平等的关系，因为劳动力的买卖仍然通行着等价交换的原则，但事实上资本家是在等价交换原则的基础上，无偿地占有了工人大量的剩余劳动。可见，马克思的剩余价值学说就像一面照妖镜，它可以透过伪装把资本主义剥削制度的原形照得一清二楚。

　　第二，在剩余价值学说的基础上，才能揭示出资本主义积累的一般规律和资本积累的历史趋势。

　　马克思在剩余价值学说的基础上，建立了关于资本积累的理论。

---

① 《资本论》第一卷，人民出版社 2004 年版，第 349 页。
② 同上书，第 307、714 页。

资本积累的理论是马克思经济理论的重要组成部分。马克思通过对资本积累的科学分析，阐明了资本积累的一般规律和资本积累的历史趋势。资本家把剩余价值的一部分转化为资本，就是资本的积累。而资本积累的结果是，资本主义的生产规模扩大，剥削程度提高，资本主义生产关系普遍化。所以，随着资本积累的进行，财富越来越集中在少数资本家手中，而贫困则越来越集中在广大工人身上。资本越是积累，无产阶级越是贫困化，二者之间的这种内在必然联系，就是资本积累的一般规律。这一规律作用的结果使得资产阶级和无产阶级的经济地位日益悬殊，从而导致它们之间的阶级矛盾越来越尖锐。资产阶级经济学者散布的资本积累是为了"社会进步"呀，"资本积累只能对工人有好处"呀，等等荒谬说教，不过是自欺欺人的一派胡言。

马克思在剩余价值学说基础上阐明的资本积累的历史趋势，具有重大的革命意义。资本家是靠剥夺小生产者起家的，资本家使用暴力使小生产者和他们的生产资料相分离，从而把小生产者转化为无产者，把他们的劳动条件转化为资本。当资本主义生产关系确立之后，随着资本积累的进行，生产社会性和占有私人性这一资本主义社会的基本矛盾日益尖锐，表现这一矛盾的无产阶级和资产阶级的对立愈演愈烈。这时，"对私有者的进一步剥夺，就会采取新的形式。现在要剥夺的已经不再是独立经营的劳动者，而是剥削许多工人的资本家了。""资本的垄断成了与这种垄断一起并在这种垄断之下繁盛起来的生产方式的桎梏。生产资料的集中和劳动的社会化，达到了同它们的资本主义外壳不能相容的地步。这个外壳就要炸毁了。资本主义私有制的丧钟就要响了。剥夺者就要被剥夺了。"① 这就是资本积累的历史趋势。

第三，在剩余价值学说的基础上，才能阐明资本流通的实质。

马克思不仅在剩余价值学说的基础上，阐明了资本主义生产的

---

① 《资本论》第一卷，人民出版社 2004 年版，第 873—874 页。

实质，而且阐明了资本主义流通的实质。对资本流通的分析，在马克思的经济理论中占有重要的地位，因为资本家剥削工人的整个过程，就是生产过程和流通过程的统一。那么，资本流通的实质是什么呢？我们知道，资本家以一定量的货币到市场上去购买生产资料，到劳动力市场上去购买劳动力，这时资本就处于流通过程。资本有了生产资料和劳动力就开始了生产过程。在生产过程中，资本得到了增值。包含剩余价值的商品生产出来以后，就需要到市场上去出售，这时资本又处于流通过程。只有商品出售以后，商品中的价值和剩余价值才能得到实现，从而资本主义的生产过程才能周而复始地进行下去。所以，资本家为获得日益增多的剩余价值，总是要加速资本的流通，促进资本的循环和周转。这就告诉我们，如果说资本主义生产的实质是生产剩余价值，那么，资本主义流通的实质就是实现剩余价值。因此，资本主义的流通仍然是资产阶级和无产阶级之间的剥削和被剥削关系的一种体现。资产阶级经济学者，由于没有也不可能有正确的剩余价值理论，所以他们仅仅把流通过程看作资本在空间的变动，或者只把资本的流通归结为物的流通，只有马克思的《资本论》才揭示出资本流通实质上是阶级关系的物的形式的更替。

马克思还从资本流通的角度，考察了社会资本再生产问题，正确地分析了社会经济各部门之间的比例关系，从而在政治经济学史上首创了科学的再生产理论。这一原理，对于我们今天搞好社会主义市场经济的宏观调控，有着十分重要的意义。

第四，在剩余价值学说的基础上，才能澄清资本主义社会各个剥削集团收入的真正来源。

资产阶级经济学者为了替资本主义剥削制度辩护，编造了一个所谓"三位一体的公式"，即"资本—利润（企业主收入加上利息），土地—地租，劳动—工资"。就是说，他们认为在资本主义社会里，职能资本家得到的利润和借贷资本家得到的利息，是由自己的资本创造的；大土地所有者得到的地租，是土地创造的；工人得到的工资，则是劳动的价格。这样，资本主义社会三大阶级在生产中各以自己的"贡献"，得到了应有的"报酬"。他们既然各有所得，也就可以相安无事了。这个所谓"三位一体的公式"，是资本主义社会里一种最流行最普遍的资产阶级传统观念，它掩盖了资本主义社会各个剥削集团收入的真正来源，美化了资本主义制度。

马克思在《资本论》中依据自己的科学劳动价值论和剩余价值论，建立了平均利润和生产价格理论，从而彻底揭露了资本主义社会各个剥削集团收入的真正来源。马克思指出资本主义利润的实质就是剩余价值。剩余价值和全部预付资本之比，就是利润率。资本家为了追逐更多的剩余价值，进行着激烈的竞争，等量资本就要求获得等量利润，于是在竞争的基础上就形成了平均利润率。平均利润率形成后，商品价值就转化为生产价格，它等于成本价格（不变资本加可变资本）加平均利润。

在资本主义社会里，不仅产业资本家要获得平均利润，而且处于流通领域的商业资本家和银行资本家也要获得平均利润。商业资本家获得的商业利润，从表面上看是从购销差价中来的，实质上则是产业资本家分割给他的一部分剩余价值。银行资本家获得的银行利润，从表面上看是来自存放款利息的差额，实质上则是其他资本家转让给他的一部分剩余价值。此外，还有一种借贷资本家，这是一种凭借自己手中握有的货币资本专靠吃利息过活的资本家。他所获得的利息并不是他所拥有的货币本身产生的，而是从贷款的资本家那里瓜分来的一部分剩余价值。在资本主义社会里还有一个剥削集团，就是大土地所有者，他以自己的土地所有权而获得地租。但地租绝不是土地本身创造的，而是由农业工人的剩余劳动创造的，由租地农业资本家交给大土地所有者的超过平均利润以上的一部分剩余价值。在这里我们不难看出，资本主义制度下的各色各样的剥削者，就是靠吸吮工人所创造的剩余价值过活的，工人的血汗就是他们的收入的真正来源。他们共同地剥削工人阶级，工人阶级共同地受他们的剥削。所以，工人阶级要获得解放，就必须推翻整个资产阶级，彻底消灭资本主义制度。

以上几个方面的分析清楚地表明，剩余价值学说就像一根红线，贯穿在马克思经济理论的整个体系中。在这一学说的基础上，马克思揭示了资本主义经济的运动规律，阐明了无产阶级和资产阶级之间阶级对抗的深刻经济根源，批驳了资产阶级及其学者的种种谬论，得出资本主义制度必然灭亡的革命结论，从而为无产阶级的解放斗争提供了强大的理论武器。所以，我们要想读懂弄通马克思的《资本论》，就必须深刻理解马克思的剩余价值学说。

应当明确，剩余价值学说的意义远不限于政治经济学领域。恩格斯对于剩余价值说曾经给予了很高的评价。他把剩余价值学说和唯物主义历史观看作马克思一生对人类历史作出的两大贡献，并且认为，科学社会主义就是建立在这两个重要理论根据之上的。恩格斯说过，剩余价值来源"这个问题的解决使明亮的阳光照进了经济学的各个领域，而在这些领域中，从前社会主义者也曾像资产阶级经济学家一样在深沉的黑暗中摸索。科学社会主义就是以这个问题的解决为起点，并以此为中心的"①。

今天，我们学习马克思的伟大的剩余价值学说，仍然有着十分重要的现实意义。掌握这一学说，不仅可以使我们更好地理解马克思主义的政治经济学，提高我们的理论水平，而且可以使我们更深刻地弄清什么是剥削，什么是阶级，什么是资本主义，什么是资产阶级，从而使我们更自觉、更坚定地坚持社会主义道路。

（原载《北京师院学报》1978 年第 2 期）

---

① 《马克思恩格斯文集》第 9 卷，人民出版社 2009 年版，第 212 页。

流通·速度·效果

——学习《资本论》第二卷笔记

《资本论》第二卷所阐明的资本流通的原理，对于我们研究社会主义经济问题有着重要的指导意义。这里简略说明学习和运用这些原理，对于保证我们的经济健康发展和提高经济效益和质量的重要意义。

一 从物质资料生产和再生产过程看，《资本论》中关于资本流通的理论完全适用于社会主义市场经济

《资本论》第二卷研究的对象是资本的流通过程，其目的在于揭示剩余价值的实现问题。其原理抽象掉资本主义生产关系的特性，就物质资料再生产规律而言，完全可以运用于我们社会主义市场经济的运营与发展中。大家知道，我们的社会主义市场经济是建立在以公有制经济为主体、多种所有制经济同时发展基础上的。这里适应分析问题的需要，将现实的社会主义市场经济典型化为以公有制为基础的市场经济，将社会主义市场经济中的资本称作资金。这样做是为了更便于说明《资本论》中的相关原理是如何运用于社会主义市场经济中的。

马克思在《资本论》中的论述表明，资本主义的经济过程具有二重性，即一方面它是剩余价值生产和实现的过程；另一方面它又是物质资料生产和再生产的过程。由此可知，作为剩余价值生产过程和流通过程相统一的资本的流通，和社会主义的资金流通必然存

在着本质上的区别，由于二者反映的经济关系不同而成为性质不同的两种流通。同时，资本的流通作为物质资料生产和再生产的过程，和社会主义的资金流通又必然具有很大的共同性，因为它们都要阐明生产条件的形式变换和物质变换问题。它们的这种共同性，还由于下列两个原因而具有更直接、更具体的联系：第一，社会主义生产和资本主义生产都是商品生产，虽然这两种商品生产存在着各不相同的特点；第二，社会主义生产和资本主义生产都是社会化的大生产，虽然由于历史的原因，在社会主义和资本主义的不同国度里，生产社会化的程度会有所不同。

就资本流通和社会主义资金流通的区别来说主要在于：资本流通是为了资本价值的增值，即为了满足资本家攫取剩余价值的需要；社会主义资金流通的目的，则是满足广大劳动者日益增长的物质文化需要。还有，资本的流通是盲目的、无政府状态的，社会主义市场经济的资金流通则是在政府宏观调控指导下进行的，因而具有一定的计划性。

资本流通和社会主义资金流通的共同性主要表现在：（1）资本流通和社会主义资金流通，都有着从货币到商品、从商品到货币的形式转化；（2）企业内部的循环都经历着生产准备、生产和售卖三个阶段，循环的全过程都是生产时间和流通时间之和；（3）流通都需要消耗一定费用，包括纯粹流通费和生产性流通费；（4）企业的生产要素都可按其价值周转的方式不同，划分为固定部分和流动部分；（5）影响周转速度的物质技术因素，如劳动生产率、交通运输业的发展程度等都是大体相同的；（6）社会再生产的核心问题都是社会总产品的实现问题，简单再生产和扩大再生产的实现条件都是两大部类的按比例发展；（7）扩大再生产依其特点都可分为外延的扩大再生产和内涵的扩大再生产两类；等等。

马克思的《资本论》正是从资本主义经济过程具有二重性这一客观实际出发，不仅把资本主义经济过程作为历史上独特的生产关系来分析，同时又是作为人类生存的物质条件的生产过程来分析。

这就使我们不仅可以从马克思对资本主义生产关系的分析中得到教益，而且可以从他把资本主义经济过程作为一般的物质资料生产和再生产过程的分析中得到教益。就《资本论》第二卷来说，只要我们抽去资本流通过程中的特定的资本主义生产关系的性质，马克思所阐明的流通和再生产的一般原理完全可以用来指导社会主义经济问题的研究，包括对经济发展速度问题和经济效益问题的研究。

二　资本运动的连续性和比例性是保证资本运行速度的基本条件

马克思指出："资本作为自行增殖的价值……它只能理解为运动，而不能理解为静止物。"① 资本既然是一种运动，就必须有一定的速度，倘若没有任何速度，也就等于没有运动，那时资本就成了一种"静止物"。资本一旦变成"静止物"，也就不能带来剩余价值，于是资本也就不成其为资本了。

《资本论》第二卷不仅直接分析了个别资本循环和周转的速度问题，而且系统地、科学地阐明了社会资本流通的形式和条件，弄清这些形式和条件，也就解决了怎样加快社会资本的流通速度问题。

我们知道，社会主义经济发展的目的是满足人们日益增长的物质文化需要，因而一般地说，它的发展速度越快就越有利于实现社会主义生产目的。可见，问题不在于要不要加快速度，而在于如何按照资金运动的规律，在保证经济发展质量的条件下合理安排经济发展的速度。

第一，要提高企业资金循环的速度，必须保持资金循环的连续性。马克思指出："连续性是资本主义生产的特征，是由资本主义生产的技术基础所决定的，虽然这种连续性并不总是可以无条件地达到的。"② 那么，保持资本循环连续性从而保证资金循环速度的条件

---

① 《资本论》第二卷，人民出版社 2004 年版，第 121—122 页。
② 同上书，第 118 页。

是什么呢？依据《资本论》第二卷第四章的分析，这个条件就是资本必须同时并列在资本循环的各个阶段上，也就是必须同时分布在各个资本形式上；而为了保证资本在空间上的同时并列，不同形式的资本的运动必须在时间上相继进行，即必须依次由前一种形式转化为后一种形式。简单地说，资本在空间上的"同时并列"和在时间上的"相继进行"，就是保证资本循环连续性的基本条件。

在社会主义经济中，要加快企业资金循环的速度，就必须组织好企业内部供、产、销的综合平衡。

资本循环的三个阶段，相当于我们社会主义企业经营中的供、产、销三个环节。"供"，是企业的生产准备阶段。在这个阶段，企业要用货币资金购买各种生产资料和招收劳动力，准备生产。"产"，是企业的生产阶段。在这个阶段，劳动者利用劳动手段把原材料加工成商品，从而把生产资金转化为商品资金。"销"，是企业的售卖阶段。在这个阶段，商品资金又转化为货币资金。至此，企业资金循环就完成了一个周期。

为了保证资金循环的连续性，企业必须按照资金的技术构成，把资金按比例地分配在货币资金、生产资金和商品资金三种资金形式上，使其同时并存。并且还要让各种资金形式的流通相继进行，即当生产资金转化为商品资金时，货币资金必须转化为生产资金，随之商品资金也必须转化为货币资金。这样，才能避免企业资金循环的中断。马克思说："这种连续性本身就是一种劳动生产力。"[①]

目前，有些企业资金循环的连续性差、速度慢，原因是多方面的，或者由于计划"留有缺口"，致使企业生产资料得不到充分供应；或者由于企业的资金大部分系无偿供给而不注意有效地利用；再或者由于交通运输业的运力不足，不能做到"货畅其流"；等等。我们只有认真克服资金循环的具体障碍，并排除产生这些障碍的原因，才可以有效地提高企业资金运动的速度。

---

① 《资本论》第二卷，人民出版社 2004 年版，第 312 页。

第二，要加快资金周转的速度，必须缩短企业资金周转的时间。社会主义企业资金的周转时间，同样是生产时间和流通时间之和，而且生产时间也是由劳动时间、自然力作用时间和停工时间三部分构成的。劳动时间是直接创造产品的时间，必须注意充分利用。在同样的劳动时间内，如果能够提高劳动者的劳动技能、改善劳动组织、革新生产设备和工艺方法，就可以使产品数量增加、质量提高。还应充分利用现代科学技术来缩短自然力作用时间，如采用红外线烘干产品就比在日光下曝晒产品大大节省时间。至于停工时间，应该采取一切经济、技术措施加以削减。

社会主义企业资金的流通时间仍由购买时间和售卖时间两部分组成。因此，加强商业和银行的作用，搞好市场预测，做到产需结合，广开流通渠道，减少流通环节，压缩不必要的储备，就成为缩短流通时间的必要措施。流通时间的缩短，有可能使流通费用相应地节约，这无疑会加快资金的周转。

当然应该看到，在企业采用一定技术组织措施来缩短生产时间和流通时间时，有可能需要增加一定的投资。追加投资会增加企业资金的总额，从而妨碍资金周转速度的提高，因而企业应该尽量采取"少花钱多办事"的办法，力求节约资金。

在生产资金中，固定资金和流动资金的比例对资金周转速度的影响很大。在企业资金总额中，固定资金所占比重越大，则资金周转的速度就越慢。我国对国营企业的固定资金曾经长期实行无偿供给和无偿调拨的办法，因而各企业、各部门"争投资、争设备"之风盛行；当它们争到手之后，就既不注意维护，又不充分利用，以致造成惊人的积压和浪费。改革开放以后，实行固定资产有偿使用和确认企业有转售、租赁固定资产的权利之后，企业资金的周转速度就大大提高了。

为了加快整个社会资金的周转，政府还应该严格控制周转期过长的部门的发展。马克思指出："如果我们设想一个社会不是资本主义社会，而是共产主义社会……问题就简单地归纳为：社会必须预先计算好，能把多少劳动、生产资料和生活资料用在这样一些产业部门而不致受任何损害，这些部门，如铁路建设，在一年或一年以上的较长时间内不提供任何生产资料和生活资料，不提供任何有用效果，但会从全年总生产中取走劳动、生产资料和生活资料。"[①] 因此，我们在确定诸如大中型基础设施建设的规模和速度时，由于它们的周转期过长，而必须充分考虑国力（国民收入、人力和自然资源等）所可能负担的程度。当然，在必须削减基本建设项目时，也应该慎重从事，做好经济预测工作，不能简单地砍削，以免过分妨碍有关部门的发展，造成生产萎缩，影响经济效益和经济增长速度。

第三，从社会资金再生产来看，要加快经济的发展速度，关键在于安排好各部门之间的比例关系。马克思在《资本论》第二卷第三篇中，以社会总产品的实现问题为核心，创立了科学的社会再生产理论，解决了重农学派想阐明而未阐明的问题。他成功地运用了抽象法，将千差万别的社会产品归结为生产资料和消费资料两种，相应地将错综复杂的社会生产部门划分为两大部类，即生产生产资料的第一部类（Ⅰ）和生产生活资料的第二部类（Ⅱ）。而每一部类产品的价值又分为 $c + v + m$ 三部分。在此基础上，马克思天才地揭示了社会再生产的前提条件和实现条件。简单再生产的前提条件和实现条件是一致的，即 $Ⅰ(v + m) = Ⅱc$；扩大再生产的前提条件是：$Ⅰ(v + m) > Ⅱc$，其实现条件则为：$\left(v + \dfrac{m}{z} + \dfrac{m}{x}\right) = Ⅱc + \dfrac{m}{y}$（$\dfrac{m}{x}$ 表示资本家的消费；$\dfrac{m}{y}$ 表示追加的不变资本；$\dfrac{m}{z}$ 表示追加的可变资本）。

马克思所揭示的上述原理，为我们研究社会主义再生产问题提供了一把钥匙。它告诉我们：要使社会再生产正常进行，必须使两大部类按比例发展。

两大部类的关系还原到实际经济生活中，大体上和重工业同农业、轻工业的关系相对应。国民收入中积累和消费的比例，又应该

同重工业和农业、轻工业的产品构成大体上相对应。新中国成立以来，在较长时间内，由于我们缺乏经验和受国外经验的影响，在经济生活中片面推行"以钢为纲"的方针，严重地存在着"重重、轻轻、轻农"和一味追求高积累的倾向，以致我们在经济上虽然付出了很大代价，然而并未达到预期的目的。需要注意的是，当我们在后来决心纠正长期被破坏的比例关系时，又不能只是从控制重工业的发展来相对提高农业、轻工业在国民经济中的比例。正确的做法应该是通过大力发展农业、轻工业，来纠正严重失调的比例关系，否则就既不能建立合理的产业结构，使国民经济按比例地发展，又可能减缓国民经济的增长速度。

总起来说，依据《资本论》第二卷的原理可知，资金只有在不断的流通中才能增长，而增长必须具有一定的速度。要保持资金运动的速度，就单个企业来说，必须保持资金循环的连续性和缩短资金周转的时间；就整个国民经济来说，必须保持各部门之间和社会再生产各环节之间的比例关系。为此，企业经营管理的改善和不断增强宏观调控的科学性就是十分必要的了。

三　良好的经济效益是经济快速发展的保障

由上可知，国民经济的发展，没有合理的比例就没有必要的速度。但是并非任何一种比例关系都可以使经济快速发展的。事实证明，不同的比例结构可以出现不同的发展速度：高速度、中速度、低速度甚至仅能维护简单再生产。因此，全面的见解应该是，要争取快速发展，必须按比例发展；但按比例不一定能够实现高速度，关键在于建立怎样的比例。

马克思的再生产原理和我国社会主义建设的实践还表明，经济的发展速度和一定的积累率是分不开的，因为没有积累就不可能为扩大再生产追加生产资料和劳动力。但是，能不能说积累率越高经济发展就越快呢？事实不然。我国第一个五年计划期间和1963—

1965 年经济调整时期积累率并不高，只有 25% 左右，但经济增长的速度却比较快；而从 1958 年开始的"大跃进"时期，积累率曾高达 40% 左右，结果经济的发展不但没有实现高速度，反而大幅度地下降。这是为什么呢？这是由于积累过多必然引起基本建设规模过大，一旦它超过了工农业生产负担的可能，就必然挤掉现行生产所需要的生产资料和生活资料，以致妨碍现行生产的发展，造成国民经济失去平衡，人民生活的改善也会受到影响，这就可能严重挫伤广大劳动者的生产积极性。在这种情况下，生产的停滞和下降就是不可避免的了。

马克思在分析扩大再生产时指出："如果生产场所扩大了，就是在外延上扩大；如果生产资料效率提高了，就是在内涵上扩大。"[1] 又说："生产逐年扩大是由于两个原因：第一，由于投入生产的资本不断增长；第二，由于资本使用的效率不断提高。"[2] 这就是说，要扩大再生产，要提高经济发展的速度，除了增加积累、追加投资之外，还必须注意提高经济效益，也就是要提高经济运行和发展的质量。在目前我国经济发展方式还比较粗放的情况下，认真研究如何以提高经济效益来保证经济发展的速度就更为重要了。当然在社会主义国民经济条件下，我们不仅要考察个别企业的经济效益和质量，还要从宏观经济角度来考察经济的效益和质量，这正是社会主义国民经济的特殊要求。

马克思说："在一切社会状态下，人们对生产生活资料所耗费的劳动时间必然是关心的，虽然在不同的发展阶段上关心的程度不同。"[3] 社会主义的生产目的决定了它比已往任何社会都更加关心生产中物化劳动和活劳动耗费的节省，也就是说，关心经济效益。我国经济发展的实践充分证明了：高效益下的高速度才是真正的高速度，而用高消耗所获取的高速度则只能是暂时的，最终必然导致速度下降甚至倒退。可见，讲求经济效益和加快经济发展速度的关系

① 《资本论》第二卷，人民出版社 2004 年版，第 192 页。
② 《马克思恩格斯全集》第 26 卷第 2 册，人民出版社 1973 年版，第 598 页。
③ 《资本论》第一卷，人民出版社 2004 年版，第 88—89 页。

是十分紧密的。主要依据如下：

第一，讲求经济效益可以促进劳动生产率提高；

第二，讲求经济效益可以充分发挥生产设备的作用；

第三，讲求经济效益可以节约大量原材料和燃料、动力；

第四，讲求经济效益可以节约大量资金；

第五，讲求经济效益可以提高基本建设投资的效果。

以上说明，讲求经济效益对于加快国民经济发展速度具有多方面的促进作用。这是因为决定经济效益的因素和决定发展速度的因素在许多方面是一致的，当然不是在一切方面都一样。发展速度的提高也可以从增加劳动力消耗而暂时取得，并不一定都是提高经济效益的结果，但是经济效益的提高则必然会增进经济发展速度。通过讲求经济效益来保持必要的经济发展速度，是一条符合我国国情的加快我国社会主义现代化建设步伐的重要途径。为此，我们要注意微观效益和宏观效益的协调；把暂时的效益和长远的效益结合起来；在宏观调控下充分发挥地区优势；不仅注意劳动的利用效益，还要提高自然资源的利用效益；并且应该把视野扩大到国际市场，以增加经济效益的办法来提高我国商品的竞争力。总之，我们要千方百计地以最少的人力、物力和财力的消耗取得最大的经济效益。

长期以来，我国经济运行和发展的方式比较粗放，目前经济效益同世界发达国家相比尚有较大差距，为了实现建设社会主义现代化强国的愿景，我们应该借鉴《资本论》第二卷资本循环与周转和社会资本再生产原理，切实调整产业结构、保持国民经济的合理比例关系、转变经济发展方式、加快资金的周转速度，开启经济发展的新动能，真正做到按客观规律办事，提高经济运行与发展的质量和效益，使我们的经济形势出现一个新局面。

（原载《经济理论与经济管理》1981 年第 6 期）

挡不住竞争的洪流

——读《资本论》笔记

"挡不住竞争的洪流"，这是恩格斯在他的早期名著《政治经济学批判大纲》里的一句话。他指出："……竞争转为垄断。另一方面，垄断也挡不住竞争的洪流；而且，它本身还会引起竞争，正如禁止输入或高额关税直接引起走私的竞争一样。"① 历史的辩证法正是这样，凡是具有客观必然性的东西，只要它赖以活动的经济条件还存在，不管人们的喜怒哀乐，它总要顽强地表现自己。在我们建立社会主义生产资料公有制以后的很长一段时间里，尽管还存在着商品生产和商品交换，但一直讳言竞争，视竞争和社会主义水火不相容、冰炭不同器，总要把经济统得很死、管得很紧，唯恐给竞争留下活动的余地。然而客观规律终归是不可违反的。长期以来，我们的经济活动效率低，效果差，严酷的事实终于迫使我们正视了竞争规律的存在。当今道路既已打通，今后我们将鞭策"竞争"这匹战马，让它沿着社会主义现代化建设的大道奔驰。

为了使自己更深刻地认识客观规律，我仔细研读了《资本论》中的有关论述，并兼及恩格斯和列宁的某些著作，形成以下若干认识。

一 竞争是商品经济的强制规律

竞争是商品经济的范畴，而不是资本主义经济特有的范畴；竞

---

① 《马克思恩格斯全集》第1卷，人民出版社1956年版，第612页。

争规律是商品经济的普遍规律而不是资本主义经济特有的规律。

凡规律都具有一种自发的强制性，它要求人们服从它的支配，这正是规律的客观性所在。但是，任何经济规律都没有像竞争规律对人的强制作用这样明显，以至马克思再三强调它是商品经济中的一条强制规律。他指出："在一种商品上只应耗费生产该商品的社会必要劳动时间，这在商品生产的条件下表现为竞争的外部强制，因为肤浅地说，每一个生产者都必须按商品的市场价格出售商品。"① 由于"竞争建立在利害关系上"，② 而商品价值量由生产商品的社会必要劳动时间决定就是判别商品生产者利害得失的准绳，所以，个别劳动时间和社会必要劳动时间的差别，就成为商品生产者之间激烈竞争的基础。高于社会必要劳动时间生产商品的人，在按社会必要劳动时间决定的价值量出卖商品时，就可能少得利、不得利甚至亏本，这时"要避免亏损"的鞭子就会落在他的身上，促使他千方百计地减少自己的个别劳动时间，以逃脱在竞争中可能被淘汰的遭遇。相反，低于社会必要劳动时间生产商品的人，在按社会必要劳动时间决定的价值出售商品时，就会获得比别人更多的利益，这时尽量获得额外利益的欲望，就会催促他快马加鞭，以便在竞争中永葆优胜的桂冠。可见，竞争对商品生产者来说的确是一种外部的强制力量。它迫使他们采用新的生产方法，迫使他们及时更新设备，迫使他们积极扩大投资，迫使他们设法降低生产费用，还迫使他们去投机倒把、损人利己……正像马克思所说："社会分工则使独立的商品生产者互相对立，他们不承认任何别的权威，只承认竞争的权威，只承认他们互相利益的压力加在他们身上的强制，正如在动物界中一切反对一切的战争多少是一切物种的生存条件一样。"③

在商品经济中，竞争不仅发生在商品售卖者与售卖者之间，而且发生在商品购买者与购买者之间以及购买者与售卖者之间。商品

---

① 《资本论》第一卷，人民出版社 2004 年版，第 400 页。
② 《马克思恩格斯全集》第 1 卷，人民出版社 1956 年版，第 612 页。
③ 《资本论》第一卷，人民出版社 2004 年版，第 412 页。

售卖者与售卖者之间的竞争在商品供过于求的情况下尤为激烈，它表现为商品售卖者竞相以更低的价格出售，以便把购买者吸引到自己这边来，竞争的结果就使商品的价格普遍降低，从而警告商品生产者须得缩减生产。商品购买者与购买者之间的竞争在商品求过于供的情况下更加尖锐，它表现为商品购买者竞相出高价来把商品抢到自己手里，竞争的结果就使商品价格普遍提高，从而警告商品生产者应该迅速增加生产。在商品流通中，不论商品的供求关系如何，都还存在着商品购买者和售卖者之间的竞争。他们为了各自的利益，购买者总想以较低的价格买进，而售卖者却总想以较高的价格卖出，因此他们之间"讨价还价"之争就是不可避免的了。正像马克思所说："形态变化 W—G 和 G—W，是买者和卖者之间进行的交易；他们达成交易是需要时间的，尤其是因为在这里进行着斗争，每一方都想占对方的便宜，生意人碰在一起，就像'希腊人遇到希腊人就发生激战'一样。"①

竞争随着商品流通的发展而发展，当商品越出一国边界而流入世界市场时，竞争也就在世界市场上展开。《资本论》一再论及对外贸易中的竞争问题。例如，马克思曾经指出："投在对外贸易上的资本能提供较高的利润率，首先因为这里是和生产条件较为不利的其他国家所生产的商品进行竞争，所以，比较发达的国家高于商品的价值出售自己的商品，虽然比它的竞争国卖得便宜。"②

由上文可知，竞争和商品经济的关系如影随形，形影难分。恩格斯曾经十分形象地描述过："一种没有竞争的商业，这就等于有人而没有身体，有思想而没有产生思想的脑子。"③ 在我国社会主义初级阶段，由于还不可避免地存在着商品生产和商品交换，因而我们就不能再把竞争看作异己的东西而拒之于社会主义商品生产和商品交换的大门之外，只要人而不要人的身体，只要思想而不要产生思想

---

① 《资本论》第二卷，人民出版社 2004 年版，第 147 页。
② 《资本论》第三卷，人民出版社 2004 年版，第 264 页。
③ 《马克思恩格斯全集》第 1 卷，人民出版社 1956 年版，第 604 页。

的脑子。我们应该勇敢地实事求是地承认这个事实：在社会主义商品经济中将始终存在着一条不以人的意志为转移的客观的竞争规律。

二　竞争规律和价值规律相表里但其作用更宽广

客观事物无不在一定条件下相联系，经济规律也不是相互孤立的，它们之间必然存在着这样或那样的联系。例如，马克思曾经指出："价值增殖过程不外是超过一定点而延长了的价值形成过程。"① 这实际上说的是剩余价值规律和价值规律之间的联系。马克思说过："把剩余价值再转化为资本，叫作资本积累。"② 这里说的是资本主义积累的一般规律和剩余价值规律之间的联系。同样，竞争规律和价值规律之间也存在着密切的联系，不过它们之间的联系和上述各种规律之间的联系有所区别。

第一，竞争规律和价值竞争同为商品经济的客观规律，因而它们和商品经济是共始终的，而剩余价值规律和价值规律之间的联系，只是商品经济发展到了资本主义阶段才发生的。资本主义积累的一般规律和剩余价值规律，也仅是资本主义这一特殊历史阶段才存在的经济规律。

第二，竞争规律和价值规律之间的关系表现为一种表里关系，剩余价值规律和价值规律之间的关系以及资本主义积累的一般规律和剩余价值规律之间的关系表现为一种衔接关系。所以，竞争规律和价值规律更加不可分割，二者相互依存、相辅相成。

对于竞争规律和价值规律之间的相互依存性，恩格斯曾经有过十分深刻的表述。他说："只有通过竞争的波动从而通过商品价格的波动，商品生产的价值规律才能得到贯彻，社会必要劳动时间决定商品价值这一点才能成为现实。"③ 这就是说，只有通过竞争，商品价值量是由生产商品的社会必要劳动时间决定的这一商品生产的内

---

① 《资本论》第一卷，人民出版社 2004 年版，第 227 页。
② 同上书，第 668 页。
③ 《马克思恩格斯全集》第 21 卷，人民出版社 1965 年版，第 215 页。

在必然性，才能化为外部的强制力量，迫使商品生产者服从它的支配。由此可见，价值规律是竞争规律的内部决定力量，没有商品价值量是由生产商品的社会必要劳动时间决定的这一客观规定性，没有个别劳动时间和社会必要劳动时间的差额，也就没有竞争的基础；同时，竞争规律又是价值规律得以贯彻的外部实现条件。没有竞争的作用，社会必要劳动时间决定价值就不可能成为现实，价值规律本身就表现不出来。

不仅商品社会价值的形成有赖于竞争，而且商品价值向生产价格的转化也必须借助于竞争。马克思指出："竞争首先在一个部门内实现的，是使商品的不同的个别价值形成一个相同的市场价值和市场价格。但只有不同部门的资本的竞争，才能形成那种使不同部门之间的利润率平均化的生产价格。"① 在竞争促使价值转化为生产价格的过程中，等量资本获得等量利润的内在要求，就成为竞争的客观基础，并通过竞争的外部强制作用而使各种不同的利润率平均化，从而在平均利润率形成的条件下，价值就转化为生产价格了。

还必须注意到，价值规律的各种客观作用也无不是通过竞争实现的。在私有制商品经济中，价值规律通过竞争来实现生产资料和劳动力在社会生产各部门之间的分配。竞争中处于优势的部门，利润率高，它必然能够吸引较多的生产资料和劳动力；竞争中处于劣势的部门，利润率较低，一部分生产资料和劳动力就会从中抽出而涌向利润率高的部门。所以，"竞争会把社会资本这样地分配在不同的生产部门中"②。

马克思指出："价值由劳动时间决定这同一规律，既会使采用新方法的资本家感觉到，他必须低于商品的社会价值来出售自己的商品，又会作为竞争的强制规律，迫使他的竞争者也采用新的生产方式。"③ 这就是说，价值规律在私有制商品经济中自发地促使商品生产者改

---

① 《资本论》第三卷，人民出版社 2004 年版，第 201 页。

② 同上书，第 193 页。

③ 《资本论》第一卷，人民出版社 2004 年版，第 370—371 页。

进技术的作用，是通过竞争来实现的。商品生产者为了在竞争中取得和保持自己的优势，就要使自己生产商品的个别劳动时间低于社会必要劳动时间，而要减少个别劳动时间，就必须千方百计地改进生产技术，以获得尽可能多的额外收入。商品生产者之所以必须这样做，就其内在动机来说是为了得到更多的利益，就其外部条件来说，则是迫于竞争的压力。

价值规律在私有制商品经济中，还可以促进小商品生产者两极分化，并在一定历史条件下产生资本主义的生产关系。在这方面竞争发挥着明显的作用。可以说，小商品生产者的两极分化，就是他们在竞争中优胜劣败的结果。正如列宁所说："这种为共同市场而劳作的独立生产者之间的关系叫做竞争。……少数人发财而大众贫困，——这就是竞争规律的必然后果。"[1]

竞争规律同价值规律既然这样内在地、有机地、不可分割地联系在一起，是不是可以说二者是一回事呢？或者说二者的作用是可以互相替代的呢？当然不可以。我们不仅应该看到二者之间的联系，还应该看到它们之间的差别。

第一，价值规律在私有制商品经济中，必须借助于竞争来实现自己的作用，但在公有制商品经济中除了竞争以外，还可以通过计划调节来实现自己的作用。这就是说，竞争并不是价值规律来实现自己的唯一机制。

第二，竞争规律的作用并不限于实现价值规律的要求，它的作用范围比价值规律更宽广。因为竞争规律不仅伴随着价值规律来发挥作用，而且伴随着商品经济发展的不同阶段上的各个特殊经济规律来发挥作用。例如，在资本主义条件下，竞争规律对剩余价值规律和平均利润率规律的实现发挥着重要作用；在社会主义条件下，竞争规律对于社会主义基本经济规律和有计划按比例发展规律的贯彻也具有不可忽视的作用，等等。关于竞争规律和价值规律的差别

---

[1] 《列宁全集》第1卷，人民出版社1955年版，第81页。

性，我们在下一个问题的分析中还会进一步看到。

三 竞争规律在商品经济不同发展阶段的作用特点

竞争规律既然是商品经济的规律，因而它在商品经济发展的各个阶段必然都能发挥自己的作用，不过像商品经济在不同发展阶段上具有不同的特点一样，竞争规律在商品经济的不同发展阶段上其作用也具有不同的特点。

在小商品经济条件下，商品生产者为买而卖，这里没有剩余价值的生产，因而不存在剥削和被剥削的关系。建立在小私有制基础上的小商品经济为竞争规律提供的活动范围是狭小的。在小商品经济条件下，竞争规律的活动只限于价值规律所要求的范围内。在这里，竞争规律一方面调节着商品生产，使其在自发发展中维持供需的大体平衡；另一方面又鞭策小商品生产者改进技术，改善经营，并促使他们向两极分化。

在资本主义商品经济条件下，榨取剩余价值是生产的决定性动机。在这里竞争规律有着广阔的作用范围，它不仅伴随着价值规律而发挥作用，而且还是资本主义各种特有规律实现其作用的条件。

马克思指出："只有了解了资本的内在本性，才能对竞争进行科学的分析，正像只有认识了天体的实际的、但又直接感觉不到的运动的人，才能了解天体的表面上的运动一样。"① 这就是说，竞争反映了资本主义生产的本性，因而如不能深刻理解这种本性，也就不能深刻理解资本主义的竞争。我们知道，在资本主义条件下，"生产剩余价值或赚钱，是这个生产方式的绝对规律。"② 因而各个资本家之间必然为搜取更多的剩余价值而进行激烈的竞争，并且只有在竞争中才能使人最清楚不过地看到："资本主义生产的全部性质，是由预付资本价值的增殖决定的，就是说，首先是由生产尽可能多的剩

---

① 《资本论》第一卷，人民出版社 2004 年版，第 368 页。
② 同上书，第 714 页。

余价值决定的。"① 同时也只有在竞争中才能最充分地暴露出资产阶级那种唯利是图、贪得无厌的阶级本性。当然竞争也迫使资本家们更加疯狂地去榨取剩余价值。值得注意的是，在竞争迫使"资本家竞相采用代替劳动力的改良机器和新的生产方法以外，每次都出现这样的时刻：为了追求商品便宜，强制地把工资压低到劳动力价值以下"②。所以，竞争的发展必然加剧无产阶级和资产阶级之间的矛盾。

在资本主义条件下，等量资本获得等量利润的客观要求为竞争提供了新的基础。马克思指出："在这里，资本家之间的竞争——这种竞争本身就是这种平均化的运动——就在于，他们逐渐把资本从利润长期低于平均水平的部门抽出，并逐渐把资本投入利润高于平均水平的部门；或是逐渐按不同的比例把追加资本分配在这些部门当中。"③ 这样就形成了平均利润率，从而使价值转化为生产价格。竞争使利润率平均化的过程，也就是剩余价值的再分配过程。

在资本主义条件下，平均利润率有下降趋势，这是一个不以人的意志为转移的客观规律。利润率的下降驱使资本家更紧张地投入竞争的旋涡。

在一定的平均利润下，利息和企业主收入比例的确定，只取决于竞争。马克思说："就利润分割为利息和企业主收入来说，平均利润本身就是二者总和的界限。平均利润提供一定量的价值由它们去分割，并且也只有这个量能够由它们去分割。在这里，特定的分割比例具有偶然性，这就是说，完全要由竞争关系来决定。"④

恩格斯指出，竞争规律"这是一个以当事人的盲目活动为基础的自然规律"⑤。因此，竞争的激烈开展就把资本主义社会生产的无政府状态弄到了不可收拾的地步。个别企业生产有组织同整个社会

---

① 《资本论》第二卷，人民出版社 2004 年版，第 92 页。
② 《资本论》第一卷，人民出版社 2004 年版，第 522 页。
③ 《资本论》第三卷，人民出版社 2004 年版，第 411 页。
④ 同上书，第 976 页。
⑤ 《马克思恩格斯全集》第 1 卷，人民出版社 1956 年版，第 614 页。

生产的无政府状态的矛盾，随着竞争的发展日益尖锐。在竞争的压力下，每时每刻都在淘汰着规模小的效率差的缺乏竞争力的企业。所以，竞争决定着企业的规模和投资的最低限额，因为投资量过小和规模过小的企业，很难获得超额利润甚至不能得到平均利润而倒闭于竞争压力之下。

平均利润率的形成和平均利润率形成以后的上述各种现象，就必然在无产阶级和资产阶级严重对立的同时，使资产阶级的内部矛盾加剧起来。他们之间必然进行着弱肉强食、你死我活的斗争，每个资本家都不择手段地把利益抢在自己手里，而把损失推到别人身上。马克思说过："竞争实际上表现为资本家阶级的兄弟情谊，使他们按照各自的投资比例，共同分配共同的赃物。但是，一旦问题不再是分配利润，而是分配损失，每一个人就力图尽量缩小自己的损失量，而把它推给别人。对整个阶级来说，损失是不可避免的。但是每个资本家要分担多少，要分担到什么程度，这就取决于力量的大小和狡猾的程度了，在这种情况下，竞争也就变为敌对的兄弟之间的斗争了。"① 因此，在资本主义条件下，一切生产经营活动都会丧失掉道德的最后一点痕迹。

感到悲惨的是工人为出卖自己的劳动力这一特殊商品而相互进行的竞争，这种竞争只能使整个工人阶级的地位更加低下，因为它给资产阶级借机加强压榨工人以可乘之机。马克思写道："如果一个人完成一个半人或两个人的工作，那么即使市场上劳动力的供给不变，劳动的供给还是增加了。由此造成的工人之间的竞争，使资本家能够压低劳动价格，而劳动价格的降低反过来又使他能够更加延长劳动时间。但是这种对异常的即超过社会平均水平的无酬劳动量的支配权，很快成为资本家本身之间的竞争手段。"②

众所周知，竞争必然走向垄断。在《资本论》创作的年代里，垄断作为一种普遍现象还没有出现，但是资本集中的趋势已经明显

---

① 《资本论》第三卷，人民出版社 2004 年版，第 282 页。
② 《资本论》第一卷，人民出版社 2004 年版，第 630 页。

地表现出来。对于竞争和资本集中的关系，马克思曾经说过："竞争的激烈程度同互相竞争的资本的多少成正比，同互相竞争的资本的大小成反比。竞争的结果总是许多较小的资本家垮台，他们的资本一部分转入胜利者手中，一部分归于消灭。""随着资本主义生产和积累的发展，竞争和信用——集中的两个最强有力的杠杆，也以同样的程度发展起来。"① 资本集中的进一步发展就形成了垄断，垄断既不能消灭商品生产，当然也不能消灭竞争，"纯粹的垄断"是不可能的，各个商品生产者为了自身的利益，总要顽强地进行竞争。

恩格斯指出："竞争的实质就是消费力对生产力的关系。在一个和人类本性相称的社会制度下，除此之外，就不会有另外的竞争。"② 这就再清楚不过地表明，竞争在社会主义制度下还将存在，不过它已不是各个私有者为夺取私利而进行的恶性竞争，而是社会主义经济中各类企业在发展大目标相统一的框架内，为调节生产和消费的矛盾、更好地满足社会的需要所开展的竞争。显然，这种竞争不是像在资本主义条件下那种不择手段的极度竞争，它必然是在政府宏观调控下适当范围内的竞争，而且竞争的激烈程度，也必然由于人们之间对立的利害关系的缓和而削弱。

社会主义制度下的竞争，除了继续作为确定生产商品的社会必要时间和贯彻价值规律的机制而发挥作用外，它还将通过调节产需关系而成为实现社会主义基本经济规律的一种杠杆，并将作为促进经济社会发展和淘汰落后产能和落后市场主体的一种经济力量而存在。

只要存在着竞争，它就会成为促进企业积极革新技术、改善管理的外部压力，它将推动企业设法把自己生产商品的个别劳动时间压到社会必要劳动时间以下。竞争还将激发广大劳动者的积极进取精神，促进他们努力学习技术、钻研业务，以求在增进公共利益的同时增加个人收入。

可见，在社会主义经济中，竞争带来的不是社会生产的无政府

① 《资本论》第一卷，人民出版社 2004 年版，第 722 页。
② 《马克思恩格斯全集》第 1 卷，人民出版社 1956 年版，第 615 页。

状态和经济的损失与浪费，而是生产的增长和经济的繁荣；它带给广大劳动者的不是贫困和痛苦，而是富裕和幸福。当然在社会主义条件下，竞争如果脱离了社会主义基本经济规律和有计划按比例发展规律的制约，不顾政府宏观调控的引导，仍然会表现出它的盲目性的。例如，重复建设，重复生产，导致产能过剩，或者对利小而社会需要的产品缺乏经营的积极性，等等。这些消极作用在存在竞争的情况下是难以完全避免的，但它是可以受到限制的。只有在社会主义国家的宏观调控下，才能使盲目的自由竞争变成带有规则性的经济竞赛。

竞争和竞赛并没有本质的区别，它们都通行着优胜劣汰的原则，列宁把资本主义条件下为争夺面包、争夺市场进行的尔虞我诈、你死我活的竞争，称之为"一种特殊形式的竞赛"，而把社会主义条件下克服了资本主义的带有很大消极作用的竞争，称之为"人与人之间的而不是兽与兽之间的竞争"。[①]

我们把上述竞争在商品经济不同发展阶段上的作用加以概括，大致可以得到以下认识：

第一，在小商品经济条件下，竞争规律基本上同价值规律的作用相伴随，其活动范围比较狭小，其作用结果是促进技术发展和使小商品生产者趋向两极分化。

第二，在资本主义商品经济中，竞争规律不仅和价值规律相表里，而且伴随着资本主义所特有的各种经济规律而起作用，它们之间相得益彰，这就使竞争的深度和广度得到空前的发展，其结果是在促进资本主义生产迅速发展的同时，加剧资本主义基本矛盾和阶级矛盾，把资本主义制度进一步推上灭亡的道路。

第三，在社会主义条件下，竞争规律不仅和价值规律相表里，而且同社会主义所特有的各种规律的作用相结合。这种结合限制了竞争的广度和深度，避免了竞争所可能带来的消极后果，从而使竞争成为促进社会主义经济发展、满足人们物质文化需要的一种积极

---

① 《列宁全集》第 27 卷，人民出版社 1958 年版，第 189 页。

的强制力量。

四　竞争是推动历史进步的因素

竞争这种社会现象在人类历史上已经存在几千年了，在今后相当长的时期内还将伴随着商品经济的存在而继续存在下去。那么，竞争对人类历史的发展究竟起了一种怎样的作用呢？这是我们必须回答而且也能够回答的重大理论问题和实践问题。

竞争的反面就是垄断，不管是封建专制主义的垄断还是资本主义的垄断，都是和竞争不相容的。垄断和竞争的社会意义是迥然不同的。竞争带给社会的是进步的趋势，垄断给予社会的是停滞的趋势。为什么竞争和进步相联系而垄断必然和停滞相联系呢？这是因为人类历史的发展，在于人类社会所固有的矛盾运动，其基本矛盾就是生产力和生产关系的矛盾。就商品经济而言，它的发展也决定于它的内在矛盾运动，其内在矛盾表现为使用价值和价值的矛盾、个别价值和社会价值的矛盾、个别利润率和一般利润率的矛盾、个别生产价格和社会生产价格的矛盾以及经常存在的市场供给和需求的矛盾，等等。竞争是商品经济内在矛盾运动的形式，因而承认竞争、开展竞争就可以推动商品经济的发展，而实行垄断也就是规避了矛盾，扼杀了商品经济的生机。在垄断控制下，人们不必为使个别价值低于社会价值而千方百计地改进技术，也不必为避免利润下降而加强经营管理，等等。可见，垄断必然使商品生产者故步自封，使商品经济停滞不前，进而导致人类历史的发展缓慢。

在私有制商品经济中特别是在资本主义商品经济中，竞争确有造成社会生产无政府状态以及人们之间尔虞我诈、钩心斗角、道德败坏的一面，但是，从总的趋势来看，"竞争在相当广阔的范围内培植进取心、毅力和大胆首创精神"[1]。因而它可以促进人们在商品生

---

[1]　《列宁选集》第3卷，人民出版社1972年版，第392页。

产中改进技术、改善管理、努力提高劳动生产率，推动社会生产的不断发展。马克思、恩格斯在《共产党宣言》里写道："资产阶级在它的不到一百年的阶级统治中所创造的生产力，比过去一切世代创造的全部生产力还要多，还要大。自然力的征服，机器的采用，化学在工业和农业中的应用，轮船的行驶，铁路的通行，电报的使用，整个整个大陆的开垦，河川的通航，仿佛用法术从地下呼唤出来的大量人口，——过去哪一个世纪料想到在社会劳动里蕴藏有这样的生产力呢？"[1] 资产阶级之所以能够取得这样大的成就，是因为它打破了封建所有制关系的桎梏，"起而代之的是自由竞争以及与自由竞争相适应的社会制度和政治制度、资产阶级的经济统治和政治统治"[2]。

可见，竞争肯定无疑的是推进资本主义社会历史发展的进步因素，问题是在社会主义条件下，竞争还是不是推动历史发展的进步因素呢？我们的回答是肯定的。因为社会主义并不窒息竞争，而只是防范竞争所可能带来的消极后果。在社会主义条件下，社会生产主要依靠社会主义基本经济规律和有计划按比例发展规律来调节，但只要有商品经济存在和发展壮大，就一定有价值规律在发出作用；而只要价值规律在调节市场运行，作为它的外在表现的竞争规律就不可避免地发挥作用。

当今，世界经济已经全球化，开放带动进步，封闭必然落后。我国将永远实行对外开放战略，坚持合作互利共赢共享的原则。世界主要国家都是商品经济高度发达的国家。因此，在我们实施对外经济贸易往来中，必然存在着明显的竞争关系。也正是在这种国际经济竞争中，促进彼此经济科技社会文化的进步。

总起来说，在社会主义商品经济中，内部和外部的竞争将会像不可阻挡的洪流去冲决一切保守的陈腐观念、因循守旧的习惯势力，像海浪卷涌轻舟一样把社会主义经济的发展，从一个高潮推向一个高潮。我国人民将不仅为伟大的梦想所鼓舞，而且为竞争的力量所

---

① 《马克思恩格斯选集》第 1 卷，人民出版社 1995 年版，第 277 页。

② 同上。

推动，从而能够比任何时代的中国人都更富有进取心和首创精神。我们的制度优越性和道路优越性，将由于公平竞争的开展而更充分地展现在世界人民面前。

五　竞争理论在《资本论》中的地位

竞争促进了资本主义生产方式的建立，加速了资本主义经济的发展，又激化了资本主义的内在矛盾，可以说没有竞争就没有资本主义经济。作为资本主义经济关系在科学上的系统概括的马克思的伟大著作《资本论》，虽然没有专门的篇章来集中阐述竞争问题，但在全书中却到处展现着竞争理论的火花。

马克思在《资本论》中首先指出竞争规律是一种强制规律，强调了它的客观性质；并且论述了竞争规律同价值规律和其他各种经济规律之间的内在联系；还指出了竞争在资本主义经济中各方面的作用，以及由于竞争的开展如何加剧了无产阶级和资产阶级之间、资本家相互之间的矛盾；同时还阐明了竞争和资本集中的关系；等等。我们有理由说，在《资本论》中，竞争理论和劳动价值理论、剩余价值理论、资本积累理论、再生产理论和平均利润与生产价格理论等是密不可分、交相辉映的，它在理论上有着不可低估的重要意义。

《资本论》中有关竞争的论述不仅深刻周到而且丰富多彩，但为什么除了第三卷第五十章为了揭露"斯密教条"的虚伪性而标题为"竞争的假象"以外，并没有专门的篇章来正面论述竞争理论呢？我体会这里至少有两方面的理由可以说明：

第一，竞争在资本主义经济中既不是某一发展阶段的特有现象，也不是某一领域的专门问题，而是无处不在、无所不包的。事实上竞争规律不是孤立地起作用的，它是伴随着价值规律和其他各种经济规律的作用而发挥自己的作用的。因此，离开了价值规律、剩余价值规律，资本主义积累的一般规律、资本再生产规律和平均利润规律以及利润率下降规律等来单独阐述竞争规律是不可能的。

第二，"资本主义生产的内在规律在竞争中是以颠倒的形式表现出来的"①。例如，利润本来是生产过程中雇佣工人所创造的剩余价值的转化形式，但在利润率通过竞争而平均化的过程中，似乎利润变成了竞争的产物。因此，马克思不得不特别指出："竞争只能使不等的利润率平均化。要使不等的利润率平均化，利润作为商品价格的要素必须已经存在。竞争不创造利润。"② 可见，竞争的确会把某种假象和偶然性带到经济过程中来。马克思为了揭露资本主义经济过程的本质，依据自己所确定的抽象分析法，就只能不得不在论及竞争的同时又把竞争现象从分析中排除。马克思对第二卷说过的一段话很能说明这个问题。他说："在第二册中，我们对于这个流通领域当然只能就它所产生的各种形式规定进行说明，论证资本的形态在流通领域内的继续发展。但是事实上，这个领域是一个竞争的领域。"③

通过以上说明，我们可以知道竞争这样一个被马克思重视而又做了一系列精辟阐述的理论，在他的科学巨著《资本论》中就只能以现有的叙述方式提供给他的读者。

（原载《江西社会科学》1982 年第 2 期）

---

① 《资本论》第三卷，人民出版社 2004 年版，第 250—251 页。

② 同上书，第 979 页。

③ 同上书，第 937—938 页。

"在马克思看来，只有一件事情是重要的"

——为纪念马克思逝世一百周年而作

  "在马克思看来，只有一件事情是重要的"，这是马克思在《〈资本论〉第二版跋》中的一句引语。1867年9月，《资本论》第一卷出版以后，马克思很希望有各种文字的译本出版。1872年三四月，《资本论》第一个外文译本——俄文本在彼得堡问世了。这件事引起了俄国学术界的广泛议论。年轻的俄国资产阶级经济学家、彼得堡大学教授伊·伊·考夫曼（1848—1916年）就是最早评论《资本论》的人士之一。他写了一篇题为《卡尔·马克思的政治经济学批判的观点》的评论，是专门论述《资本论》的方法的，发表在彼得堡的《欧洲通讯》1872年5月号上。

  考夫曼在评论中写道："在马克思看来，只有一件事情是重要的，那就是发现他所研究的那些现象的规律。"接着，考夫曼进一步评论道："在他看来……最重要的是这些现象变化的规律，这些现象发展的规律，即它们由一种形式过渡到另一种形式，由一种联系秩序过渡到另一种联系秩序的规律。""马克思把社会运动看作受一定规律支配的自然史过程，这些规律不仅不以人的意志、意识和意图为转移，反而决定人的意志、意识和意图……""生产力的发展水平不同，生产关系和支配生产关系的规律也就不同。马克思给自己提出的目的是，从这个观点出发去研究和说明资本主义经济制度……这种研究的科学价值在于阐明支配着一定社会有机体的产生、生存、发展和死亡以及为另一更高的有机体所代替的特殊规律。"①

马克思十分赞许考夫曼的上述评论,他在《〈资本论〉第二版跋》中说:"这位作者先生把他称为我的实际方法的东西描述得这样恰当,并且在谈到我个人对这种方法的运用时又抱着这样的好感,那他所描述的不正是辩证方法吗?"② 事隔七年后,马克思在给别人的信中提到考夫曼时,对他当年关于《资本论》方法论的评述仍然怀有好感,称他是"我的过去的明哲批评家"③。

我想在本文初步探索一下,马克思为什么要把发现经济规律看作最重要的事情,以及他在《资本论》中是怎样揭示和论证经济规律的?弄清这些问题,对于我们今天如何研究《资本论》以及如何取法于《资本论》来建立政治经济学社会主义部分的理论体系,都是很有意义的。

一 发现所研究的现象的规律是马克思写作《资本论》的目的

19世纪40年代,英国完成了产业革命,法、德两国相继也完成了产业革命,于是资本主义生产方式在欧洲主要国家终于确立起来了。建立在机器大工业基础上的资本主义制度,随着社会化大生产的发展,其内部矛盾日益显露出来,突出地表现在从1825年开始的周期性的经济危机上;随着资本主义经济矛盾的发展,社会阶级矛盾也日益尖锐化起来,主要表现在1831—1834年的法国里昂工人起义,1836—1848年的英国宪章运动,还有1844年的德国西里西亚纺织工人起义。

在资本主义社会经济矛盾和阶级矛盾日益突出的情况下,社会各阶级从本身的利益出发,各自表现了不同的态度,并提出了不同的要求。

---

① 《资本论》第一卷,人民出版社2004年版,第20—21页。
② 同上书,第21页。
③ 《马克思恩格斯全集》第34卷,人民出版社1972年版,第349页。

就工人阶级来说，他们的斗争已经达到了一个新的水平，斗争的锋芒从机器本身转而指向资本主义制度。里昂工人已经提出了政权问题；西里西亚纺织工人并且喊出了要"消灭私有制"的口号；英国工人在宪章运动中于1847年7月还成立了"全国宪章派协会"，恩格斯称赞它是"近代第一个工人政党"。①

但是，19世纪中叶的工人运动还缺乏正确的革命理论做指导，当时流行于工人运动中的各种社会主义思潮，包括空想社会主义和其他各种牌号的"社会主义"，虽然对资本主义制度进行了不同程度的揭露和批判，并且描述了对未来社会的种种设想，提出了实现这些设想的各种道路；但是，阶级斗争的实践一再证明，以这些社会主义思想为指导，不但不能把工人运动引向胜利，而且常常由于受到它的影响和干扰，而把工人群众英勇斗争的成果白白葬送。这主要是由于这些社会主义思潮的代表人物，缺乏明确的无产阶级立场和科学的共产主义世界观，不懂得社会发展的规律，因而它们的思想和主张决然不能成为工人阶级进行胜利斗争的理论武器。

小资产阶级到19世纪中叶，由于受机器大工业的排挤，社会地位日益下降，但它还没有完全被消灭，因而它主张通过社会改良，反对资本主义制度，恢复小私有制。这一时期小资产阶级的思想代表主要是法国的蒲鲁东。恩格斯曾经尖锐地指出，蒲鲁东要"把世界历史的时钟倒拨一百年"②。所以，小资产阶级也不可能正确地认识社会经济发展的规律。

就资产阶级来说，在它夺取政权中和夺取政权后的一段时间里，曾经和人民大众有过一定程度的联盟，但当工人运动兴起之后，它就竭力为自己的剥削制度辩护，加紧压迫工人阶级。作为资产阶级利益理论表现的资产阶级经济学，也随之由科学走向庸俗。在此不妨引述一下马克思的一段精辟论述。他说："资产阶级在法国和英国夺得了政权。从那时起，阶级斗争在实践方面和理论方面采取了日

---

① 《马克思恩格斯选集》第3卷，人民出版社1972年版，第397页。
② 《马克思恩格斯选集》第2卷，人民出版社1972年版，第483页。

益鲜明的和带有威胁性的形式。它敲响了科学的资产阶级经济学的丧钟。现在问题不再是这个或那个原理是否正确，而是它对资本有利还是有害，方便还是不方便，违背警章还是不违背警章。无私的研究让位于豢养的文丐的争斗，不偏不倚的科学探讨让位于辩护士的坏心恶意。"① 所以，等待资产阶级来揭示它所竭力维护的经济制度的发生、发展和必然灭亡的规律，那是万万不可能的。

由上可见，在 19 世纪中叶，当资本主义社会的经济矛盾和社会矛盾日益尖锐的形势下，资产阶级已经站到了历史前进方向的对立面，小资产阶级则企图倒转历史车轮，唯有无产阶级代表了社会发展的方向，它为了自身和全体劳动人民的彻底解放，坚决反对资本主义制度，但苦于缺乏真正的革命理论的指导。马克思正是在这样的形势下，坚定地站在无产阶级的立场上，占有和研究了大量的实际材料，揭示了资本主义经济运动的规律，证明了资本主义制度决不是永恒的，它只是人类社会发展中的一个特殊的历史阶段，同样有一个发生、发展和必然灭亡的过程，最终必然为社会主义所代替。

马克思在《〈资本论〉第一版序言》中曾经明确说过："本书的最终目的就是揭示现代社会的经济运动规律。"② 马克思之所以把揭示资本主义社会的经济运动规律作为自己写作《资本论》的目的，就是为了在思想上武装无产阶级，使他们懂得自己的历史使命，认识到自己是资本主义制度的掘墓人。所以，马克思说："我认为，对于工人阶级说来，我这部著作所能提供的东西比我个人参加任何代表大会所能做的工作都更重要。"③ 又说："《资本论》在德国工人阶级广大范围内迅速得到理解，是对我的劳动的最好的报酬。"④ 可见，马克思把揭示资本主义经济运动的规律作为写作《资本论》的目的，是由他的坚定的无产阶级立场决定的。

① 《资本论》第一卷，人民出版社 2004 年版，第 17 页。
② 同上书，第 10 页。
③ 《马克思恩格斯全集》第 31 卷，人民出版社 1972 年版，第 523 页。
④ 《资本论》第一卷，人民出版社 2004 年版，第 15 页。

在思想上武装无产阶级和在理论上批判资产阶级是一个问题的两个方面。所以，马克思把《资本论》看作"无疑是向资产者（包括土地所有者在内）脑袋发射的最厉害的炮弹"，① 是"最后在理论方面给资产阶级一个使它永远翻不了身的打击"。② 因为资本主义经济过程的"内部联系一旦被了解，相信现存制度的永恒必要性的一切理论信仰，还在现存制度实际崩溃以前就会破灭。"③

二 发现所研究的现象的规律是马克思研究方法的要求

马克思在《资本论》中运用的方法是唯物辩证法，这是唯一正确的方法。马克思在《〈资本论〉第二版跋》中说："辩证法，在其合理形态上，引起资产阶级及其空论主义的代言人的恼怒和恐怖，因为辩证法在对现存事物的肯定的理解中同时包含对现存事物的否定的理解，即对现存事物的必然灭亡的理解；辩证法对每一种既成的形式都是从不断的运动中，因而也是从它的暂时性方面去理解；辩证法不崇拜任何东西，按其本质来说，它是批判的和革命的。"④

我们知道，古已有之的辩证法到了近代黑格尔那里，得到了充分的发展。黑格尔正确地认为，事物是发展的，矛盾的斗争是事物发展的泉源，发展通过量变到质变的过程而实现等。但是，黑格尔的辩证法是唯心主义的。马克思指出："我的辩证方法，从根本上来说，不仅和黑格尔的辩证方法不同，而且和它截然相反。在黑格尔看来，思维过程，即甚至被他在观念这一名称下转化为独立主体的思维过程，是现实事物的创造主，而现实事物只是思维过程的外部表现。我的看法则相反，观念的东西不外是移入人的头脑并在人的头脑中改造过的物质的东西而已。"⑤ 黑格尔的辩证法不仅是唯心主

---

① 《马克思恩格斯全集》第 31 卷，人民出版社 1972 年版，第 542—543 页。
② 同上书，第 425 页。
③ 《马克思恩格斯全集》第 32 卷，人民出版社 1975 年版，第 542 页。
④ 《资本论》第一卷，人民出版社 2004 年版，第 22 页。
⑤ 同上。

义的，而且其本身也是不彻底的、不科学的。例如，辩证法认为，认识的发展过程是没有止境的，但是黑格尔宣称自己的哲学是认识的终极，是最终的真理；辩证法要求承认人类社会是永远不停地发展着的，而黑格尔则主张垂死的封建主义和新兴的资本主义妥协，因而把自己想用宪法来略加修改的普鲁士封建君主制宣布为人类社会发展的最后的和最高的阶段。可见，用黑格尔的唯心主义的辩证法是不可能发现和阐明资本主义经济运动的客观规律的。

马克思批判地吸收了黑格尔辩证法的合理内核，并把它置于唯物主义的基础上，从而创立了唯物辩证法或称辩证唯物主义。事实证明，只有运用马克思的革命的唯物辩证法，才能真正揭示出资本主义发生、发展和必然灭亡的规律。

唯物辩证法之所以具有如此巨大的威力，是因为它本身就要求对人类社会的一定发展阶段进行历史的考察，而不允许把它凝固化。正如马克思所说的："我们的方法表明必然包含着历史考察之点，也就是说，表明仅仅作为生产过程的历史形式的资产阶级经济，包含着超越自己的、对早先的历史的生产方式加以说明之点。……另一方面，这种正确的考察同样会得出预示着生产关系的现代形式被扬弃之点，从而预示着未来的先兆，变易的运动。"① 如果我们运用这种唯物辩证的方法来考察资本主义经济制度，就会知道，在封建社会末期，由于其内部生产力和生产关系的矛盾日益尖锐，于是就产生了资本主义生产关系，并且由于新的资本主义生产关系在一定程度上适合生产力增长的要求，因而资本主义经济就得到了发展。但当生产力的发展达到高度社会化之后，资本主义生产关系就变成生产力进一步发展的桎梏，于是资本主义制度就必然要被能够适合社会化大生产需要的公有制所代替。

由上可知，唯物辩证法的观点必然是发展的观点。列宁说过："马克思的全部理论，就是运用最彻底、最完整、最周密、内容最丰

---

① 《马克思恩格斯全集》第 46 卷（上），人民出版社 1979 年版，第 458 页。

富的发展论去考察现代资本主义。自然，他也运用这个理论去考察资本主义即将崩溃的问题，去考察未来的共产主义的未来发展问题。"① 从发展的观点看问题，资本主义就只是人类社会发展中的一个特殊历史阶段，它有一个从生到灭的过程。也就是说，在对它的肯定理解的同时，包含了对它的否定的理解；在肯定它的产生和发展的必然性的同时，也预示着它不可避免的灭亡的未来。这样，从历史暂时性的角度来理解资本主义，就是对资产阶级的"永恒论"的无情批判，同时也就能够武装无产阶级的革命头脑，激励它去为推翻资本主义制度而斗争。所以，辩证法"按其本性来说，它是批判的和革命的"，它本身就要求探寻社会经济运动发展变化的规律。

三 《资本论》是一部论证客观经济规律的最科学最成功的著作

我们知道，马克思如何研究和发现经济运动规律，同他在《资本论》中是如何揭示和论证经济规律的，是既有区别又有联系的两个问题。马克思发现经济运动规律，是在占有大量实际经济资料的基础上，通过对实际经济过程的考察而逐渐得到的。这里有一个从具体到抽象、从特殊到一般的分析和研究的过程。当马克思研究和发现了资本主义经济运动规律之后，是怎样对已经认识了的规律进行科学的论证呢？下面作些粗浅的论述。

第一，通过对客观经济过程的具体分析来揭示规律。

马克思在《资本论》中，是通过对客观经济过程系统而周到的分析来揭示规律的存在及其作用特点的。

例如，《资本论》中对剩余价值规律的论证，就不是在未作具体分析之前简单地作个概括，下个定义，对其内涵作出全面的规定，而是通过对资本主义生产过程、流通过程和生产总过程的分析，步

---

① 《列宁全集》第 25 卷，人民出版社 1958 年版，第 444 页。

步深入地加以揭示的。马克思通过对资本主义生产过程的分析，阐明了剩余价值的产生；通过对资本主义流通过程的分析，阐明了剩余价值的实现；通过对资本主义生产总过程的分析，进而又阐明了剩余价值在各个资本主义剥削集团之间的分配。这样，通过对资本运动全过程的剖析，而使剩余价值规律一步比一步更清晰地显现出来。《资本论》中虽然没有任何一个地方给剩余价值规律下过全面的定义，但是随着对客观经济过程的逐步深入的分析，却处处对它的内涵增加新的规定，注入更深刻的内容，使人们对它的认识更完整、更全面、更充分。

又如，对价值规律的论证，在《资本论》中从第一卷第一章就已经开始了。经过对资本主义生产过程、流通过程和生产总过程的分析，价值规律作为商品经济基本规律的面貌越来越清楚。它在资本主义商品经济中的那种盲目的自发的强制作用，表现得越来越充分。值得注意的是，虽然马克思在《资本论》第一卷里已经明确价值规律就是"价值由劳动时间决定这同一规律"，① 但是社会必要劳动时间的第二种含义，直到第三卷第六篇才提出来②。这就是说，对价值规律的论证，是贯穿在对资本主义经济全过程的分析中的。

在《资本论》中对利润率趋向下降规律的论证是比较集中的，基本上只是在第三卷第三篇里进行的。在此之前，没有涉及这一规律；在此之后的叙述，也很少涉及它。但是，即使对这一规律的论证也是结合对经济过程的分析进行的。在对客观经济过程的分析中，阐明了在资本主义条件下利润率下降的必然性，以及阻碍利润率下降的各种原因，从而使我们对这一规律作用的趋向性，即利润率既是必然下降又不是直线地无阻碍地下降的特点有了十分具体的认识。

第二，通过揭示经济范畴来论证经济规律。

经济范畴是生产关系在理论上的体现，因而对生产关系发展规律的论证，就离不开对经济范畴的揭示以及对经济范畴发展的研究。

---

① 《资本论》第一卷，人民出版社 2004 年版，第 370 页。
② 《资本论》第三卷，人民出版社 2004 年版，第 717 页。

例如,《资本论》中对价值规律就是通过下面一系列经济范畴逐步加以论证的:交换价值、价值、社会必要劳动时间、价值量、个别价值、社会价值、货币、价格、市场价值、市场价格、平均价格等。每一个范畴都有它独立的含义,而每一个范畴的出现,又都为价值规律增添了新的规定性,从而使人们对价值规律的认识更充分、更具体。又如《资本论》中对剩余价值规律的论证,也是通过对简单范畴到复杂范畴的逐步揭示而渐渐深入展开的。马克思首先分析了那些最一般、最抽象的范畴,如剩余价值、超额剩余价值、剩余价值率、绝对剩余价值和相对剩余价值等;之后又分析了剩余价值的转化形式,即比较接近现实生活的一些范畴,如利润、超额利润、平均利润等;进而又分析利润的转化形式,也即剩余价值的第二级转化形式,这是更接近经济生活表面的一些更具体的范畴,如产业利润、商业利润、利息、利息率、企业主收入、地租、级差地租、绝对地租等。这样经过一个从抽象到具体、从简单到复杂、从质到量的经济范畴的运动,就把剩余价值规律的作用及特点暴露无遗了。

还需说明,在《资本论》中即使是对同一个经济范畴的揭示,也不是在一开始就提出一个完整的定义,而是随着对经济过程分析的发展,不断丰富它的内涵。例如, "资本"这个经济范畴,在《资本论》第一卷中分析资本的生产过程时,它被规定为带来剩余价值的价值。在第二卷分析资本的流通过程时,"资本"这一范畴的含义又获得了新的规定性,即资本是一种运动。离开了运动,资本也就停止了生命。当第三卷分析资本主义生产总过程时,"资本"的含义又有了新的发展,即资本"是一种社会权力"。这样,经过马克思从不同侧面的揭示,资本的本质属性就步步深入地被阐明了。

通过对经济范畴和经济范畴体系的深刻揭示来论证经济规律,这是马克思的唯物辩证法的独特表现,连古典经济学派包括它的杰出代表李嘉图也不懂得这一点。马克思指出:"科学的任务正是在于阐明价值规律是如何实现的。所以,如果想一开头'说明'一切表面上和规律矛盾的现象,那就必须在科学之前把科学提供出来。李嘉图的错误恰好是，他在论价值的第一章就把尚待阐明的所有一切范畴都预定为已知的，以便证明它们和价值规律的一致性。"①

第三，联系生产力和上层建筑来论证经济规律。

马克思在《资本论》中所揭示的经济规律大致有三类。一类是生产方式发展的规律，如生产关系一定要适应生产力性质的规律。"剥夺者被剥夺"就是依据这一规律得出来的革命论断。一类是生产关系发展的规律，如剩余价值规律。再一类是生产力发展的规律。例如，马克思说："资本的不变部分比可变部分日益相对增长的这一规律……"② 粗看起来这一规律似乎只是一个生产关系发展的规律，事实上这一规律所反映的是生产技术日益进步的条件下，人和物这两种生产要素的对比关系。

在上述三种类型的经济规律中，《资本论》无疑主要是揭示资本主义生产关系发展的规律，因为只有阐明这类规律，才能揭露资本主义制度的本质及其发展趋势，说明无产阶级和资产阶级之间激烈对抗的深刻根源。但是，生产关系的发展一方面决定于生产力并反作用于生产力；另一方面又决定着上层建筑并接受上层建筑的反作用。所以，马克思便从生产力和生产关系、上层建筑和生产关系的相互联系中来论证生产关系及其发展规律。

列宁说过："《资本论》的骨胳就是如此。可是全部问题在于马克思并不以这个骨胳为满足，并不以通常意义的'经济理论'为限；他专门以生产关系说明该社会形态的结构和发展，但又随时随地探究适合于这种生产关系的上层建筑，使骨胳有血有肉。"③《资本论》中对资本主义生产关系及其发展规律的揭示正是这样的。例如，在分析原始积累以及通过原始积累的分析来阐明资本主义生产关系的产生时，马克思就是联系 15 世纪末叶以来惩治被剥夺者的血腥立

①　《马克思致路·库格曼（1868 年 7 月 11 日）》，《马克思恩格斯全集》第 32 卷，人民出版社 1974 年版，第 541 页。

②　《资本论》第一卷，人民出版社 2004 年版，第 718 页。

③　列宁：《什么是"人民之友"以及他们如何攻击社会民主主义者?》，《列宁选集》第 1 卷，人民出版社 1972 年版，第 9 页。

法这种上层建筑的作用来说明问题的。同时，《资本论》中还处处联系生产力的状况来说明生产关系及其发展规律。例如，马克思在阐明相对剩余价值的生产时，就极为详细地分析了劳动生产力提高也即生产力发展的协作、工场手工业和机器大工业三个阶段。倘若离开了这种分析，那么相对剩余价值也就只剩下一个抽象的概念了。

马克思在《资本论》中所运用的上述揭示和论证经济规律的方法，是他的唯物辩证法的具体体现，也是他的历史方法和逻辑方法相统一的方法的具体内容。在论证经济规律时，脱离了历史的方法，也就失去了唯物主义的基础，而脱离了逻辑的方法，也就不能更好地体现出辩证法。所以，从一定意义上说，结合对实际经济过程的分析来揭示经济规律，这是历史的方法所要求的，也是坚持唯物主义原则所必需的。同样，从一定意义上说，从经济范畴的运动来论证经济规律，这是逻辑的方法所要求的，也是对辩证法的具体运用。联系生产力和上层建筑来揭示和论证经济规律，则在总体上既体现了历史的方法，也体现了逻辑的方法，因而是对唯物辩证法的全面运用。

由上述我们不难看出，《资本论》是科学地揭示和论证经济规律的典范，它对于我们研究社会主义经济运动规律有着巨大的借鉴意义。

在一百多年前，马克思适应历史发展的客观要求，为了推翻资本主义制度，认为发现客观经济规律是最重要的事情；一百多年后的今天，在我们进行社会主义现代化建设中，同样应该认为最重要的事情是发现客观经济规律，并且严格按照客观经济规律办事。这并不是偶然的巧合，而是因为不论是革命还是建设都是有其固有的规律性的，只有按照客观规律办事，革命才能胜利，建设才能成功。

既然社会主义现代化建设必然要受到客观经济规律的制约，因而作为它的理论基础的政治经济学社会主义部分，就应该像《资本论》一样，把阐明客观经济规律视为自己最重要的任务。我们要取法于马克思在《资本论》中所运用的科学方法，来揭示社会主义经济运动的规律，从而建立起能够指导社会主义现代化建设的政治经济学社会主义部分这门科学，并以此作为对革命先导马克思的深切纪念。

（原载《江西社会科学》1983 年第 2 期）

《资本论》脚注是留给我们的一份珍贵遗产

在马克思的科学巨著《资本论》中，有大量的内容丰富的脚注。这是马克思留给我们的一份珍贵的遗产。这些脚注和《资本论》的正文一样，都是我们应当努力学习和研究的。

一 丰富多彩的《资本论》脚注

目前我们使用的中文版《马克思恩格斯全集》的《资本论》，其中有三种脚注。一种是《马克思恩格斯全集》俄文版编者在书中加的脚注（编者在书后还另写有注释）；一种是《马克思恩格斯全集》中文版译者加的脚注；再一种是马克思本人写的脚注和恩格斯补充的一部分脚注。前两种脚注数量不多，内容大多属于编译技术方面的，后一种脚注数量很大，内容丰富。我们这里所讲的专指这后一部分脚注。

马克思在写作《资本论》时对注释工作十分重视，他把在书中加注和正文的写作看作同样重要的事情。许多重要理论问题，在正文中论述之后，还在脚注中继续阐发或作出新的补充。所以，恩格斯在编辑《资本论》第二、第三卷时，曾经把有些脚注改编为正文。①

《资本论》中马克思和恩格斯写的脚注，包括正注和单独编号的补注在内共计 1330 个，其中第一卷中有 1107 个，第二卷中有 61

---

① 《资本论》第二卷第 133—137、146—148 页和第三卷第 290—292 页的正文（人民出版社 2004 年版），均系恩格斯根据马克思原稿中的脚注改编而成的。

个，第三卷中有 154 个，各种序言和跋中有 8 个。经逐条统计，全部脚注的篇幅达 21 万言之多，倘若单独汇编成册，当是一部不小的著作。

《资本论》中的脚注绝大部分是马克思写的。恩格斯在编辑《资本论》第二、第三卷时，除了保留马克思原稿上的脚注以外，自己又加了一些注。此外，恩格斯在编辑《资本论》第一卷第四版时（1890 年），根据马克思原来意愿，对正文和脚注又做了最后的校订。并在马克思原有的一部分脚注里，恩格斯又增添了些新资料、新观点，还做了些必要的说明。据统计在全书 1330 个脚注中，马克思写的共有 1240 个，占 93.2%；恩格斯写的有 72 个，马、恩合写的 18 个，后二项合计只占 6.8%。

《资本论》中的脚注内容多样，大致可以分作以下几类：（1）说明某一思想的或论点的来源；（2）阐发和解释正文中的论述；（3）为正文提供思想方面或事实方面的材料；（4）对正文论述的范围和条件加以规定和说明；（5）批判资产阶级经济学；（6）标明引文出处；（7）说明正文中版本之间的差异；（8）为正文或原注补充新资料、新论点。

《资本论》脚注的内容所给予我们的滋养是多方面的，主要表现在：它从理论上补充和丰富了《资本论》正文的内容；它为我们提供了批判资产阶级经济学的锐利武器；它还为我们研究马克思本人经济理论的形成指明途径；特别是通过《资本论》的脚注，我们可以学习马克思的严谨的实事求是的治学风格。因此，我们应当把《资本论》脚注看作马克思留给我们的一份珍贵遗产，认真加以继承。

二　脚注是对《资本论》正文的必要补充

我们知道，《资本论》具有严密的科学体系，马克思围绕着自己的研究对象，对各种相关的问题都做了系统周到的论述。但是正文的论述限于篇幅和写作上的便利，仍然不能把自己的深邃的思想一一表现出来。因此，对书中的许多重要原理马克思在脚注中又做了一系列的补充。在《资本论》中，属于阐发和解释某些原理和思想的脚注共有 150 个左右。涉及的问题十分广泛，这里只能略举一二例加以说明。

例如，关于复杂劳动和简单劳动之间的区别，正文中只提到："比社会的平均劳动较高级、较复杂的劳动，是这样一种劳动力的表现，这种劳动力比普通劳动力需要较高的教育费用，它的生产要花费较多的劳动时间，因此它具有较高的价值。"① 脚注中则进一步补充阐明了复杂劳动和简单劳动的关系："较高级劳动和简单劳动，熟练劳动和非熟练劳动之间的区别，有一部分是基于单纯的错觉，或者至少是基于早就不现实的、只是作为传统惯例而存在的区别；有一部分则是基于下面这样的事实：工人阶级的某些阶层处于更加无依无靠的地位，比别人更难于取得自己劳动力的价值。在这方面，偶然的情况起着很大的作用，以致这两种劳动会互换位置。……需要很多力气的粗活常常成为较高级劳动，而细活倒降为简单劳动。如瓦匠的劳动在英国要比锦缎工人的劳动高得多。另一方面，剪毛工人的劳动虽然体力消耗大，而且很不卫生，但仍被看作'简单'劳动。"② 读了这个脚注，我们对复杂劳动和简单劳动的问题，就有了一个更全面、更具体的理解，这种理解是在只读正文的情况下所得不到的。

再如，"收入"这个经济学概念在《资本论》中是经常出现的，然而在正文中并没有对它的含义作过规定。但是，马克思在脚注里明确写道："读者会注意到，收入［Revenue］一词有双重用法：第一是指剩余价值，即从资本周期地产生的果实；第二是指这一果实中被资本家周期地消费掉或加入他的消费基金的部分。"③

还有，对于资本主义生产方式的特征，马克思在《资本论》第

---

① 《资本论》第一卷，人民出版社 2004 年版，第 230 页。
② 同上。
③ 同上书，第 682 页。

三卷最后一篇里曾经做过分析。一般认为，由于对资本主义经济过程已经做了系统的分析，因而在这里才有条件对这一问题进行必要的概括。其实，早在第一卷第四章即在对资本主义经济过程进行系统分析之初，马克思在一个脚注里就对资本主义生产方式的特征作过明确的概括："资本主义时代的特点是，对工人本身来说，劳动力是归他所有的一种商品的形式，因而他的劳动具有雇佣劳动的形式。另一方面，正是从这时起，劳动产品的商品形式才普遍化。"① 由此可知，只要抓住劳动力成为商品、雇佣劳动制度、商品形式普遍化这些要点，也就掌握了揭开资本主义生产方式秘密的钥匙。

在《资本论》的脚注中，对小农经济和独立手工业生产的历史作用曾有过很精辟的论述，这也是在正文中不能直接看到的。马克思在第一卷第四篇第 24 个脚注里写道："小农经济和独立的手工业生产，一部分构成封建生产方式的基础，一部分在封建生产方式瓦解以后又和资本主义生产并存。同时，它们在原始的东方公有制解体以后，奴隶制真正支配生产以前，还构成古典共同体在其全盛时期的经济基础。"② 马克思的这一论断，就有助于我们弄清至今还颇为流行的一种传统的看法，即小生产无论在哪个社会都从来没有占据过主导地位。

在讲到通过脚注对《资本论》正文做了必要补充的时候，我们不能忘记恩格斯为《资本论》脚注增添的理论光彩。恩格斯所增添和补充的脚注，除了一部分属于编辑技术方面的以外，不少是补充一些新资料和根据新资料所得出的新论点，进而也丰富了《资本论》本身。

例如，马克思在第三卷第六章中写道："一切企图对原料生产进行共同的、全面的和有预见的控制……的想法，都要让位给供求将会互相调节的信念。"③ 对此，在 1894 年《资本论》第三卷出版时，恩格斯加了一个脚注："自从写了上面这段话以来（1865 年），由于一

---

① 《资本论》第一卷，人民出版社 2004 年版，第 198 页。
② 同上书，第 388 页。
③ 《资本论》第三卷，人民出版社 2004 年版，第 136 页。

切文明国家，特别是美国和德国的工业迅速发展，世界市场上的竞争大大加剧了。迅速而巨大地膨胀起来的现代生产力，一天比一天厉害地不再顺从它们应当在其中运动的资本主义商品交换规律——这个事实，资本家本人今天也越来越强烈地意识到了。……整个大生产部门的工厂主组成卡特尔（托拉斯），其目的是调节生产，从而调节价格和利润。不言而喻，这种试验只有在经济气候比较有利的时候才能进行。风暴一到来，它们就会被抛弃，并且会证明，虽然生产需要调节，但是负有这个使命的，肯定不是资本家阶级。在此期间，这种卡特尔只有一个目的，那就是使小资本家比以前更快地被大资本家吃掉。"① 恩格斯的上述论断补充了马克思在写作《资本论》第三卷时所不可能写出、并且直到今天还不失它的理论意义的内容。特别是在这里恩格斯还预见到调节社会生产的重担资本家阶级是担当不起的。恩格斯在《资本论》中增补的诸如上例的脚注还不少。但限于篇幅在此就不多作叙述了。

由上可见，《资本论》的脚注的确从理论上补充了正文的内容。倘若我们在学习《资本论》时，只读正文而不认真学习脚注，那就不可能领略《资本论》的全貌。

三 脚注是批判资产阶级经济学的锐利武器

《资本论》的副标题是《政治经济学批判》。对于资产阶级经济学的具体理论观点，在正文中也以各种方式展开了尖锐的批判。但是正文的批判常常要受正面论述的限制而不便充分展开。这样，利用脚注继续批判就成为必要的了。

《资本论》中以批判资产阶级经济学为内容的脚注至少有120多个，而且这些脚注的篇幅一般都比较大，批判所涉及的方面很多。

把资本主义制度永恒化是资产阶级各派经济学的共同要害，马

---

① 《资本论》第三卷，人民出版社2004年版，第136页。

克思在第一卷第一章的脚注里就批判了李嘉图的有关错误。他指出："甚至李嘉图也离不开他的鲁滨逊故事。他让原始的渔夫和原始的猎人一下子就以商品占有者的身份，按照对象化在鱼和野味的交换价值中的劳动时间的比例交换鱼和野味。在这里他犯了时代错误。"① 在脚注中，马克思还批判过英国资产阶级经济学家托伦斯的类似错误。因为他竟然荒谬地把原始人使用石头和棍棒当作资本。

马克思在脚注中还从立场和世界观上深刻地揭露了资产阶级古典经济学在劳动价值论上的根本缺陷。他在《资本论》第一卷第一篇第 32 个注中写道："古典经济学的根本缺点之一，就是它始终不能从商品的分析，而特别是商品价值的分析中，发现那种正是使价值成为交换价值的价值形式。恰恰是古典政治经济学的最优秀的代表人物，象亚·斯密和李嘉图，把价值形式看成一种完全无关紧要的东西或在商品本性之外存在的东西。"② 接着马克思分析了古典学派产生这一缺陷的原因所在："这不仅仅因为价值量的分析把他们的注意力完全吸引住了。还有更深刻的原因。劳动产品的价值形式是资产阶级生产方式的最抽象的、但也是最一般的形式，这就使资产阶级生产方式成为一种特殊的社会生产类型，因而同时具有历史的特征。因此，如果把资产阶级生产方式误认为是社会生产的永恒的自然形式，那就必然会忽略价值形式的特殊性，从而忽略商品形式及其进一步发展——货币形式、资本形式等等的特殊性。"③

在《资本论》脚注中，马克思对资产阶级庸俗经济学的立场、世界观和手法作过一针见血的揭露。他写道，古典经济学"研究了资产阶级生产关系的内部联系。而庸俗经济学却只是在表面的联系内兜圈子，它为了对可以说是最粗浅的现象作出似是而非的解释，为了适应资产阶级的日常需要，一再反复咀嚼科学的经济学早就提供的材料。在其他方面，庸俗经济学则只限于把资产阶级生产当事

---

① 《资本论》第一卷，人民出版社 2004 年版，第 94 页。
② 《资本论》第一卷，人民出版社 1975 年版，第 98 页。
③ 同上。

人关于他们自己的最美好世界的陈腐而自负的看法加以系统化，赋以学究气味，并且宣布为永恒的真理。"①

　　对于以蒲鲁东为代表的小资产阶级政治经济学，马克思在《资本论》脚注中也曾作过深刻的批判。他指出："小资产阶级社会主义既想使商品生产永恒化，又想废除'货币和商品的对立'，就是说废除货币本身。"② 马克思还批判了蒲鲁东唯心主义方法论上的错误。他在脚注中写道："蒲鲁东先从与商品生产相适应的法的关系中提取他的公平的理想，永恒公平的理想。……然后，他反过来又想按照这种理想来改造现实的商品生产和与之相适应的现实的法。"③ 可见，马克思通过几个脚注就把小资产阶级政治经济学的基本错误彻底揭露出来了。

　　总之，从古典经济学到庸俗经济学，都在《资本论》的脚注中受到了马克思的评点。这使我们从中获得了批判资产阶级经济学所不可缺少的理论武器。

四　脚注是研究马克思经济理论形成的向导

　　马克思以毕生精力实现了政治经济学史上的伟大变革，从而创立了无产阶级的政治经济学。那么，马克思的经济理论是怎样形成的呢？固然马克思的大量的经济学著作无疑会为我们研究他的经济理论的形成提供宝贵的材料，而《资本论》的脚注却可充当我们探寻马克思经济理论形成途径的向导。从《资本论》脚注中我们可以看到，马克思的经济理论大致形成于以下三个方面。

　　首先，形成于资本主义经济运动的实际和阶级斗争的实际。

　　马克思说过："研究必须充分地占有材料，分析它的各种发展形式，探寻这些形式的内在联系。"④ 但是，马克思一生中并没有很多

①　《资本论》第一卷，人民出版社 2004 年版，第 99 页。

②　同上书，第 106 页。

③　同上书，第 103 页。

④　同上书，第 21 页。

机会直接在工厂和农村生活，也没有直接参加过罢工和起义，那么马克思是通过什么途径系统地详尽地熟悉资本主义经济运动的实际和阶级斗争的实际呢？

从《资本论》的脚注中可以知道，马克思是通过大量的文字材料特别是各种调查报告来和实际生活保持密切联系的。这些文字材料主要有：《工厂视察员报告》《童工调查委员会报告》《人口调查》《公共卫生报告》《济贫法视察员关于爱尔兰农业工人工资的报告》《评议会两院谷物法委员会上的证词》《法律执行情况调查委员会关于流放和徒刑的报告》，如此等等。此外，还有英国的《泰晤士报》和《经济学家》等报纸杂志，以及大量的诸如《美国史》《爪哇史》《英国的农业史和价格史》《商业起源古今编年史》等史料性著作。上述丰富的文字材料充分暴露了资本主义经济过程的内在矛盾及其发展变化的复杂情况，同时也充分反映了资本主义社会的阶级矛盾和阶级斗争。这就使马克思占有了足够的材料来研究资本主义经济运动的规律。

其次，形成于前人的思想材料。

一个人的思想的发展，总是离不开人类文明的大道。也就是说，一个人的思想的形成不可避免地要吸收前人的思想材料。这对于马克思这样的伟大人物也不例外。从脚注中我们可以看到马克思的一些经济思想就是吸收了前人思想形成的。

例如，关于资本积累和工人阶级状况的内在联系，马克思在第一卷第七篇的一个脚注中曾经写道："可变资本相对量递减的规律和这个规律对雇佣工人阶级状况的影响，曾经被古典学派某些优秀的经济学家感觉到，但是没有被他们所理解。在这方面，最大的功绩应归于约翰·巴顿，虽然他同所有其他的人一样，把不变资本同固定资本混为一谈，把可变资本同流动资本混为一谈。他说：'对劳动的需求取决于流动资本的增加，而不是取决于固定资本的增加。……随着技术的进步和文明的传播，固定资本与流动资本相比越来越大。……如果把一年的全部积蓄都加到固定资本上去，也不会使劳动的需求有任何增长.'"① 在这个脚注中，马克思还摘引了李嘉图、理查·琼斯和拉姆塞等古典经济学家有关的一些重要论述。显然这些思想材料，对于马克思的资本积累和相对人口过剩理论的形成是有密切关系的。

又如，在第一卷第四章的一个脚注中，马克思曾经详细地叙述了亚里士多德在他的《政治学》一书中关于"经济"和"货殖"的对比。亚里士多德认为，"经济"是一种谋生术，它追求的只是生活所必需的物品，因而它的需求不是无限的。有了货币以后，物物交换发展为商品交易，于是出现了"货殖"。"货殖"是一种赚钱术，它似乎是围绕着货币转，因为货币是这种交换的起点和终点。因此"货殖"对财富的追求是无限的。② 他对"经济"与"货殖"所作的对比分析，显然启发了马克思，使他有可能作出关于简单商品流通和资本流通的对比分析，并由此逐步揭示了资本的本质。

最后，形成于对资产阶级经济理论的批判。

马克思主义是在斗争中产生和发展的，从《资本论》的脚注中可以看出，马克思经济理论体系中一系列基本原理的提出，都是同揭露和批判资产阶级经济学说分不开的。

例如，在《资本论》第一卷的脚注中，马克思曾经揭露过法国庸俗经济学家萨伊"想从生产资料（土地、工具、皮革等等）的使用价值在劳动过程中所提供的'生产服务'，引出剩余价值（利息、利润、地租）"③ 的错误；还批判过德国庸俗经济学家罗雪尔的"天才发现"：剩余价值以及与此相联系的积累是由于资本家的"节俭"，为此资本家应得到利息。④ 在论证资本积累理论时，马克思在脚注中还系统地批判过马尔萨斯的反动的人口论，等等。

从以上三个方面的分析，我们可以明显地看到，《资本论》脚注

---

① 《资本论》第一卷，人民出版社 2004 年版，第 728 页。
② 同上书，第 178 页。
③ 同上书，第 239 页。
④ 同上书，第 251 页。

的重要意义之一，是为我们提供了一个研究马克思经济理论形成源流的线索，抓住这个线索，就可能找出某些规律性的东西，借以推动我们今天的经济理论研究工作。

五　足资楷模的治学风格

通过对《资本论》脚注的学习，使我们更加深刻地认识到马克思的那种实事求是的严谨的治学风格。

在《资本论》中，正文里的观点或论述只要是直接或间接引用别人的，哪怕仅仅是受了别人的一点启发，就都要注明是谁在何时出版的何种著作中提出的，并且常常要从原著中再摘出一些文句作为正文的旁证，而不管被引用的是谁以及他的著作是否有名。

例如，把商品价值看作一种人与人的关系的观点，是 18 世纪意大利资产阶级经济学家、重农学派的批评者加利阿尼提出的。马克思在脚注中不仅提到他的名字、引述他的观点，而且指出他的不足之处是没有说明价值所体现的人与人的关系是被物的外壳所掩盖着的。①

我们知道，马克思在《资本论》及其脚注中曾多次尖锐地批判过马尔萨斯，但他并不因人废言，凡是马尔萨斯言论中有一点可取之处，便都一视同仁地加以正面引用，充分体现了他的科学的实事求是的治学风格。例如，关于资本积累的含义，马克思就曾在脚注中摘引过马尔萨斯的下述观点："资本积累就是把收入的一部分当作资本使用。"②

马克思即使是引述匿名著作的观点和论述，也决不埋没作者的功绩，尽力设法查出匿名作者的真实姓名。据统计，在《资本论》脚注中引述的四部匿名著作中，马克思已经查出了三部著作的作者的真实姓名。这样做无疑要耗费马克思许多宝贵时间，但科学的责

① 参见《资本论》第一卷，人民出版社 2004 年版，第 91 页。
② 同上书，第 668 页。

任心促使他必须为此付出精力。

可贵的是，马克思不仅重视脚注，而且在撰写脚注时又十分细心。当恩格斯为了最后出版对《资本论》的正文和脚注进行全面校审时，在1330个脚注中，发现只有一个脚注的页码写得有出入，①其余则全部准确无误。对于这样一个大部头的著作，马克思又是在经常健康不佳的情况下撰写的，而且第二、第三卷留下的还只是手稿，竟然把脚注写得如此精确，这是何等的不易啊！

马克思的严谨的实事求是的治学态度，为我们树立了一个不朽的榜样。《资本论》的全部脚注，都是马克思崇高的"学德"的具体证明，也是他高度的精神文明的体现，永远值得我们敬仰、永远值得我们学习。

（原载《经济研究》1983年第4期）

---

① 《资本论》第一卷，人民出版社2004年版，第690页。

对恩格斯增补《资本论》的研究

马克思主义创始人之一恩格斯离开我们已经一百多年了，但是，每当我们拿起马克思的科学巨著《资本论》的时候，对恩格斯的崇敬心情便油然而生，因为他为这部"工人阶级圣经"的问世，付出了太多的心血。如果没有恩格斯对马克思创作的鼎力相助，我们今天能够看到的《资本论》会是什么样子，是很难想象的。鉴于此，这里把恩格斯在《资本论》创作中的历史功绩，特别是他对《资本论》所作的增补，作一概略的评价。

一 恩格斯对《资本论》的增补有三种形式

《资本论》是马克思四十年辛勤劳动的结晶。他的亲密战友恩格斯，在《资本论》创作过程中始终给予最有力的支持和配合，甚至在一定程度上参与了《资本论》的写作，特别表现在恩格斯对《资本论》所作的增补上。

笔者学习和统计了恩格斯在《资本论》中所增补的全部文字。这些增补是《资本论》中不可分割的组成部分。

恩格斯对《资本论》的增补，有三种形式，一是在《资本论》正文中增补字句、段落甚至章节；一是为《资本论》增补注释；一是单独撰写增补的专论。

从恩格斯对《资本论》增补的规模来看：

恩格斯在《资本论》正文中所作的增补共122处（包括在章节标题下增补的3处文字）。每处增补的篇幅不等，最少的只有一个字，最多的近万字。正文中的增补共 37600 多字（均按中译文计算，下同）。

增补文字在正文中的分布是不平衡的。第一卷只有一处，100 多字。这显然是因为第一卷是经过马克思推敲、亲自定稿的。第二卷有 37 处，但字数不多，只有 1500 多字。第二卷虽然不是马克思亲自定稿的，但他毕竟留下了写于不同时间的两份完整的手稿和六份不完整的手稿，因而恩格斯的工作主要是把不同手稿中可用的部分选择出来，使书稿更加完整和系统。增补最多的是第三卷，有 84 处之多，包括第三卷第三十、第三十一、第三十二标题下增补的 3 处，共计 36000 多言。这主要是因为"第三册只有一个初稿，而且极不完全。每一篇的开端通常都相当细心地撰写过，甚至文字多半也经过推敲。但是越往下，文稿就越是带有草稿性质，越不完全，越是离开本题谈论那些在研究过程中冒出来的、其最终位置尚待以后安排的枝节问题，句子也由于表达的思想是按照形成时的原样写下来的而越冗长，越复杂"①。

恩格斯在《资本论》中作的脚注，共 90 个，其中恩格斯单独撰写的有 72 个；补加在马克思原注上的有 18 个。② 在恩格斯单独写的72 个脚注中，第一卷中 9 个；第二卷中 27 个；第三卷中 31 个；各卷序言中 5 个。共约 9500 字。在马克思原注上补加的 18 个脚注中，第一卷中 15 个；第三卷中 3 个。共 3500 多字。两项合计共 13000 多字，占《资本论》全部脚注总字数的 6% 强。

恩格斯于 1894 年把马克思的主要著作《资本论》的理论部分的最后一卷即第三卷出版以后，1895 年，他以 75 岁高龄和身患食道癌的带病之体，在临逝世的两个多月前单独为《资本论》写了两篇增补专论。1895 年 5 月 21 日，恩格斯在给考茨基的信中写道："我打

---

① 《资本论》第三卷，人民出版社 2004 年版，第4—7 页。

② 1983 年第 4 期《经济研究》上发表的拙文《一份珍贵的遗产——读马克思〈资本论〉中的脚注》，把恩格斯单独写的注多算了一个，把马、恩合写的注即恩格斯补加在马克思原注上的注少算了一个。

算给你一篇使你高兴的著作在《新时代》上刊登，这就是《资本论》第三卷增补；Ⅰ.《价值规律和利润率》，答桑巴特和康·施密特的疑问。随后就是Ⅱ. 从 1865 年马克思著文论述交易所以后交易所作用的巨大变化。然后看需要和时间如何，再决定是否继续写下去。如果我的头脑许可，第一篇本该写好了。"① 不幸的是，两个多月后，即这一年的 8 月 5 日，恩格斯就离开了人间。第一篇论文于恩格斯逝世后不久，发表在德国社会民主工党机关报《新时代》上，中译文 16500 多字。第二篇论文只是一个包括七个要点的提纲，中译文 1700 多字。两篇合计 18000 余字。

恩格斯在《资本论》中所作的三种形式的增补，总共 68000 余字，占《资本论》总篇幅近 4%。当然增补的意义不仅仅在于数量之多少，重要的是由于有了这些增补，而使《资本论》的论述更严密、更完善、更新颖，在一定程度上增强了它的科学性和战斗性，收到了锦上添花之效。

二　恩格斯对《资本论》的增补内容十分丰富

恩格斯对《资本论》所作的增补，形式多样并具有相当篇幅，而且内容丰富。

就恩格斯对《资本论》正文所作的增补来说，122 处增补文字，大致可以分为五类，即注解说明、编辑说明、补充材料、补充论述和提出新论等。其中注解说明 74 处；编辑说明 11 处；补充材料 1 处；补充论述 32 处；提出新论 4 处。

就恩格斯为《资本论》单独增补的 72 个脚注来说，其中编辑说明 41 个；补充材料 15 个；补充论述 11 个；提出新论 3 个；批判资产阶级经济学 2 个。恩格斯加在马克思原注上的 18 个补注，因文字较少且同原注相连，未便严格分类。

① 《马克思恩格斯全集》第 39 卷，人民出版社 1974 年版，第 461 页。

　　就恩格斯为《资本论》第三卷撰写的两篇增补专论来说，一篇的主要内容是批判资产阶级经济学；另一篇的主要内容是提出新论。

　　注解说明在恩格斯的《资本论》增补出处中占有较大比重，虽然字数并不很多。这一类增补大多加在正文中所引资产阶级经济学家的论述中。由于资产阶级经济学和马克思主义经济学缺乏共同的语言，或者由于引文的不完整，所以需要对引文进行必要的注解说明。这种在马克思手稿中来不及进行而往往是在最后编定时才处理的工作，都由恩格斯完成了。例如，《资本论》第二卷第十九章曾经引过资产阶级经济学家萨伊的一段话："任何产品的总价值，都是由促成它的生产的土地所有者、资本家和勤劳者的利润〔工资在这里充当'勤劳者'的利润〕相加而成的。"① 萨伊的这一论点显然是"斯密教条"的翻版，尤其是把勤劳者和土地所有者及资本家看作一样有利润，就更为荒谬。于是恩格斯紧接引文"勤劳者的利润"后面加了一个注解性的插语："工资在这里充当'勤劳者的利润'"，明确地点出了所谓"勤劳者的利润"就是指雇佣工人的工资。

　　恩格斯对《资本论》中引用官方文书中一些交代不清的地方，也往往增补一些必要的注解性说明。例如，《资本论》第三卷第二十五章引用《商业危机》报告（1847—1848 年）中的一段话说："如果加尔各答某商行［为英国］购买一船货物，用该行向伦敦代理商签发的汇票来支付，并把提单送往伦敦，那么，这种提单就会立即被他们拿到伦巴特街去获取贷款。"② 这段话是比较费解的。但是，恩格斯为上述引语增补了三个字，即"为英国"，这样，整段话就立刻变得明白易懂了。

　　即使在马克思的某些直接论述中，为了便于读者理解，恩格斯在个别地方也加了注解性说明。如《资本论》第二卷第二十章有一句话："按其价值来说，$2000\,\mathrm{II}\,c = 1800c + 200c\,(d)$。"③ 虽然马克思

---

　　① 《资本论》第二卷，人民出版社 2004 年版，第 433 页。
　　② 《资本论》第三卷，人民出版社 2004 年版，第 465 页。
　　③ 《资本论》第二卷，人民出版社 2004 年版，第 509 页。

紧接上文说明了"d = déchet",但由于"déchet"是法文,不为一般读者所知晓,所以恩格斯在"déchet"之后注明其词意是"损耗"。

在恩格斯对《资本论》所作的增补中,有一部分是作为编者必须进行的说明。这类编辑说明,恩格斯有时加在脚注中,有时又必须加在正文中。增补一定的编辑说明,能使读者更好地理解原文和了解作者的意图。例如,《资本论》第二卷第十三章在论述农业中周转周期起因于轮作制时,马克思曾经引用了德国经济学家基尔霍夫著作中的有关资料。在此,恩格斯加了一点编辑说明:"在这里,手稿中写着:'英国的轮作制。这里要加注。'"① 这表明,马克思主张对英国的轮作制进一步考察,并要对英国的轮作制情况加注。

又如,《资本论》第三卷第七章,马克思在分析资产者为什么不把利润和剩余价值看作同一的东西的原因时写道:"在他看来,实现了商品价值,——包括商品中剩余价值的实现,——就是创造了剩余价值。"② 紧接着,恩格斯增补了一句编辑说明:"手稿中留有一个空白,表示马克思打算对这一点作进一步的说明。"这就启发读者去思考:马克思究竟要怎样说明这个问题?这个问题有什么重要意义?

在恩格斯对《资本论》增补中占篇幅最大的是对原著的补充论述。这种补充论述或长或短,从数十字到近万字,从几句话到整段整章。就补充论述的内容来看,有的是使原文更加明确,有的是对原理的发挥,有的则是直接替马克思写书,当然是根据马克思预定的意图来写的。

例如,《资本论》第一卷第一章在分析商品性质时,马克思写到,商品生产者"要生产商品,他不仅要生产使用价值,而且要为别人生产使用价值,即生产社会的使用价值"③。那么,什么是社会使用价值?不明确这一点就会引起误解,好像只要不是由生产者

---

① 《资本论》第二卷,人民出版社 2004 年版,第 275 页。
② 《资本论》第三卷,人民出版社 2004 年版,第 154 页。
③ 《资本论》第一卷,人民出版社 2004 年版,第 54 页。

本人消费的产品，马克思都认为是商品。于是恩格斯在此增补了一段重要的也是著名的论述。他指出，要生产商品，"不只是简单地为别人。中世纪农民为封建主生产作为代役租的粮食，为神父生产作为什一税的粮食。但不管是作为代役租的粮食，还是作为什一税的粮食，都并不因为是为别人生产的，就成为商品。要成为商品，产品必须通过交换，转到把它当作使用价值使用的人的手里"①。

《资本论》第三卷第二十五章在讲到信用投机和经济危机时，马克思只是列举了英国的许多经济学著作和英国上院的报告中的实际材料，而恩格斯却增补了有关这一问题的理论分析。他指出，生产的繁荣时期往往是信用投机的发展时期。因为："诱人的高额利润，使人们远远超出拥有的流动资金所许可的范围来进行过度的扩充活动。不过，信用可加以利用，它容易得到，而且便宜。"② 生产过剩的经济危机，往往被信用投机所加剧。因为信用投机一方面造成虚假繁荣和生产的过于膨胀，另一方面大量商品卖不出去，到一定点就必然爆发经济危机。危机到来时，"绝大多数的汇票只有支付惊人的高利贷利息才能得到贴现，或根本不能贴现；支付的普遍停滞使一系列第一流商行和许许多多中小商行倒闭"③；继而工厂破产、银行歇业，整个资本主义经济陷于崩溃状态。恩格斯的这一补充阐述，就使信用投机和经济危机的关系得到了精辟的说明。

恩格斯对《资本论》的补充论述，突出地表现在对第三卷第四章的增补上。这一章在马克思的手稿上只有一个标题：《周转对利润率的影响》和一个简短的意见："这个因素我们暂且放在一边，因为它对利润率的影响，在后面某一章节中将专门予以研究。"但是，后来马克思并没有论述这一问题，于是在最后编定第三卷时，恩格斯补写了全章的内容。恩格斯在第三卷序言中说："第四章只有一个标

① 《资本论》第一卷，人民出版社 2004 年版，第 54 页。
② 《资本论》第三卷，人民出版社 2004 年版，第 459 页。
③ 同上书，第 460 页。

题。但是，因为这一章研究的问题即周转对利润率的影响极为重要，所以由我亲自执笔写成。"① 在这里，恩格斯用5000多字的篇幅，阐述了一系列重要原理，诸如资本周转时间的缩短会提高利润率；资本周转影响利润率的原因在于可变资本提高了效率；同量资本由于周转速度不同，利润率也就不同；资本周转使利润率转化为年利润率；等等。同时他还具体指出，由于在现实生活中，资本家只看到固定资本和流动资本的差别，因此要计算年利润率，就必须首先从流动资本中计算出可变资本及其周转次数，然后才能计算出年利润率。

《资本论》第三卷第一篇共七章，第一、第二章是对剩余价值如何转化为利润，剩余价值率如何转化为利润率进行质的分析，第三、第四、第五、第六章是对影响利润率数量变化的各种因素进行分析；第七章是对全篇的一个补充说明。由于恩格斯撰写了第四章，就使第三卷第一篇的论述完备起来。

恩格斯为《资本论》所作增补的另一个重要方面，是为这部经典著作补充了一些新的材料。这些材料少数增补在正文中，多数增补在脚注中。这些材料或者是马克思没有运用的，或者是在他1865年完成《资本论》手稿时甚至在他1883年逝世时所不可能接触到的。因而有关材料的增补，对于证明论题和丰富《资本论》的内容是很宝贵的。

例如，马克思在第三卷第二十七章写道："进行投机的批发商人是拿社会的财产，而不是拿自己的财产来进行冒险的。资本起源于节约的说法，也变成荒唐的了，因为那种人正是要求别人为他而节约。"② 恩格斯紧接上文增补了巴拿马骗局的材料来说明这一个问题。巴拿马骗局是牵涉到法国政治活动家、官员和报刊的一个骗局。为了给开凿经过巴拿马地峡的运河筹措资金，工程师和实业家斐迪南·累塞普斯于1879年在法国创立了一家股份公司。1888

---

① 《资本论》第三卷，人民出版社2004年版，第8页。
② 同上书，第498页。

年年底，这家公司破产，引起了大批小股东的破产和无数企业的倒闭。1892 年才发现，该公司为了掩盖它的真实财政情况和滥用所筹措的资金，曾高价贿赂法国政府首脑和身居要职的官员。巴拿马骗局由资产阶级司法机关悄悄了结，被判罪的只限于公司的领导人和一些次要人物。恩格斯认为这个新发生的事例是马克思上述论断的一个很好的佐证，于是紧接上文补充写道："如不久前整个法国为巴拿马运河的骗子总共节约了 15 亿法郎。巴拿马运河的全部骗局在它发生整整 20 年之前，就已经在这里多么准确地描绘出来了。"①

　　还有，《资本论》第三卷第二十三章中，当马克思在"资本主义生产本身已经使那种完全同资本所有权分离的指挥劳动比比皆是"②的时候，恩格斯曾以自己直接掌握的材料来证明这一论断。他在这一章的一个脚注中写道："我知道这样一件事，在 1868 年危机以后，有一个破产的工厂主，变成了他自己以前的工人的领取工资的雇佣劳动者。也就是说，在破产以后，工厂已经改组成工人的合作工厂，而由以前的工厂主担任经理。"③恩格斯以自己的亲身见闻来为自己的战友提供切实的论据，这是多么诚挚而可贵的合作啊！

　　恩格斯还根据经济发展的最新材料来为马克思当时还只是理论上的推论提供证据。例如，马克思在《资本论》第一卷《资本主义积累的一般规律》一章中论述到资本集中时曾经写道："在一个生产部门中，如果投入的全部资本已溶合为一个单个资本时，集中便达到了极限。"④恩格斯在编定第四版时，根据截至 1890 年资本集中发展的新情况，专门增补了一个脚注，证实了马克思的上述论断。他写道："英美两国最新的'托拉斯'已经在为这一目标而奋斗，它们力图至少把一个生产部门的全部大企业联合成一个握有实际垄断权的大股份公司。"⑤

---

① 《资本论》第三卷，人民出版社 2004 年版，第 498 页。
② 同上书，第 434 页。
③ 同上书，第 435 页。
④ 《资本论》第一卷，人民出版社 2004 年版，第 723 页。
⑤ 同上。

　　恩格斯对《资本论》所作增补中具有突出意义的应该说是对马克思原著增加新论。这种增补大多是恩格斯清楚地看到的自由资本主义向垄断资本主义过渡中出现的新特征。在全部增补文字中属于这一类的所占篇幅虽然并不大，但它是《资本论》原著中所缺少的思想，因而更值得重视。

　　例如，《资本论》第三卷第二十七章讲到股份公司时，恩格斯根据经济发展中出现的最新事实，增补了崭新的论断："自从马克思写了上面这些话以来，大家知道，一些新的产业经营的形式发展起来了。这些形式代表着股份公司的二次方和三次方。""在每个国家里，一定部门的大工业家会联合成一个卡特尔，以便调节生产。""在有些部门，只要生产发展的程度允许的话，就把该部门的全部生产，集中成为一个大股份公司，实行统一领导。在美国，这个办法已经多次实行；在欧洲，到现在为止，最大的一个实例是联合制碱托拉斯。这个托拉斯把英国的全部碱的生产集中到惟一的一家公司手里。""因此，在英国，在这个构成整个化学工业的基础的部门，竞争已经为垄断所代替，并且已经最令人鼓舞地为将来由整个社会即全民族来实行剥夺做好了准备。"① 恩格斯提出的"竞争已经为垄断所代替"的新结论为列宁的帝国主义理论做了直接的启示，并且提出了垄断是实现社会主义公有制的直接阶梯的重要理论。

　　恩格斯为《资本论》增补的有些新论是写在脚注里的。我们切莫为脚注这种形式而忽视了它的理论意义。恩格斯在第三卷第六章中加的一个脚注就属于这种情况。他在那里写道："整个大生产部门的工厂主组成卡特尔（托拉斯），其目的是调节生产，从而调节价格和利润。不言而喻，这种试验只有在经济气候比较有利的时候才能进行。风暴一到来，它们就会被抛弃，并且会证明，虽然生产需要调节，但是负有这个使命的，肯定不是资本家阶级。"② 恩格斯写于19世纪末的这个卓越的论断，早已为历史事实所证明。的确，垄断

---

① 《资本论》第三卷，人民出版社 2004 年版，第 496—497 页。

② 同上书，第 136 页。

资本主义决不能保证社会经济的稳定增长，而只有无产阶级在社会主义制度下才能担当起对社会经济发展进行有计划调节的历史使命。

恩格斯为《资本论》专门写的增补论文之一《交易所》，是打算集中论述垄断产生后资本主义经济中出现的新因素和新特征的，可惜文章只包括几个要点，未来得及展开分析，但我们仍然可以从中看到他为《资本论》增添的新意。恩格斯在这篇论文中开宗明义地说："自从1865年写作本书以来，情况已经发生了变化，这种变化使今天交易所的作用大大增加了，并且还在不断增加。这种变化在其进一步的发展中有一种趋势，要把全部生产，工业生产和农业生产，以及全部交往，交通工具和交换职能，都集中在交易所经纪人手里，这样，交易所就成为资本主义生产本身的最突出的代表。"①

这篇论文的标题虽然是《交易所》，而交易所的发展后来又没有成为"资本主义生产本身的最突出的代表"，但是该文的重要意义却在于阐明交易所作用迅速增长的原因。根据该文的分析，交易所作用的迅速增大是由于"生产的扩展赶不上积累的增长"，因而出现资本过剩；随之而来的是食利者人数的增加；还有股份公司在工业、农业、商业、金融等部门的大发展，并且出现了托拉斯。可见，恩格斯提出交易所的地位和作用由不重要到重要的变化，实际上是讲由自由资本主义向垄断资本主义的过渡。因为托拉斯的出现和食利者人数的增加都是垄断资本主义所特有的现象。恩格斯的这一增补论文，增强了《资本论》的现实性，使《资本论》所反映的时代延长了三十年。

恩格斯对《资本论》所作增补的再一个重要方面是通过增补文字来捍卫《资本论》。这类增补有的是在脚注中，有的是在正文中，但主要表现在他所写的《资本论》第三卷增补专论之一《价值规律和利润率》中。

恩格斯1885年4月2日致约翰·菲力浦·贝克尔的信中说：

---

① 《资本论》第三卷，人民出版社2004年版，第1028页。

"这个包含着最后的并且是极其出色的研究成果的第三卷，一定会使整个经济学发生彻底的变革，并将引起巨大的反响。"① 1894 年《资本论》第三卷出版后不久，果然引起了资产阶级学者的喧闹，叫喊什么第一卷和第三卷有矛盾。意大利资产阶级庸俗经济学家的代表人物阿基尔·洛里亚（1857—1943 年）说什么第三卷是故弄玄虚，认为"价值不外是一个商品和另一个商品相交换的比例，所以单是商品的总价值这个观念，就已经是荒谬的"②。德国资产阶级庸俗经济学家威纳尔·桑巴特（1863—1941 年）认为，商品的"价值在资本主义生产当事人的意识中是不存在的；它不是经验上的事实，而是思想上、逻辑上的事实"③。德国经济学家和哲学家康拉德·施米特（1863—1932 年）则"把价值规律叫作为说明实际交换过程而提出的科学假说"。"施米特直接宣称资本主义生产形式内的价值规律是一种虚构，即使是理论上必要的虚构。"④

上述这些人的言论是站不住脚的。恩格斯在《资本论》第三卷序言里就曾经向资产阶级学者们证明："相等的平均利润率怎样能够并且必须不仅不违反价值规律，而且反而要以价值规律为基础来形成"⑤。并且说："马克思在《批判》（指《剩余价值理论》——引者）手稿中，已经解决了这个矛盾；按照《资本论》的计划，这个问题要在第三册来解决。"⑥ 但是第三卷出版之后，资产阶级学者并没有认输，不过恩格斯从他们的喧嚣中抓住了他们的共同弱点，即"都没有充分注意到：这里所涉及的，不仅是纯粹的逻辑过程，而且是历史过程和对这个过程加以说明的思想反映，是对这个过程的内部联系的逻辑研究。"⑦ 也就是说，必须同时注重运用历史

---

① 《马克思恩格斯全集》第 36 卷，人民出版社 1975 年版，第 288 页。
② 《资本论》第三卷，人民出版社 2004 年版，第 1007 页。
③ 同上书，第 1012 页。
④ 同上书，第 1013 页。
⑤ 《资本论》第二卷，人民出版社 2004 年版，第 25 页。
⑥ 同上书，第 24 页。
⑦ 《资本论》第三卷，人民出版社 2004 年版，第 1013 页。

的方法来说明价值到生产价格的转化，说明为什么"等额的资本，不论它们使用多少活劳动，总会在相同时间内生产平均的相等的利润"①。

马克思在《资本论》第三卷第十章里曾经对价值向生产价格的转化作过简要的历史考察，并且指出："商品按照它们的价值或接近于它们的价值进行的交换，比那种按照它们的生产价格进行的交换，所要求的发展阶段要低得多。按照它们的生产价格进行的交换，则需要资本主义的发展达到一定的高度。"② 但是，正如恩格斯所说的："如果马克思来得及把这个第三卷再整理一遍，他毫无疑问会把这段话大大加以发挥。现在这段话，不过是关于这个问题所要说的内容的一个轮廓。因此，我们要较为详细地谈谈这一点。"接着，恩格斯就以相当的篇幅和丰富的经济史料，具体地说明了商品生产和商品流通的历史进程，以及在这个进程中价值规律的支配作用；还说明了商业利润率向产业利润率的转化，以及利润率向平均利润率的转化和价值向生产价格的转化。这样就把逻辑的分析和历史的分析结合起来了，成功地在价值规律的基础上说明了价值向生产价格的转化，从而捍卫了《资本论》的科学体系。

三　从恩格斯所作增补中应得到的启示

从对恩格斯为《资本论》所作增补的考察中，我们应该得到哪些启示呢？我认为主要有两点。

第一，恩格斯在增补《资本论》的过程中表现出一种极其严格的求实精神。

恩格斯在1890年出版的《资本论》第一卷第四版的序言中说："第四版要求我尽可能把正文和注解最后确定下来。""我还补加了一些说明性的注释，特别是在那些由于历史情况的改变看来需要加注的

---

① 《资本论》第二卷，人民出版社2004年版，第24页。
② 《资本论》第三卷，人民出版社2004年版，第197页。

地方。所有这些补加的注释都括在四角括号里，并且注有我的姓名的第一个字母或'D. H.'。"① 作为科学共产主义学说的创始人之一，对编辑自己亲密战友的著作持如此慎重的态度，这是何等严格的文风！

恩格斯之所以用这样严格的态度来对待《资本论》的增补，是同他对马克思的无比崇敬和对无产阶级革命事业的高度责任感分不开的。他在《〈资本论〉第三卷增补》中说："在编辑出版时，我最关心的是要编成一个尽可能真实的文本，即尽可能用马克思自己的话来表述马克思新得出的各种成果。只是在绝对不可避免的地方，并且在读者一点也不会怀疑是谁在向他说话的地方，我才加进自己的话。"② 当有人建议恩格斯改写《资本论》手稿，也就是"为了读者的方便而牺牲原文的真实性"时，恩格斯严肃地表明："我没有任何权利作这样的改写。像马克思这样的人有权要求人们听到他的原话，让他的科学发现原原本本按照他自己的叙述传给后世。其次，我也丝毫不愿意擅自侵犯这样一位卓越的人的遗著；那样做对我来说就是失信。"③

但是，对《资本论》中马克思的某些不够正确的论点和论述，恩格斯同样以无产阶级的求实精神加以纠正和提出批评性的意见，决不因为这些不够正确的东西是出自自己所崇敬的人的手笔而加以敷衍。例如，马克思在《资本论》第三卷中有一段批评圣西门的话："我们不要忘记，圣西门只是在他的最后一本著作《新基督教》中，才直接作为工人阶级的代言人出现，才宣告他的努力的最终目的是工人阶级的解放。他以前写的所有著作，事实上只是歌颂现代资产阶级社会，反对封建社会，或者说，只是歌颂产业家和银行家，反对拿破仑时代的元帅和法律制造者。把这些著作和同时代欧文的著作比较一下，就会知道它们之间有多大的差别！"④ 恩格斯认为马克

① 《资本论》第一卷，人民出版社 2004 年版，第 36 页。
② 《资本论》第三卷，人民出版社 2004 年版，第 1005 页。
③ 同上。
④ 同上书，第 684 页。

思这样评价圣西门是不够公道的，而且和"后来，马克思说到圣西门，总只是赞美他的天才和百科全书式的头脑"① 也不一致。于是他在增补的脚注中指出："如果马克思来得及修订这个手稿，他无疑会把这一段话大加修改。这一段话，是他看到那些前圣西门主义者在法兰西第二帝国所起的作用有感而发的。"② 恩格斯还对几个伟大的空想社会主义者的局限性和进步性做了历史唯物主义的评价："如果说圣西门在以前的著作中，忽视了资产阶级和法国刚刚诞生的无产阶级之间的对立，把资产阶级中从事生产的部分算作劳动者，那么，这同傅立叶想把资本和劳动融合起来的观点是一致的，这要由当时法国的经济政治状况来说明。如果说欧文对这个问题的观点前进了一步，那只是因为他生活在另外一种环境中，即生活在产业革命和阶级对立已经尖锐化的时期。"③

又如，《资本论》第二卷第十五章，马克思论述周转时间对预付资本量的影响时，曾用大量的篇幅来推导和计算货币资本的"游离"。对此，恩格斯在增补的正文中提出了批评性的意见。他指出："这种不厌其烦的计算造成的不确切的结果，使马克思把一件在我看来实际上并不怎么重要的事情看得过于重要了。我指的是他所说的货币资本的'游离'。"④ 然后，恩格斯通过简要的分析，得出了明确的结论："本文的要点在于论证：一方面，产业资本的一个可观的部分必须不断处于货币形式；另一方面，一个更加可观的部分必须暂时取得货币形式。"⑤

恩格斯的这种严格的求实精神，是一切科学工作者永远应该效法的。

第二，《资本论》的编辑、增补和出版的过程也是它自身不断发展和完善的过程。

---

① 《资本论》第三卷，人民出版社 2004 年版，第 684 页。
② 同上。
③ 同上。
④ 《资本论》第二卷，人民出版社 2004 年版，第 315 页。
⑤ 同上书，第 316 页。

明材料。这些材料后来在《资本论》中曾加以利用。恩格斯还特别注意研究英国纺织业中工人的状况和他们的经济斗争。马克思从恩格斯那里得到许多实际经济技术材料，以及工人群众在资本主义制度下进行斗争的情况。

列宁说："贫困简直要置马克思和他的一家于死地。如果不是恩格斯经常在经济上舍己援助，马克思不但不能写成《资本论》，而且定会死于贫困。"① 事实正是这样。马克思在伦敦居住的三十多年中，贫困和疾病总是伴随着他，有时他竟穷得靠典当和拍卖衣服维持生活。马克思在写作《资本论》的前身《政治经济学批判》时，曾经幽默地说过，未必有一位作者在这样极度缺少货币的情况下研究货币理论。1859 年，当他把这本书写好以后，竟没有钱买邮票把它寄出去。在如此艰难的情况下，马克思所以能够坚持《资本论》的写作，只是因为有恩格斯无私地把"鬼商业"的重担放在自己身上，担负了在贫病中挣扎的马克思和他的一家的大部分生活费用，特别是 60 年代初当马克思停止为《纽约每日论坛报》撰稿以致失去他唯一的经常性收入来源时，这种援助就更显得重要。马克思对恩格斯这种无私援助无限感激而又异常不安。他在 1867 年 5 月 7 日写给恩格斯的信中说："没有你，我永远不能完成这部著作。坦白地向你说，我的良心经常象被梦魇压着一样感到沉重，因为你的卓越才能主要是为了我才浪费在经商上面，才让它们荒废，而且还要分担我的一切琐碎的忧患。"②

1867 年 9 月 14 日，《资本论》第一卷出版了，这是国际工人运动中的一件大事，也是马克思和恩格斯亲密战斗友谊的象征。在正式出版的前夕，1867 年 8 月 16 日，当马克思校完最后一个印张，于深夜两点欣然致信函恩格斯："这样，这一卷就完成了。其所以能够如此，我只有感谢你！没有你为我作的牺牲，我是决不可能完成这三卷书的巨大工作的。我满怀感激的心情拥抱你！"③

---

① 《列宁选集》第 2 卷，人民出版社 1972 年版，第 578 页。
② 《马克思恩格斯全集》第 31 卷，人民出版社 1972 年版，第 301 页。
③ 同上书，第 328—329 页。

《资本论》第一卷出版以后，恩格斯为了能够在全世界广泛传播不遗余力。他早就料到资产阶级会以沉默来抵制《资本论》出版后所造成的影响，因为 1859 年《政治经济学批判》出版时，资产阶级就曾玩弄过"沉默的阴谋"。由于恩格斯的倡导、推动和亲自撰文，到 1868 年 7 月，至少有 15 家报纸和杂志发表了评介和宣传《资本论》的文章，并且还有更多报纸和杂志登载了《资本论》的序言和广告。从此，《资本论》逐渐在全世界传播开来，资产阶级以沉默来扼杀《资本论》的阴谋终于被粉碎了。

马克思逝世以后，恩格斯为《资本论》第一卷的再版、翻译和以后各卷的编纂、出版贡献了大量精力。1883 年年底，他把《资本论》第一卷第三版出版了。三年后，即 1886 年，又把英译本付印了。把《资本论》译成英文，这是马克思的夙愿，但他生前一直未能实现，恩格斯的这一努力，可以告慰于马克思的在天之灵了。1890 年，恩格斯又把《资本论》第一卷的德文第四版出版了。这一版后来就成为世界各地各种译文的依据。

整理、编纂和出版以后各卷的任务是更为艰巨的。因为马克思还没有来得及把手稿写成定稿，它在很大程度上还带有初稿有的甚至是草稿的性质。经过恩格斯的辛勤劳动，第二卷于 1885 年出版了。第三卷的整理工作比第二卷困难得多，恩格斯不得不从抄写全部手稿开始，虽然有人为他笔录，但仍需要他字字口授。因为除了他很少有人认得马克思的字迹潦草的手稿。年迈的恩格斯终于在他临逝世的前一年，即 1894 年，把第三卷编定出版。编辑第四卷的计划还未及实现，他老人家就与世长辞了。

恩格斯不仅对《资本论》的创作和宣传有不可磨灭的贡献，而且他和马克思一样都是战无不胜的马克思主义的创始人。但是，恩格斯非常谦虚，他对在世时的马克思无限热爱，对死后的马克思仍然无限敬仰。他曾经十分诚挚地表明："马克思比我们一切人都站得高些，看得远些，观察得多些和快些。马克思是天才，我们至多是能手。没有马克思，我们的理论远不会是现在这个样子。"① 恩格斯就是这样一位永远值得我们崇敬的伟大而谦虚的无产阶级革命导师，恩格斯为我们坚持和发展马克思主义树立了一个伟大的榜样！

（原载《中国社会科学》1985 年第 5 期）

---

① 《马克思恩格斯选集》第 4 卷，人民出版社 1972 年版，第 238 页。

发展战略学导论

社会主义经济、社会的发展，是人们自觉地进行创造性活动的过程，它有着自己的宏伟目标和特定的运行轨道，因而它不仅需要马克思主义一般原理的指导，而且需要马克思主义发展战略学的具体指导。

发展战略学是社会主义经济、社会发展战略学的简称，它是本世纪 80 年代，在世界经济、技术发展的背景下，以马克思主义为指导，在我国社会主义现代化建设实践中产生的一门新学科。

一 发展战略学产生的背景和形成过程

1. 是实现社会主义生产目的的需要

社会主义的生产目的是最大限度地满足全体社会成员不断增长的物质、文化需要，这是社会主义的经济本质所决定的。社会主义生产的这一客观目的，表明它优越于人类历史上已经出现的一切社会形态。但是，要实现社会主义生产目的不仅需要增加物质资料的生产，而且需要科学、教育、文化的发展，需要维持生态平衡，需要使物质资料生产和人口生产相协调，需要民主和法制，等等，可见，单靠制订国民经济计划来指导发展是不够的，还必须制定经济、社会的战略方案，通过战略指导来实现社会主义的生产目的。

2. 是解决人类社会发展中的共同问题的需要

当代世界经济、技术的发展，产生了一系列世界性的共同问题，阻碍着人类社会的前进，有的问题甚至威胁着人类的生存，如人口增加过快、环境污染严重、自然资源渐缺、生态失去平衡以及就业困难、教育发展滞后、大城市膨胀等。这些问题在我国都同样存在，甚至有的方面还更为严重。这些问题在很大程度上都是几十年或几百年前人们缺乏战略意识，没有或不可能对经济、社会发展实行战略指导留下的后患。这就启发人们特别是启发大规模现代化建设还在起步的中国建设者们去考虑战略问题，并且启发我们的理论工作者去创新经济、社会发展战略理论。

3. 发展经济学的借鉴作用

第二次世界大战以后形成的以"指导"发展中国家经济发展相标榜的发展经济学，就其思想体系而言，当然是资产阶级的，但它所包含的有关发展战略的某些论点和方法，对于我们社会主义国家制定经济、社会发展战略，也具有一定的借鉴意义。西方的发展经济学于本世纪 70 年代末在我国经济学界得到传播，并引起了人们的关注。

1978 年，在党的十一届三中全会上，我们党决定把工作重点转移到社会主义现代化建设上来；1980 年邓小平同志提出到本世纪末要使我国达到小康社会水平；1982 年党的十二大又制定了我国经济发展的战略目标、重点和步骤，这一切鼓舞着我国理论工作者和实际工作者积极开展经济、社会发展战略问题的讨论和研究。著名经济学家于光远从 1981 年 2 月开始倡议并组织召开经济、社会发展战略座谈会，到 1987 年 3 月，已连续举行了 39 次。这个战略问题的系列座谈会，带动了各方面人士对战略理论和战略方案的研究。

于光远于 1982 年发表了我国第一部发展战略学的学术著作，题为《经济、社会发展战略》（论文集）。1983 年，他正式提出了"建立和发展我们需要的'经济社会发展战略学'"的建议和对这一学科的建设意见。1984 年，他又发表了《战略学与地区战略》的论文集。同年，著名经济学家刘国光主编的《中国经济发展战略问题研究》一书也问世了。1985 年，我国还出版了《经济、科学、社会发展战略文集》，这是国务院技术经济研究中心在 1983 年 10 月召开的

"经济、技术、社会总体发展战略讨论会"的成果之一。这一切标志着发展战略学这门经济学新学科在我国的土地上已经诞生了。

二 发展战略学的研究对象

经济、社会发展战略是指在较长的时期内，根据对经济、社会发展状况的估量，考虑到经济、社会发展中的各方面的关系，对经济、社会发展的战略指导思想、所要达到的目标、所应解决的重点、所需经历的阶段以及必须采取的对策的总决策。可见，经济、社会发展战略具有以下几个特征：第一，经济、社会发展战略所规定的任务是全局性的；第二，经济、社会发展战略要实现的任务是长期内有待解决的问题；第三，经济、社会发展战略所要解决的问题是关键性的重大问题。

经济、社会发展战略的主要内容是经济问题，但由于经济问题不是一个孤立的现象，它必然涉及其他社会问题，如人口、劳动就业、科学教育以及环境生态问题，等等。所以，经济、社会发展战略就是经济发展以及由经济发展引起的其他社会问题的发展战略。

如果说上述经济、社会发展战略的概念是适用于一切社会制度的一般规定，那么社会主义经济社会发展战略还有自己的特殊规定性，它至少包括以下几方面：第一，社会主义经济、社会发展战略是社会主义计划经济制度的产物，是社会主义经济有计划发展规律的要求；第二，社会主义经济、社会发展目标，必须体现社会主义的生产目的，是社会主义基本经济规律的要求；第三，社会主义经济、社会发展战略的对策具有社会主义的特殊性，如可以更多地运用上层建筑的力量，协调国家、企业和劳动者的利益来实现战略目标，等等。

社会主义实行计划经济制度，并且定期制订国民经济和社会发展计划，就需要明确经济、社会发展战略同经济、社会发展计划之间的关系；就它们都是对未来的经济、社会的发展作出安排以指导人们的行动来说，二者是共同的，但它们之间又是有差别的：第一，计划有近期、中期、长期之分，而战略则只能是长期的；第二，计划是具体的，战略则只限于确定战略指导思想和战略目标、重点、步骤和对策等。

综上所述，社会主义经济、社会发展战略学的研究对象是社会主义条件下经济、社会发展中的全局性的规律性的问题。它既不研究一般的发展问题，也不研究具体的计划问题。

三　发展战略学的基本结构和主要内容

发展战略学由相互联系的四部分组成，即战略要素、战略类型、战略方案、战略指导。

1. 战略要素

战略要素是指任何一种类型和任何一个层次的经济、社会发展战略都包含的基本内容。战略要素主要有以下五个：

（1）战略指导思想。它是一个战略的首要内容，是战略的灵魂或总方针。战略指导思想决定着战略目标、重点、阶段和对策。所以，战略指导思想的水平，影响着整个战略。战略指导思想的特征有三：一元性、稳定性、纲领性。

（2）战略目标。它是一个战略的核心，是战略指导思想的具体体现，是战略主体在一个较长时期内关于全局发展的奋斗目标。战略重点、阶段和对策都是围绕着战略目标的实现来确定的。

（3）战略重点。它是对实现战略目标具有关键意义而目前发展又比较薄弱，需要特别加强，或在发展方面具有显著优势需增强其实力和辐射力的部门、地区与环节。

（4）战略阶段。它是一定战略期内为实现战略目标而采取的步骤。战略期以十年左右为下限，以百年左右为上限，在十年至百年之间，可以作为一个或分为若干个战略期。一个战略期通常可以分作准备、发展、调整（完善）三个阶段。

（5）战略对策。它是实现战略目标所采取的措施、手段和途径。战略对策具有下列特点：第一，针对性，针对战略目标的实现；第二，多元性，对策不应是单一的，而应是多种多样的；第三，层次性，每一方面的对策都可能有若干层次；第四，配套性，对策之间应相互协调，而不应相互抵消；第五，灵活性，随着情况的变化，在战略实施中应及时补充和替代。

2. 战略类型

战略类型可以从战略性质和战略形式两方面来划分：

（1）战略性质。是由战略任务、实现战略任务的途径、战略发展机制和对外关系等所决定的战略特色。可见，除了不同性质的国家有不同的战略性质而外，即使在同一国家内，也可因战略任务等不同而有不同的战略性质。

战略性质是个复杂的问题，可以从不同角度来划分。这里以一个社会主义国家的总体战略为背景来研究战略性质问题。

①从战略任务来划分。社会主义国家经济、社会发展的战略任务有不同的情况，如以改善人民生活为任务的战略，即可以称作富民战略。

②从实现战略任务的途径来划分。一个国家如果主要以实行对外开放政策来促进本国经济、社会发展的战略目标的实现，那么这个战略就可以称作"开放战略"。

③从战略发展机制来划分。例如"协调发展战略""不平衡发展战略"等。

④从与世界经济的关联来划分。如"初级内向型发展战略""高级内向型发展战略""初级外向型发展战略""高级外向型发展战略"等。

（2）战略形式，是按制定战略的主体或按战略的范围来划分的。

①按制定战略的主体来划分。有地区战略、部门战略、领域战略和组织战略四种类型的战略。

地区战略，是指一定区域内的经济、社会发展中有关全局性、长远性、关键性问题的谋划。地区战略也叫区域战略，可按行政管辖、自然特征、社会分工、民族聚居、社会联系等不同标准来划分。地区战略有以下几个特征：第一，具有独特的战略要素，即战略要素具有本地区的特殊内容；第二，具有双重的战略任务，即既要实现本地区经济、社会发展的战略要求，又要实现全国经济、社会发展战略对本地区的要求；第三，是本地区与相关地区相配合的战略。

部门战略，是指具有一定经济、社会职能的部门在发展中，有关全局性、长远性和关键性问题的谋划。经济、社会生活中因分工不同而形成部门，这些部门各具一定的社会职能。部门战略的特征有：第一，专业性；第二，从属性，这是相对全国或地区总体战略来说的；第三，同步性，这是基于部门之间相互联系和相互制约的关系而产生的要求。

领域战略，是指经济、社会生活发展中某一要素、某一环节的全局性、长远性和关键性问题的谋划。在经济、社会发展中有两类情况不同的领域，一是作为经济、社会发展中的一种要素或条件，如人才、资源、环境等；一是经济、社会发展中某一方面或环节，如生产、流通、人口、法制等。领域战略具有专门性、辐射性、差异性等特征。

组织战略，指经济、社会生活中相对独立的基层单位在发展中有关全局性、长远性和关键性问题的谋划。工厂、学校、商店等都是一定的组织。组织具有两种属性：第一，它是一个基层的实体；第二，它在经济上和法律上具有相对独立性。

②按战略的范围来划分。战略的范围是指制定战略所涉及的范围，也即战略层次。战略层次和一切事物的层次一样具有序列性，即由高层依次延伸到低层，或由低层依次上升到高层。如果对这些复杂的战略层次进行概括，可分为宏观战略、中观战略和微观战略，或称为总战略、子战略和孙子战略。宏观、中观、微观战略具有很大的相对性。同样一个战略，相对上层，它就是低层战略；相对下层，它就是高层战略。

3. 战略方案

战略方案是以文件形式表现的系统的战略构想。一个完整的战略方案应该是一部科学著作。它应包括深刻而有远见的战略思想，精确而具体的战略资料和充分而科学的分析论证。所以制定战略方案的过程，就是一项科学研究的过程。

制定战略方案的依据很多，概括起来说有两个方面，即经济、科技、社会发展的客观规律和经济、科技、社会发展的客观实际。所以，从实际出发就成为制定战略方案的重要原则，制定全国的战略方案就要从国情出发。构成国情的基本因素有：自然环境、自然资源、人口、民族、经济状况、科技力量、教育、环境与生态、经济与政治体制、历史经验、文化观念等。在制定全国的战略方案时，不仅要考虑国情，还要考虑到国际环境。例如，国际关系的紧张与缓和，发生战争的可能性，世界经济、技术发展的趋势，以及国际经济、技术与学术合作的条件，国际市场与国际金融的发展变化，等等。

制定战略方案必须遵守一定的程序。一般的程序是：第一，由领导者提出制定战略方案的任务和要求；第二，由专门机构在调查研究的基础上提出一种或几种总体战略或总体战略各要素的草案；第三，由各部门或各种专门小组提出各种分战略的草案；第四，召开各种不同形式的会议，吸收各方面的人士参加，由群众、专家来论证、检验和修订战略草案；第五，领导者和领导机关会同专门战略机构从诸种战略方案中选择一种最优的战略方案；第六，专门战略机构最后修订和校正已被抉择的战略方案；第七，经过一定的民主机关和立法机关对战略方案加以确认。

为了保持战略方案对经济、社会发展的实际指导作用，战略方案应是滚动的。一般来说，可以以五年为一期来滚动。

4. 战略指导

战略指导，是为了保证经济、社会的健康发展，从全局和长远利益出发，对战略目标、重点、阶段和对策的确定与调整、实施与转变所进行的决策。战略指导与计划指导不同，它是更高层次的指导工作。战略指导的基本任务主要有以下几个方面：

（1）做好战略转化工作。由于战略只是一个实践的纲领，而不是行动的计划，所以战略必须转化为政策、法令和计划，才能直接指导人们的行动。

（2）正确运用发展机制。经济、社会运行靠的是正确地掌握运行机制；经济、社会的发展靠的是正确地运用发展机制。发展机制是对经济、社会的发展规模、速度和重点进行控制和调节的手段。例如，对宏观投资方向和投资结构的控制；对内涵式发展模式和外延式发展模式的确定等。

（3）及时进行战略调整。在一个战略期内，也就是说在既定的战略指导思想和战略目标下，随着情况的变化不仅有的战略重点可能需要转移，而且战略对策也会因各种原因而需要调整。

（4）正确地组织战略转变。战略转变是指战略性质的转变。当决定战略性质的因素有了重大变化时，就应组织战略转变。转变及时而得当，就有利于经济、社会的发展；转变失时失当，就会造成战略失误。

要正确地实行战略指导，就必须有战略意识或战略观念，特别是决策者要有战略意识或战略观念。

四　研究发展战略学的意义

社会主义经济、社会发展战略学这门新兴的学科一出现，就引起了人们的关注，它扩大了人们的视野，提高了人们的认识。在我们社会主义建设中的各地区、各部门都已经和正在制定自己的发展战略，充分显示了这一新学科的重大实践意义和理论意义。

第一，研究发展战略学，制定发展战略，可以使人们在更高层次上自觉地进行经济、社会实践。

人们懂得用战略来指导自己的行动，这是人类认识史上的一个飞跃。人类对自己的行动的自我认识和控制，大约经历了这样几个阶段：（1）自发的盲目行动的阶段；（2）个别企业有组织和社会生产无政府状态阶段；（3）经济、社会的有计划发展阶段。人们一旦懂得制定战略，对经济、社会生活实行战略指导，就更加有利于经济、社会的有计划发展，使人们改造世界的能动作用大大提高。

第二，研究发展战略学，对经济、社会发展实行战略指导，有利于争取最大限度的经济、社会效益。

最大的失误是战略的失误，最大的效益是战略的效益，会算战略账才是真正的会算大账。制定正确的战略，实现决策的科学化，是争取最大限度的经济和社会效益的保证。

第三，研究发展战略学，可以丰富马克思主义的理论宝库。

无产阶级革命导师一直是十分重视战略与策略理论的，而且认为，"战略和策略是指导无产阶级阶级斗争的科学"[①]，但是社会主义建设中的战略理论却一直是空白。因而社会主义经济、社会发展战略学的建立，就成为科学社会主义学说中的新篇章，从而丰富了马克思主义的理论宝库，使它能够更好地指导社会主义革命与建设的实践。

（原载《经济研究参考资料》1987 年第 91 期）

---

① 斯大林：《论列宁主义基础》，《斯大林全集》第 6 卷，人民出版社 1956 年版，第 131 页。

论信用经济

——读《资本论》第三卷体会

马克思在《资本论》中说过:"人们把自然经济、货币经济和信用经济作为社会生产的三个具有特征的经济运动形式而互相对立起来。"① 马克思虽然不同意把上述三种经济形式对等并列,他指出能够和自然经济并列的只能是商品经济,但认为货币经济和信用经济是商品经济发展中的不同阶段,并且认为:"货币经济只表现为信用经济的基础。"② 可见,信用经济是商品经济发展中的高级阶段。

一 信用经济是商品经济发展的最高阶段

恩格斯说:"商品交换在有文字记载的历史之前就开始了。在埃及,至少可以追溯到公元前 3500 年,也许是 5000 年;在巴比伦,可以追溯到公元前 4000 年,也许是 6000 年;因此,价值规律已经在长达 5000 年到 7000 的时期内起支配作用。"③ 商品经济在它发展的几千年历史中,如果按社会性质来划分,可以分为三种类型,即小商品生产、资本主义商品生产和社会主义商品生产。前两者是建立在生产资料私有制基础上的无计划的商品生产,后者是建立在生产资料公有制基础上的有计划的商品生产;还可以说,前者是以个体生产为特征的,后两者是以社会化大生产为特征的。如果从交换

① 《资本论》第二卷,人民出版社 2004 年版,第 132 页。

② 同上。

③ 《资本论》第三卷,人民出版社 2004 年版,第 1019 页。

方式的发展来划分，商品经济也可分为三个阶段，即物物交换阶段、货币经济阶段和信用经济阶段。这里将着重分析商品经济交换方式发展的三个阶段。

（一）物物交换阶段

物物交换是不以货币为媒介的产品的直接交换。这种交换方式是商品经济的原始形式。产品所有者以自己的产品直接和另一产品所有者的产品相交换。由此交换的产品就转化为商品。马克思说："物物交换这个过程的原始形式，与其说表示商品开始转化为货币，不如说表示使用价值开始转化为商品。交换价值还没有取得独立的形式，它还直接和使用价值结合在一起。"①

物物交换出现在第一次社会大分工之前，即原始社会后期。人们最初的交换是偶然的行为，当第一次社会大分工之后，即游牧部落从其余的原始人群中分离出来之后，交换才能成为经常的行为。物物交换的特点是买和卖结合在一起，买进即卖出。这种交换方式固然突破了自给自足的局限，扩大了生产的社会性，但是它有着自己无法解决的矛盾。例如，甲有羊想换乙的粮食，而乙却不愿要甲的羊，这时便无法实现交换。所以在千百万次的交换实践中，经过简单价值形式、扩大价值形式、一般价值形式，终于发现了货币价值形式。自从人类发明了货币，人们便可将自己的产品先换成货币，然后再用它就可以换到自己所需要的各种商品，于是商品经济便飞跃到了一个新的阶段——货币经济阶段。

在物物交换阶段，一般说是不可能产生信用关系的，但不排斥在经常参加集市的人当中，几经交易而比较熟悉的人之间发生赊购现象，即先取用对方的物品，若干时日以后，再交付自己的物品，如果这一推测是正确的，我们不妨把这种行为称之为萌发状态的信用关系。

（二）货币经济阶段

以货币为媒介的商品交换就是商品流通。商品流通能比物物交

---

① 《马克思恩格斯全集》第 13 卷，人民出版社 1962 年版，第 39 页。

换更好地满足人们生产和生活的需要，也引发人们产生新的巨大的需求。货币出现以后，促进了社会生产力的发展，引起了第二次和第三次社会大分工，从而推动了商品经济的进一步发展。由于货币在社会经济中的巨大作用，随之就产生了货币拜物教。在封建社会末期，货币又转化为资本。人们把货币的出现视为人类的又一大发明。不过货币的发明者是谁是任何人也难以知晓的，因为货币是在千百万次交换过程中自发产生的。

货币的出现促进了商品经济的发展，也促进了社会的进步。但是，以货币为媒介的商品流通仍然存在着一种内在矛盾，即缺乏货币而又需要购买时就无法实现商品的流通了，只有突破这种局限性，商品经济才能得到进一步发展。适应这种客观需要，以赊销赊购为特征的信用关系便发生了。在赊销赊购的情况下，到期抵偿赊欠的货币就不是充当流通手段而是执行支付手段的职能了，信用就是由此产生的。

（三）信用经济阶段

信用就是商品买卖中的延期付款或货币的借贷。它是以偿还为条件的价值的特殊运动形式。马克思在《资本论》第三卷中指出："这个运动——以偿还为条件的付出——一般地说就是贷和借的运动，即货币或商品的只是有条件让渡的这种特有形式的运动。"① 也就是说，债权人贷出货币或赊销商品，债务人则按约定日期偿还贷款或货款，由此形成的关系便是信用关系，以信用关系为轴心所组成的经济便是信用经济。

在货币经济形成之后，信用经济也就产生了。但是，信用经济作为商品经济发展的一个阶段，则是商品经济发展到资本主义垄断阶段以后才出现的。这时候，资本输出代替了商品输出，金融资本占据了社会经济的统治地位，于是信用经济阶段到来了。在信用经济形成后的一百多年的时间里，还没有发现在商品经济限度内能超

---

① 《资本论》第三卷，人民出版社 2004 年版，第 389 页。

越信用关系的新的交换方式。所以，信用经济是商品经济发展的最高阶段。

信用经济发展的全过程可以划分为三个阶段，即高利贷信用、资本主义信用和社会主义信用。高利贷信用和垄断前资本主义信用，在社会经济中不占主要地位，它是依附于货币经济的，只有到了垄断资本主义时期，信用经济才成为商品经济发展中的一个独立阶段。但是，为了进行系统的考察，我们仍从高利贷信用分析起。

1. 高利贷信用。它是原始公社解体时期产生的最古老的信用形式，直至奴隶社会和封建社会，高利贷都是信用的基本形式。高利贷信用产生和存在的条件是：商品生产和货币流通有了一定程度的发展，货币的各种职能都已具备，信用正是同货币作为支付手段的职能相关联的。正如马克思指出的："高利贷资本的发展，和商人资本的发展，并且特别和货币经营资本的发展，是联结在一起的。"① 随着商品货币经济的发展，高利贷信用由实物形式发展到货币形式，由受舆论与教会的歧视发展成为不可遏制的现象。高利贷信用的主要对象是两种人：一是过着奢侈寄生生活的贵族与地主，一是小生产者。到了封建社会末期，高利贷客观上瓦解着自然经济，并为资本主义生产方式的产生准备了一定条件。因为它一方面积累了大量货币财富，成为资本原始积累的来源之一。另一方面它使广大小生产者破产，促进了雇佣劳动阶级的形成。

2. 资本主义信用。在资本主义社会，作为借贷资本运动形式的资本主义信用取代了高利贷的地位。资本主义信用的形成与产业资本循环的特点有着直接关系。在产业资本循环中必然出现暂时闲置的货币资本，拥有这些货币资本的货币资本家通过信用形式转让给其他需要补充货币的职能资本家。职能资本家在到期归还时，把利用借来的资本榨取到的剩余价值的一部分以利息形式支付给货币资本家。资本主义信用既体现着货币资本家和职能资本家之间的债权

---

① 《资本论》第三卷，人民出版社 2004 年版，第 671 页。

债务关系，又反映了他们和雇佣工人之间的剥削和被剥削关系。

资本主义信用固然促进了商品经济的发展，引起生产的集中并且有利于利润率的平均化，还能够节省流通费用。但是，正如马克思所指出的："信用制度固有的二重性质是：一方面，把资本主义生产的动力——用剥削他人劳动的办法来发财致富——发展成为最纯粹最巨大的赌博欺诈制度，并且使剥削社会财富的少数人的人数越来越减少；另一方面，造成转到一种新生产方式的过渡形式。""信用加速了这种矛盾的暴力的爆发，即危机，因而促进了旧生产方式解体的各要素。"① 因此，资本主义信用必然为社会主义信用所代替。

3. 社会主义信用。马克思说："决不要忘记，第一，货币——贵金属形式的货币——仍然是基础，信用制度按其本性来说永远不能脱离这个基础。"② 社会主义时期既然不可避免地要保留和发展商品货币关系，因而社会主义信用的存在和发展就是必然的。社会主义信用在本质上与资本主义信用和高利贷信用不同。典型的即纯粹公有制基础上的社会主义信用不反映任何剥削关系，它所反映的是两种公有制之间、社会主义企业与企业之间、劳动者之间以及国家、集体与个人之间互相合作、互相支持的关系。

社会主义初级阶段的信用，是建立在以公有制为主体、多种所有制经济共同发展基础上的信用，也即社会主义市场经济中的信用。这种信用制度所包含的生产关系是多元的复杂的，既有体现社会主义公有制的、人与人之间平等互助合作关系的信用关系，又有体现雇佣劳动制度的一定程度的剥削与被剥削的信用关系，还有国际合作共赢的信用关系。为了便于比较研究，我们这里所讲的是社会主义信用，是典型的社会主义性质的信用。

信用关系在社会主义阶段普遍化之后，就达到了信用经济的顶峰，这是因为社会主义信用在两个主要方面是以往一切信用形式所

① 《资本论》第三卷，人民出版社 2004 年版，第 500 页。
② 同上书，第 685 页。

不及的。一方面，它不包含剥削关系；另一方面，它是建立在公有制基础上的有计划的信用经济。这就可以避免资本主义信用经济所固有的那些后果发生，如少数人利用信用关系危害国计民生，进行证券投机、制造金融市场混乱，妨碍再生产的正常秩序，等等。因此，社会主义信用是一种比较优越的信用。我国目前的信用经济还不发达，我们应该利用信用关系来促进商品经济的发展，根据信用经济原则来深化经济体制改革，发展信用关系来加强国际经济技术合作，等等。总之，我们要努力登上信用经济的高台阶。

二　信用经济的基本特征

当社会经济生活的交换方式发展到信用经济阶段以后，它只是对自然经济和货币经济的超越，而不是对商品经济的超越。从其特征而言，自然经济是到处都不需要货币，货币经济则是到处都需要货币，而信用经济则是在货币经济的基础上尽量减少对货币的使用。这一过程仍然可以看作一种"否定之否定"，当然信用经济阶段的到来，不是简单的回归，而是一个更高级的经济形式的展现。由于信用经济没有超越商品经济的范围，所以商品经济的基本经济规律——价值规律和货币流通量规律等仍然支配着信用经济的发展。商品经济的一般特征如等价交换关系，也还是信用经济的一般特征。但是，信用经济作为商品经济发展的最高阶段，它必然有自己的特征。这些特征可以概括如下：

（一）发达的信用形式和完善的金融体系已经形成

人类社会从赊销赊购这种原始的信用形式开始，到信用经济阶段以后，信用形式已相当完备，除商业信用外，还有银行信用、国家信用、消费信用和国际信用等，甚至在大企业内部为了加强经济核算也采取了一定的信用形式。一种信用形式反映一种或几种信用关系，信用形式的完备和多样化，反映了社会经济生活中信用关系的普遍化。

　　银行信用是当代信用的基本形式。银行是经营货币信用的特殊企业，因而银行就是一种金融机构。在信用经济阶段，必然有一个完善的金融体系，即以中央银行为领导，以国家银行为主体、多种金融机构并存的金融体系。其中包括各种专业银行和综合业务银行，以及不同层次、不同类型的金融组织如信托和保险机构等。金融机构是信用关系的枢纽。金融体系的完善，进一步反映了社会经济生活中信用关系的普遍化。

（二）现金交易大量缩减，非现金交易广泛发展

　　在货币经济条件下，商品交换以货币为媒介，现金交易是普遍现象，货币流通量巨大。到了信用经济阶段，现金交易大量地被转账结算和信用卡、支付宝等非现金交易所代替，货币流通量绝对和相对地大量减少。由于交换方式的灵活多样，大大加快了商品流通的速度。

（三）财政拨款相对减少，信用资金被广泛应用

　　资金的投入有两种，一种是投入后可以引起产出的；一种是投入后不能引起产出的。前一种投入被称为经营性投入；后一种投入被称为非经营性投入。在商品经济不发达的条件下，不仅非经营性的投入依赖于财政拨款，而且经营性的投入也往往要用财政资金。这就使得资金使用效果很差。在商品经济发展到信用经济阶段以后，不仅一切经营性的投入包括企业流动资金甚至基本建设资金都应该使用信用资金，而且一部分非经营性的投入也要尽可能地使用信用资金。可见，在信用资金被广泛运用之后，不仅可以提高资金利用效益，而且在缺少资金的情况下，也可依赖信贷办成事情。

（四）生活消费已经信用化了

　　随着社会生产力的提高，人们的收入不断增多，对各种消费品和劳务的需求，不仅规模大而且种类多，购买的频率也大大增加，所以个人消费的交换方式必然随之发展。在自然经济条件下，不存在交换问题；在货币经济条件下，则必须以货币为媒介进行交换。待到大宗高档消费可以利用贷款，日常小额消费可以使用信用卡等

工具，实现了生活消费信用化，就意味着信用经济阶段到来了。

（五）银行成为社会经济生活的重要调节者

随着生产的日益社会化、商品化，经济调节的任务就越来越重，不管是微观经济还是宏观经济都一样。计划、税收、价格、利息等在不同程度上都可以调节经济，但是到了信用经济阶段，银行对社会经济活动的调节作用将大大增强，在社会主义信用经济条件下更是如此。这是因为：

（1）银行是货币发行中心和现金出纳中心，包括对金银和外汇的管理；

（2）银行是信贷中心，包括办理国际信贷；

（3）银行是结算中心，银行对社会经济的调节作用主要是：

第一，聚集和分配社会资金。

银行能够使社会资金集零为整、接短为长、化消费资金为积累资金，借以满足经济、社会发展中的资金需求。

第二，调节市场货币流通。

银行可以通过掌握货币回笼和投放调节市场货币流通，使它既不过多，也不过少。过多，则会引起物价上涨；过少，则商品流通不畅。

第三，调节社会总供给和总需求的平衡。

银行既能够通过贷款和利率来调节总供给，又可以通过控制货币流通量来调节总需求，使二者经常保持基本平衡状态。

第四，对经济生活进行综合反映、管理和监督。

银行成了经济"晴雨表"，它可以知道经济发展的效率、效益、均衡状况和稳定性，又可以通过信贷和利率来调节经济结构、生产布局和科技、教育的发展，以及整个国民经济的运行。

第五，银行可以吸引外资满足本国需要。

（六）国际信用的发展

随着世界市场的不断扩大和信用关系的成长，信用必然越出一国的范围而形成国际信用。这是商品经济发展到信用经济阶段的一个重要标志。由于国际分工的差别和各国发展程度的不同，世界上必然有一些国家资金过剩，而另一些国家资金经常不足。因此，资金在国际的贷出贷入就成为不可避免的了。还有国际垄断性大企业的兴起，就需要在世界范围内发行股票和债权，因而扩大了国际信用的内涵。还有国际金融组织的广泛建立，大大加强了国际信用的发展和国际金融市场的形成。国际信用的发展将加强世界各国的经济联系，促进各国特别是后进国家的经济发展，同时也会使国际关系复杂化，增加互相的摩擦和争夺。

上述六个方面大体表明了信用经济阶段的基本特征。依此来衡量，当今世界上的发达国家，有的在 20 世纪初，有的在 20 世纪中期即第二次世界大战后就已先后进入信用经济阶段。在我国，由于商品经济还不够发达，在社会经济生活中信用关系虽然已有相当的发展，但就整体来说目前还没有发展到信用经济阶段。我国大中城市已处于由货币经济向信用经济过渡的时期；小城市和某些城镇整体上还处于发展货币经济阶段，有的信用经济已经萌发；广大农村则还处于摆脱半自然经济向货币经济前进的过程中。这种状况，正反映了我国目前尚处于社会主义发展的初级阶段。

三　登上信用经济的台阶

信用经济是商品经济发展的最高阶段，我们要努力引导社会经济登上信用经济的高台阶。

改革开放以来，我国商品经济确已有了飞速发展。但是，只是从最一般的意义上认识发展商品经济的重要性，甚至只把发展商品经济简单地理解为做买卖，那是很不够的。只有在从最一般的意义上认识到发展商品经济重要性的同时，又认识到必须把商品经济的发展推进到信用经济阶段，我国的社会主义建设才能不仅在生产技术上而且在经济形式上跃进到现代化的境界。

信用经济作为一种现代化的先进的经济形式，是由它本身的特性所决定的。

（一）信用经济是一种社会化程度最高的经济形式

人类的经济史表明，经济的社会化程度反映了生产力的发展水平，生产力的水平越高经济社会化程度也就越高。但是，以商品运动为特征的货币经济，其社会联系固然也可超越一地一国的界限，但总难免受到商品物质形态的限制。例如，生产皮货的厂家总难以和热带地区发生联系，然而以价值运动为特征的信用经济本身，为它超越空间局限在最广泛的范围内建立社会联系提供了最大的可能性。所以信用经济是社会化程度最高的一种经济形式。

（二）信用经济是一种最节约的经济形式

信用关系的发展所引起的节约是多方面的，由于信用关系的发展，加速了整个资金的流通，节约了社会再生产的时间；由于信用关系的发展，节约了大量的流通费用，也节约了货币本身。在以前，资金的浪费被认为是不可容忍的；在信用经济条件下，连资本的闲置也被认为是不可容忍的了。而且使用信用资金的偿还性和有偿性，可以鞭策人们最大限度地节约资金节约资源。所以，信用经济是一种最节约的经济形式。

（三）信用经济是一种最有效益的经济形式

信用关系的发展，一方面必然使人们注意节约资金，另一方面它又提高了资金的流通速度，增加了增值的频率，从而提高了资金的使用效益。信用关系可以增加效益还在于它具有一种集合作用和转化作用，这比人力的协作可以产生的新的生产力的作用更强烈。信用可以使社会上分散的、临时闲置的生产资金和消费性收入聚零为整，积少为多，接短为长，从而产生化无用为有用、化小用为大用、化消费资金为积累资金的作用。这种作用对社会来说就可以产生巨大的经济效益。

由上可知，信用对于聚财、生财、用财都有积极的促进作用。社会上只要使用了信用资金，信用关系就会介入，并对经济活动进行干预和调节。但是，社会要介入、干预和调节信用关系就需要有足够的经验和理论。信用经济就像一匹难驯的骏马，必须善于驾驭。信用失控，储蓄过多，银根过紧，就会出现需求不足，市场疲软，妨碍再生产的进行。如果贷款失控，信用膨胀，就会造成需求过旺，通货膨胀，整个社会就会变成一个"纸券的世界"①，整个的经济关系就会变成一个债务的连环套。这时，"只要信用突然停止，只有现金支付才有效，危机显然就会发生，对支付手段的激烈追求必然会出现"②。这就是信用危机，它必然危及整个社会再生产过程。可见，经济越是向前发展，其社会化程度越高，就越需要宏观控制。这就是在发挥市场作用的同时，强化计划功能的必要性。在信用经济条件下，信用既是宏观调控的手段，又是宏观调控的对象。信用的这种二重性，要求人们努力学会掌控信用经济的本领。

信用经济的优越性证明了它有广阔的发展前景，我们应该深化改革，逐步登上信用经济的高台阶。根据我国目前经济发展的情况，应在以下各方面有计划地实现信用化。

（1）国家预算内的基本建设投资应由财政拨款改为银行贷款，即所谓"拨改贷"。除流动资金大部分应向银行贷款外，国家预算内基本建设投资安排的建设项目也应一律由银行贷款，以加速建设周期，提高资金使用效果。只有任何时候都无偿还能力的非营业性的建设项目才由财政拨款。

（2）一切更新改造措施资金应一律由信用资金解决。这些资金包括更新改造措施贷款、出口商品生产专项贷款、引进国外技术设备国内配套贷款、地方建筑材料生产贷款及小型技术措施贷款等。

（3）个人住宅建设贷款，在有还款资金来源和经济担保的条件下，不管是否有住宅储蓄都应放开、准予贷款。

（4）适当放开商业信用和推行消费信用，以便更好地满足人们的生活需要，缓解可能出现的市场疲软，保证再生产顺利进行。

（5）大力发展城乡信用合作，在吸收城乡居民存款的同时，为

---

① 《资本论》第三卷，人民出版社2004年版，第555页。
② 同上。

他们提供各种贷款。

（6）应对预计若干年后有偿还条件的个人和社会事业活动提供贷款。如学生求学、专业人员出国深造以及为数不少的科研项目，只要几年后可以偿还，都应准予贷款。

（7）大力开展保险信托业务，还应发展"企业集团融资机构"和"厂内银行"，更好地利用信用关系服务于人民生活、企业经营和社会再生产。

（8）有计划地建立股份企业。股份企业是商品经济高度发展条件下最普通的一种组织形式。建立股份企业不仅是一种有效的集资方式，而且是一种有效的经营管理方式。

（9）开放证券市场。开放证券市场可以促进社会集资稳步发展；有利于社会资金的最优分配；还能使长期资金和短期资金互相转化；又可避免证券的黑市交易。开放证券市场后，可能会出现证券投机，这应通过加强证券市场管理来解决。不能因噎废食。

（10）广泛利用外资。有利的外资应积极利用，但应防止利用外资超过我们的偿还能力，还应防止外国经营者利用债权对我们采取不利的运作。

（11）充分利用信用机制调节经济活动。应利用贷款、利息、证券等调整产业结构、生产布局以及总供给和总需求的关系，调整企业经营和国家、集体与个人的利益关系，等等。我们应利用信用机制来促进政府宏观调控与市场调节的有机结合。

（12）深化金融体制改革。通过改革处理好金融同财政、金融同生产与流通、金融同国家与集体和个人之间的关系，使银行成为社会经济的有力调节者。

上述一系列措施的实施，将会大大推进我国信用关系的发展，但是要使社会经济进入信用经济阶段，还有赖于社会生产力的大幅提高，这要有一个更长的过程。

当年马克思在《资本论》中用比任何一篇都大的篇幅（共16章），来专门论述资本主义的信用关系，我体会这不仅是要通过"借贷资本""利息""企业主收入"等经济范畴来揭露借贷资本家和职能资本家之间的矛盾，以及他们如何共同剥削工人所创造的剩余价值，还因为 19 世纪中后期，信用关系在西欧已经有了相当的发展，它预示着未来经济的走向，马克思是敏锐地察觉到了这一趋势，而着意多加论述的。对此，我们应有足够理解。

历史发展到了今天，尽管我国经济后发，信用关系还不发达，但我们应从《资本论》中受到启发，充分估计到商品经济的发展趋向，不能只是一般地强调发展商品经济的意义，而要注意把市场经济的发展推进到信用经济阶段。

（原载《江西社会科学》1991 年第 5 期）

社会主义经济建设的战略部署

我国社会主义经济建设的目标，是实现现代化。只有实现了现代化，我们的国家才能富强，人民的生活才能富裕、幸福，中国也才可以对人类作出较大的贡献。邓小平同志不仅是中国改革开放的总设计师，也是中国经济建设与发展的总设计师，他提出了分"三步走"基本实现我国现代化的一整套战略构想，包括战略目标、战略重点、战略阶段和基本对策等。邓小平同志关于我国社会主义经济建设战略部署的理论，是引导我们走向现代化的科学指南。

一 实现现代化是一百多年来中国人民的历史愿望

从 1840 年鸦片战争起，直到 1949 年中华人民共和国成立，中国人民备受外国列强的欺侮，割地赔款、丧权辱国、山河破碎、生灵涂炭，五千年的文明古国，竟陷入半殖民地半封建的境地。究其原因，除了社会制度腐败，历代反动政府屈膝媚外、软弱无能以外，还由于中国经济技术落后、国力不强，以传统的农业、手工业生产方式去对抗已经和正在为近代工业所装备的外国列强，是很难克敌制胜的。所以，近一个多世纪来，中国人民流血牺牲、前仆后继，一方面为推翻反动政权斗争，一方面梦想中国能够有自己的工业，能够实现现代化，能够富强起来。但是在人民没有掌握政权的条件下，工业化和现代化的梦想是难以实现的。康有为、梁启超发动戊戌变法，企图通过实行君主立宪、办实业，使国家兴盛，结果失败了。伟大的革命先行者孙中山先生企图实施使中国能够具有西方物质文明的《建国方略》，也因反封建不彻底而落空了。一直到 1949 年，近代工业才只占国民经济的 10%。

中国共产党的诞生使中国实现现代化有了希望。毛泽东在延安的一次工业展览会上说过："我们共产党是要努力于中国的工业化的"，工业是"最有发展前途、最富于生命力、足以引起一切变化的力量"，"是决定军事、政治、文化、思想、道德、宗教这一切东西的，是决定社会变化的"。① 他还说："民主革命的中心目的就是从侵略者、地主、买办手下解放农民，建立近代工业社会。"② 毛泽东在《论联合政府》中提出："中国工人阶级的任务，不但是为着建立新民主主义的国家而斗争，而且是为着中国的工业化和农业近代化而斗争。"③ 毛泽东的论述代表了中国共产党的主张和广大共产党人的共同意愿，也代表了全中国人民的共同心声。

中华人民共和国的成立使中国实现现代化有了前提和可能。在为迎接中华人民共和国的诞生而召开的中国共产党七届二中全会上，提出了把中国从农业国变为工业国的现代化任务。

1953 年党中央提出的过渡时期总路线，其内容被概括为"一化三改"，实际上就是以社会主义工业化为基本内容的总路线，实行农业、手工业和资本主义工商业的社会主义改造，也是为了实现工业化，在经毛泽东主席核准的过渡时期总路线宣传提纲中，除了提出社会主义工业化以外，还提出了"促进农业和交通运输业的现代化"，"建立和巩固现代化的国防"。

1954 年，在第一次全国人民代表大会上，毛泽东主席的开幕词中提出要把中国"建设成为一个工业化的具有高度现代文化程度的伟大的国家"④。周恩来总理在这次《政府工作报告》中第一次明确提出了要实现四个现代化的任务，按照当时的提法就是要实现现代

---

① 《毛泽东文集》第 3 卷，人民出版社 1996 年版，第 146—147 页。

② 《毛泽东书信选集》，人民出版社 1983 年版，第 237 页。

③ 《毛泽东选集》第 3 卷，人民出版社 1991 年版，第 1081 页。

④ 《毛泽东文集》第 6 卷，人民出版社 1999 年版，第 350 页。

化的工业、现代化的农业、现代化的交通运输业和现代化的国防。在 1956 年召开的中国共产党第八次全国代表大会上通过的党章总纲中也列入了上述四个现代化的任务。

1958 年，中国共产党第八次全国代表大会第二次会议，提出了社会主义建设总路线，相应地还提出了文化革命和技术革命的任务，原意是要多、快、好、省地推动工业化和现代化的进程，但由于急于求成，违背客观规律，搞"大跃进"和人民公社，给国民经济带来了重大损失，不但未推进反而延缓了工业化和现代化的进程。

1964 年，在经过几年调整之后，经济形势已明显好转，在这年召开的三届人大一次会议上，周恩来总理根据毛泽东同志的意见，在《政府工作报告》中，进一步提出了分两步走，在 20 世纪末实现四个现代化的目标。这次提出的"四个现代化"和十年前第一次提出"四个现代化"时相比有一点不同，那就是把交通运输业现代化改为科学技术现代化。今天看来，这一改变是十分必要的。

有待推进的四个现代化的进程被"文化大革命"所干扰。"四人帮"竟荒谬地把四个现代化的实现同资本主义复辟等同起来。但是，历史的潮流是不可逆转的，人民的意志是不可违抗的，粉碎"四人帮"之后，党的十一届三中全会毅然决定把党的工作重点转移到社会主义现代化建设上来。从此，一百多年来中国人民要在中国实现现代化的历史愿望有了实现的保证。

二　邓小平同志关于中国现代化战略思想的形成

邓小平同志顺应时代的潮流和人民的愿望，从他开始步入社会之时起，就把实现中国现代化作为自己的历史使命。1920 年，年仅 16 岁的邓小平，毅然赴法勤工俭学，当时他的目的就是想工业救国。后来当他回答记者的提问，回忆这段历史的时候说，我们看到中国当时是个弱国，我们要使它强大。我们认为要达到这一目的，只有使它走上现代化的道路，所以我们去西方学习。

1975 年，邓小平同志主持中央日常工作，实行全面整顿。这一年召开了第四次全国人民代表大会。周恩来总理作《政府工作报告》，重申了三次全国人民代表大会提出的现代化步骤和目标。这个报告是由邓小平同志负责起草的。这一时期，邓小平同志还提出要以毛泽东主席的三项指示为纲，实际上是以安定团结、把国民经济搞上去为纲，强调四个现代化是大局，一切都要服务这个大局。他说："现在有一个大局，全党要多讲。大局是什么？三届人大一次会议和四届人大一次会议的《政府工作报告》，都讲了发展我国国民经济的两步设想：第一步到一九八〇年，建成一个独立的比较完整的工业体系和国民经济体系；第二步到二十世纪末，也就是说，从现在算起还有二十五年时间，把我国建设成为具有现代农业、现代工业、现代国防和现代科学技术的社会主义强国。全党全国都要为实现这个伟大目标而奋斗。这就是大局。"① 后来，"四人帮""批邓"，主要就是批判他不以阶级斗争为纲。

邓小平同志真正能够为中国现代化进行战略构想，主要是在粉碎了"四人帮"、召开了党的十一届三中全会、他成为党的第二代领导集体的核心以后。

粉碎"四人帮"以后，邓小平同志对中国实现现代化问题，仍然承接了 1964 年三届人大一次会议召开时中央的共同认识。1978 年10 月，他指出："党的十一大和五届人大已经向全国人民提出在本世纪末实现社会主义的四个现代化的伟大目标。现在党中央、国务院要求加快实现四个现代化的步伐，并且为此而提出了一系列政策和组织措施。"②

党的十一届三中全会以后，邓小平同志对中国要在 20 世纪末实现四个现代化的认识有所调整，对中国实现四个现代化的要求，更加符合中国的实际和世界发展的新形势。1979 年 10 月，他在关于经济工作的讲话中说："我们开了大口，本世纪末实现

① 《邓小平文选》第 2 卷，人民出版社 1994 年版，第 4 页。
② 同上书，第 135 页。

四个现代化。后来改了个口，叫中国式的现代化，就是把标准放低一点。"① 同年12月，他在接待外宾时说："我们要实现的四个现代化，是中国式的四个现代化，我们的四个现代化概念，不是像你们那样的现代化的概念，而是'小康之家'。到本世纪末，中国的四个现代化即使达到了某种目标，我们的国民生产总值人均水平也还是很低的。"②

我们知道，实现中国式的和小康水平的现代化并不能使中国真正富强起来，因而这不是我们追求的现代化的最高目标。所以，邓小平同志在党的十二大召开之前即1982年8月又提出了一个分两步走实现四个现代化的构想。他说："我们摆在第一位的任务是在本世纪末实现现代化的一个初步目标，这就是达到小康的水平。如果能实现这个目标，我们的情况就比较好了。更重要的是我们取得了一个新起点，再花三十年到五十年时间，接近发达国家的水平。我们不是说赶上，更不是说超过，而是接近。"③ 党的十二大把到20世纪末的现代化任务，具体化为从1981年到2000年力争国民生产总值翻两番；但对第二步即21世纪的现代化任务，没有作出部署。

1986年6月，邓小平同志在会见荣氏回国观光团部分成员和内地荣氏亲属时，对分两步实现现代化又做了比较详细的论述。他说："我们的国家是有希望的。我们的目标，第一步是到二〇〇〇年建立一个小康社会。雄心壮志太大了不行，要实事求是。所谓小康社会，就是虽不富裕，但日子好过。我们是社会主义国家，国民收入分配要使所有的人都得益，没有太富的人，也没有太穷的人，所以日子普遍好过。更重要的是，那时我们可以进入国民生产总值达到一万亿美元以上的国家的行列，这样的国家不多。国家总的力量大了，那时办事情就不像现在这样困难了。比如，拿出国民生产总值的百分之五办教育，就是五百亿美元，现在才七八十亿美元。如果拿出百分之五去搞国防，

---

① 《邓小平文选》第2卷，人民出版社1994年版，第194页。
② 同上书，第237页。
③ 同上书，第416—417页。

军费就可观了，但是我们不打算这样搞，因为我们不参加军备竞赛，总收入要更多用来改善人民生活，用来办学。有了本世纪末的基础，再花三十年五十年时间，人均国民生产总值再翻两番，我们可以肯定地说，中国将更加强大，对世界和平就更加有利。"[1]

分"三步走"基本实现中国的现代化这一思想，是邓小平同志在党的十三大召开前即 1987 年 4 月 30 日接见外宾时明确提出来的。当然邓小平关于中国实现现代化的战略构想，不仅仅包括战略目标和战略步骤（阶段）问题，到 1987 年，关于中国现代化建设的战略重点问题，实现战略目标的主要对策等，都已先后提出来了，从而形成了一个完整的战略构想。

三 分"三步走"基本实现现代化的要求和意义

（一）分"三步走"基本实现现代化的要求

在我国落后的生产力的基础上，实现社会主义现代化是一项十分艰巨的事业，它肩负着既要完成传统的工业化，又要迎头赶上世界新的技术和产业革命所体现的现代化的双重任务。

我们知道，所谓传统的工业化，就是指资本主义机器大工业代替工场手工业的过程，也称产业革命或工业革命。它是资本主义政治发展的必然结果。产业革命于 18 世纪 60 年代首先发生在当时资本主义最发达的英国，从棉纺织业开始，逐步发展到采掘、冶金、机械制造、运输等部门，80 年代因蒸汽机的发明和采用得到进一步发展，至 19 世纪 30 年代末基本完成；美、德、法、日等国，也在 19 世纪内先后完成了产业革命。产业革命的完成使资本主义制度建立在机器大工业的物质技术基础上，并最终战胜封建主义制度而居于统治地位。欧、美主要资本主义国家和日本在实现了工业化以后，为了攫取高额利润和市场竞争的需要，又不间断地进行了几次新的技术革命和产业革命，

---

[1] 《邓小平文选》第 3 卷，人民出版社 1993 年版，第 161—162 页。

先后实现了现代化，并在继续发展。我们要在从新中国成立到 21 世纪中期的一百年时间内，走完西方发达国家从 18 世纪中期到 21 世纪中期三百年时间内所走过的路程，是一个十分艰巨的历史任务，为此，就需要经过长期的有步骤分阶段的努力奋斗。

邓小平同志从 1979 年到 1987 年经过 8 年时间的思考和探索，为我们设计了分"三步走"基本实现现代化的战略目标和战略步骤：第一步，从 1981 年到 1990 年，国民生产总值翻一番，解决人民的温饱问题；第二步，从 1991 年到 20 世纪末，国民生产总值再翻一番，使人民生活达到小康水平；第三步，到 21 世纪中叶，人均国民生产总值达到中等发达国家水平，人民生活比较富裕，基本实现现代化。然后，在这个基础上继续前进。

邓小平同志提出的分"三步走"基本实现现代化的战略构想，已经得到党的十三大的确认，作为全党的经济发展战略被确定下来了。邓小平同志对于中国走向现代化的战略目标能不能实现曾经反复思索。在 1987 年，他说过，第一步的原定目标可以提前完成。看起来，第二步的战略目标也能完成，但第三步比前两步要困难得多。我们还需要五六十年的艰苦努力，相信我们现在的娃娃会完成这个任务。这就是说，分"三步走"实现现代化的战略目标，既不是一个过急的目标，又体现了中国人民的雄心壮志。

树立起在较短历史时期内实现现代化的雄心壮志不容易，实现这个雄心壮志就更不容易。从自然条件、文化传统、历史经验到社会制度，再加上当今的国际环境，我们有许多实现现代化战略目标的有利条件，但是我国人口多、底子薄、耕地少等不利因素也制约了经济发展。那么，怎样才能实现我们的雄心壮志呢？邓小平同志说："要实现我们的雄心壮志，不改革不行，不开放不行。我们要走的路还很长，任务还艰巨。我们要艰苦奋斗，一心一意搞建设，发展生产力。"[1] 我们认为这是唯一正确的答案。

---

[1]　《邓小平文选》第 3 卷，人民出版社 1993 年版，第 251 页。

（二）我国实现现代化的意义

在我国这样一个社会主义的东方大国实现了现代化，将具有重大的政治经济意义。

第一，中国贫穷落后的面貌将得到根本改变，中国将富强起来。虽然由于我国人口众多，到21世纪中期，人均国民生产总值还只能达到中等发达国家水平，但我们的综合国力和国民生产总值将居于世界的前列。到那时，中国人民不仅在政治上早已站起来了，而且在经济上也真正站起来了。

第二，全国人民将普遍过上比较富裕的生活，物质生活和文化生活都将得到大大改善，衣食之虑将永远成为过去。这不仅是因为到那时我们的物质产品将相当丰富，而且还因为我们实行的是社会主义的分配制度。在我们社会主义条件下，没有剥削制度和剥削阶级，国民收入完全用于整个社会，相当大一部分直接分配给人民，政府还将运用宏观政策合理调整过大的地区差别和个人收入差别，因而人民将会普遍过上比较富裕的生活。

第三，社会主义精神文明程度将大大提高。随着社会主义经济建设的大发展和物质文明程度的大提高，社会主义精神文明程度必然有显著提高，全民族的思想道德素质和科学文化素质都会得到明显改善，我国公民将在不同程度上成为有理想、有道德、有文化、有纪律的社会主义公民。

第四，中国对人类的贡献将会更多、更大一些。中国作为一个社会主义大国基本实现了现代化，"这不但是给占世界总人口四分之三的第三世界走出了一条路，更重要的是向人类表明，社会主义是必由之路，社会主义优于资本主义。"[①] 到那时，社会主义中国在世界上的分量和作用就不同了，在国际政治生活和经济生活中就可以发挥更积极的作用。

（三）要加强今后15年的社会主义现代化建设

1996年到2010年，正处于新旧世纪交替的时期，也是第二、第

---

① 《邓小平文选》第3卷，人民出版社1993年版，第225页。

三步战略部署承上启下的时期，因而这一时期对于胜利完成第二步战略目标和为实现第三步战略目标打好基础十分重要。

经过 20 世纪 80 年代以来三个五年计划的努力，原定到 2000 年国民生产总值比 1980 年翻两番的任务已于 1995 年提前完成。1995 年召开的党的十四届五中全会，根据邓小平同志的"三步走"发展战略和我国社会经济发展的实际情况，对未来 15 年社会主义现代化建设作出了新的战略部署：2000 年，在我国人口将比 1980 年增长三亿左右的情况下，实现人均国民生产总值比 1980 年翻两番，基本消除贫困现象，人民生活达到小康水平，全面完成现代化建设的第二步战略部署，初步建立起社会主义市场经济体制；2010 年，实现国民生产总值比 2000 年翻一番，使人民的小康生活更加宽裕，形成比较完善的社会主义市场经济体制，为 21 世纪中叶实现第三步战略目标奠定坚实的物质技术和经济体制基础。

四　突出重点，带动经济全面发展

为了更好地实现"三步走"的战略目标，邓小平同志提出了以重点带动全局的思想。1982 年，他提出我国经济发展的战略重点有三个："一是农业，二是能源和交通，三是教育和科学。"[1] 下面我们分别加以论述。

（一）农业

邓小平同志强调指出，农业是根本，不能忘掉。不管天下发生什么事情，只要人民吃饱肚子，一切就好办了。要确立以农业为基础、为农业服务的思想。马克思曾经说过："从事加工工业等等而完全脱离农业的工人……的数目，取决于农业劳动者所生产的超过自己消费的农产品的数量。"[2] 又说："超过劳动者个人需要的农业劳动生产率，

---

[1] 《邓小平文选》第 3 卷，人民出版社 1993 年版，第 9 页。

[2] 《马克思恩格斯全集》第 26 卷第 1 册，人民出版社 1972 年版，第 22 页。

二、三产业占国民经济的比重是 20.6：48.4：31.0，比 1978 年的 28.4：48.6：23.0 已经有了很大改善，表明我国目前的经济发展已进入工业化中期阶段。但是，我国各个产业和产业结构中还存在一些问题，需要认真调整使之逐步优化。江泽民同志在党的十四届五中全会上指出："当前的主要问题是农业基础薄弱，工业素质不高，第三产业发展滞后，一、二、三产业的关系还不协调。今后必须大力加强第一产业，协调和提高第二产业，积极发展第三产业。"要通过市场机制和国家宏观调控两方面的作用，重点加强农业、水利、能源、交通、通信、科学、教育；同时，振兴机械、电子、石油化工、汽车制造和建筑业，使之尽快成为带动整个经济增长和产业结构升级的支柱产业；还要培养高新技术产业，增强经济和科技的市场竞争力，促进和带动国民经济全面发展。

五　从大局出发，促进地区协调发展

为了更好地实现"三步走"的战略目标，邓小平同志提出了要正确认识和处理地区之间不平衡发展的思想。他说，像中国这样的大国，要考虑到国内各个不同地区的特点才行。我国幅员辽阔，各个不同地区的特点更明显。各个地区之间区位不同，资源不同，产业结构不同，经济发展水平不同，风土人情等文化观念也不同。要考虑和承认各个地区的特点，就是要承认各个地区的差别，也就是要承认各个地区的不平衡。从不平衡→平衡→新的不平衡，再到新的平衡；不平衡是绝对的，平衡是相对的，这是事物发展的一般规律，也是地区经济发展规律，这一规律也叫不平衡发展规律。改革开放以前，我国政府所实行的地区经济发展战略，从总体上说，是一种以国家投资大幅度向内地倾斜为基本特点的地区发展战略。实施这种战略的结果，一方面为内地的工业化奠定了一定的基础，但经济效益较差；另一方面，则因沿海地区发展缓慢而使包括内地在内的整个国民经济的发展付出了巨大的代价。

　　邓小平同志关于让一部分地区、一部分人先富起来，逐步实现共同富裕的战略思想，就是对不平衡发展规律的运用。他强调沿海地区要充分利用有利条件，较快地先发展起来，千万不要贻误时机。沿海一些地区要走在全国的前面，率先实现现代化，以便更好地带动全国的现代化。内地要根据自己的条件加快发展。国家要尽力支持内地的发展。沿海要带动和帮助内地发展。

　　邓小平同志认为，沿海先发展起来，这是一个事关大局的问题。内地要顾全这个大局。反过来，发展到一定的程度，又要求沿海拿出更多的力量来帮助内地的发展，这也是个大局。那时沿海也要服从这个大局。他说："什么时候突出地提出和解决这个问题，在什么基础上提出和解决这个问题，要研究。可以设想，在本世纪末达到小康水平的时候，就要突出地提出和解决这个问题。到那个时候，发达地区要继续发展，并通过多交利税和技术转让等方式大力支持不发达地区，不发达地区又大都是拥有丰富资源的地区，发展潜力是很大的。总之，就全国范围来说，我们一定能够逐步顺利解决沿海同内地贫富差距的问题。"[1]

　　与沿海同内地的关系相联系，还有一个东部和中西部地区的发展差距问题。改革开放以来，东部地区发展比中西部地区更快一些。对于东部地区与中西部地区发展中出现的差距扩大问题，要用历史的、辩证的观点认识和处理。江泽民同志在党的十四届五中全会上指出："解决地区发展差距，坚持区域经济协调发展，是今后改革和发展的一项战略任务。从'九五'开始，要更加重视支持中西部地区经济的发展，逐步加大解决地区差距继续扩大趋势的力度，积极朝着缩小差距的方向努力。"[2] 中西部地区，要适应发展市场经济的要求，加快改革开放步伐，充分发挥资源优势，积极发展优势产业和产品，使资源优势逐步转变为经济优势。东部地区要继续充分利

---

[1]　《邓小平文选》第3卷，人民出版社1993年版，第374页。

[2]　《中国共产党第十四届中央委员会第五次全体会议文件》，人民出版社1995年版，第16—17页。

规律所提供的客观可能性，适当加快我国经济发展的速度，尽快实现社会主义现代化的宏伟目标。邓小平同志指出："现在，我们国内条件具备，国际环境有利，再加上发挥社会主义制度能够集中力量办大事的优势，在今后的现代化建设长过程中，出现若干个发展速度比较快、效益比较好的阶段，是必要的，也是能够办到的。我们就是要有这个雄心壮志！"[1]

七　讲求质量和效益，走出一条既有较高速度又有较好效益的国民经济发展路子

为了更好地实现"三步走"的战略目标，邓小平同志强调了注重质量、讲求效益、实现速度和效益相统一的思想。我们知道，要实现我们宏伟的经济发展战略目标，使国家富强起来，使广大人民都能过上富裕的文明的幸福生活，并且尽量缩小与发达国家之间的差距，不保持一定的增长速度是不行的。正如邓小平同志指出的，发展太慢也不是社会主义，但是，他强调："不是鼓励不切实际的高速度，还是要扎扎实实，讲求效益，稳定协调地发展"[2]；"能发展就不要阻挡，有条件的地方要尽可能搞快点，只要是讲效益，讲质量，搞外向型经济，就没有什么可以担心的"[3]。这里，"快"是有条件的，这个条件就是质量、效益；"快"也是有区别的，这个区别就是能不能从实际出发，量力而行。我们所要求的"快"是扎扎实实没有水分的。总之，我们要走出一条既有较高速度又有较好效益的国民经济发展路子。

在经济发展中，速度和效益、数量和质量的关系问题，最容易在制订战略规划和长期计划时突出出来，针对这种情况，邓小平同志提出制订计划要留有余地的思想。他指出："长期计划留的余地应

---

① 《邓小平文选》第 3 卷，人民出版社 1993 年版，第 377 页。
② 同上书，第 375 页。
③ 同上。

该大一些，年度计划可以打得积极一点，当然也要留有余地，重视提高经济效益，不要片面追求产值、产量的增长。"①

邓小平同志不仅强调提高经济效益，而且还从全局利益出发，提出讲求总的社会效益。他指出："速度过高，带来的问题不少，……还是稳妥一点好。一定要控制固定资产的投资规模，不要把基本建设的摊子铺大了。一定要首先抓好管理和质量，讲求经济效益和总的社会效益，这样的速度才过得硬。"②

要讲求经济效益和社会效益，必须把产品质量放在第一位，邓小平同志强调："质量第一是个重大政策。这也包括品种、规格在内。提高产品质量是最大的节约。在一定意义上说，质量好就等于数量多。质量好了，才能打开出口渠道或者扩大出口，要想在国际市场上有竞争能力，必须在产品质量上狠下功夫。"③ 邓小平同志认为，提高产品质量必须有实事求是的严格认真的工作作风，各项数字都应该是扎实的、精确的。他还指出："要提高质量，就必须改革。要立些法，要有一套质量检验标准，而且要有强有力的机构来严格执行。这一关把住了，可以减少很多弊端，卡住那些弄虚作假的行为。"④ 邓小平同志还深刻地指出产品质量问题是和民族素质相关的。表现在产品质量上的问题，往往反映了一个民族的素质。所以，提高产品质量问题，从根本上说，就是提高民族素质的问题。

正确处理速度和效益的关系，必须更新发展思路，实现经济增长方式从粗放型向集约型的转变。这一转变与经济体制从传统的计划经济体制向社会主义市场经济体制转变密切相关，必须同时进行。经济增长方式转变的基本要求是，从主要依靠增加投入、铺新摊子、追求数量，转到主要依靠科技进步和提高劳动者素质上来，转到以经济效益为中心的轨道上来。在我国各个经济领域普遍存在的追求

---

① 《邓小平文选》第 3 卷，人民出版社 1993 年版，第 22 页。
② 同上书，第 143 页。
③ 《邓小平文选》第 2 卷，人民出版社 1994 年版，第 30 页。
④ 《邓小平文选》第 3 卷，人民出版社 1993 年版，第 132 页。

"大而全""小而全"和低水平重复建设，是一种久治不愈的经济顽症，也是粗放型经营的突出表现，造成结构不合理，规模不经济，资源浪费和损失惊人，技术进步缓慢。

经济效益和经济素质难以提高。搞"大而全""小而全"，违背客观经济规律，不符合社会化大生产和专业化分工协作的要求，也难以发挥社会主义市场经济的优越性，对全国和地区经济发展都是不利的。必须下决心切实解决"大而全""小而全"和分散重复建设的问题。

实现经济增长方式的转变，要靠经济体制改革，形成有利于节约资源、降低消耗、增加效益的企业经营机制，有利于自主创新的技术进步，有利于市场公平竞争和资源优化配置的经济运行机制，要向结构优势要效益、向规模经济要效益、向科技进步要效益、向科学管理要效益。

八　在发展经济的基础上，不断改善人民生活

为了更好地实现"三步走"的战略目标，邓小平同志提出了随着经济的发展逐步提高人民物质文化生活水平的思想。他设计的"三步走"战略，实质上就是一种富民战略。第一步，解决人民的温饱问题；第二步，要使人民过上小康生活；第三步，人民生活达到比较富裕的程度。总之，"三步走"发展战略的每一步，都把发展经济同改善人民生活紧紧联系起来。邓小平同志说："我们要想一想，我们给人民究竟做了多少事情呢？我们一定要根据现在的有利条件加速发展生产力，使人民的物质生活好一些，使人民的文化生活、精神面貌好一些。"[①] 他又指出：经济的发展，"要最终体现到人民生活水平上。生活水平究竟怎么样，人民对这个问题感觉敏锐得很。我们上面怎么算账也算不过他们，他们那里的账最真实。"[②] 所以，

---

① 《邓小平文选》第2卷，人民出版社1994年版，第128页。
② 《邓小平文选》第3卷，人民出版社1993年版，第355页。

随着生产力和社会财富的增加，城乡居民的实际收入、消费水平和生活质量要明显提高。向小康社会迈进，衣食住行的条件应有较多改善。要扩大服务性消费，充实社会设施，方便人民生活。大力发展文化、教育、卫生、体育和社会福利事业，以保证人民物质、文化生活的进一步改善。在我们这个占世界人口五分之一以上的国家里，人民能够过上小康和富裕的生活，是件了不起的大事。

邓小平同志在强调逐步改善人民生活的同时还指出："逐步改善人民的生活，提高人民的收入，必须建立在发展生产的基础上，多劳多得，也要照顾整个国家和左邻右舍。"[1] 所以，必须考虑到，我国底子薄、人口多，目前正处在实现现代化创业阶段，需要有更多资金用于建设，因此，必须提倡艰苦奋斗的社会风气。

九　经济建设要走可持续发展的道路

为了更好地实现"三步走"的战略目标，邓小平同志提出了发展要能够持续、有后劲的思想。在我国社会主义现代化建设过程中，必须把控制人口、节约资源、保护环境放在重要位置，使人口增长与社会生产力的发展相适应，使经济建设与资源相协调，实现良性循环，这是经济发展能够持续、有后劲的重要条件。

（此文是作者参加中央财经领导小组办公室组织编纂的《邓小平经济理论学习纲要》出版后，撰写的相关专题的阐释性文章。原载《学习邓小平经济理论二十讲》，人民出版社、中共中央党校出版社1997年版）

---

[1] 《邓小平文选》第2卷，人民出版社1994年版，第258页。

应该确立"战略效益"这个新概念

效益是检验经济发展、社会进步和生态环境质量的基本标志，是在经济、社会发展中所追求的主要目标。但是，直到现在只有对企业效益的考核，而没有对国民经济全局效益的考核；只有对当年效益的考核，而没有对长期发展效益的考核；特别是只有对经济效益的考核，而没有对科技、文教、体卫和生态、环境等整体效益的考核。这不利于对经济社会发展作出综合判断，从而不利于建立在这种综合判断基础上的正确战略决策和有效战略指导。因此，我认为应该确立"战略效益"这个新概念。

战略效益是经济、社会发展中不排斥暂时或局部负效益的长远的整体的巨大效益。战略效益是由于实施正确的战略指导而取得的，又是制定新的战略决策所追求的主要目标。

战略效益不是以企业为范围考察的效益，而是以社会为范围考察的效益；战略效益不是按年度考核的效益，而是按战略期考核的效益。如果战略期是 15 年，那么，战略效益就是对 15 年综合考核的结果。战略效益不只是一种经济效益，它还包括科学、技术、文化、教育、体育、卫生、生态、环境等经济、社会、生态环境的综合效益。

考核战略效益应设计出一套指标体系。这一指标体系应包括所考核的经济、社会各方面一系列指标，有的指标还需要分为母指标和子指标两个层次，并根据各个指标所反映的经济、社会各个侧面在社会整体中的地位和作用，对指标进行加权，然后形成一个综合指数，它可以在比较中表明战略效益的大小。

斯大林在晚年曾经提出过"高级赢利"的概念。他说："如果不从个别企业或个别生产部门的角度，不从一年的时间来考察赢利，而是从整个国民经济的角度，从比方十年到十五年的时间来考察赢利（这是唯一正确的处理问题的方法），那么个别企业或个别生产部门暂时的不牢固的赢利，就决不能与牢固的经久的高级赢利形式相比拟，这种高级赢利形式是国民经济有计划发展这一规律的作用及国民经济的计划化所提供给我们的，因为它们使我们避免那种破坏国民经济并给社会带来巨大物质损害的周期性的经济危机，而保证我国国民经济高速度地不断地增长。"① 斯大林提出的"高级赢利"概念与我们提出的"战略效益"有某种相似之处，即都是从全局角度和较长时间内考察的效益，而不是从个别企业、个别部门等局部的和短期内考察的效益。但是，这两个概念还存在着以下原则性的区别。

（一）"高级赢利"是从由于实行计划经济制度，可以避免周期性经济危机的角度来考察的效益；"战略效益"则是从在社会主义市场经济条件下由于实行正确的战略决策和战略指导而取得的效益。

（二）"高级赢利"的核算期限是长期的，但并不确定；"战略效益"的核算期也是长期的，但却是确定的，即以战略期的长短为限。

（三）"高级赢利"只是从经济上考察的效益，"战略效益"则不仅包括经济效益，还包括社会效益和生态效益。

（四）与"战略效益"不同，"高级赢利"容易产生误导，它可能使人们只重视国民经济整体的长远的经济效益，而容易忽视企业的现实的经济效益，因为这种经济效益被视为"低级赢利"。所以，"高级赢利"这一概念应当慎用或不用。

"战略效益"这一概念在我以前的著作中曾经使用过，但未详细论证，这里特别提出，希望和大家一起探讨。

（原载《理论前沿》1998 年第 4 期）

---

① 斯大林：《苏联社会主义经济问题》，人民出版社 1961 年版，第 18—19 页。

个瀑布，比方说，就可以经常把纱卖得比它的（个别）平均价格贵，并得到超额利润。"①

从以上分析，我们可以把马克思对自然力概念的界定作一概括：自然力或来源于自然界或来源于社会，但都是能够无偿利用于生产过程，并带来额外收益的一种生产要素。

对上述界定还需要作必要的说明。

第一，对自然力的利用是需要条件的。

马克思指出："自然力的这种大规模的利用是随着大工业的发展才出现的。"② "只是在大工业中，人才学会让自己过去的、已经对象化的劳动的产品大规模地、像自然力那样无偿地发生作用"③。"大工业把巨大的自然力和自然科学并入生产过程，必然大大提高劳动生产率，这一点是一目了然的。"④ 那么，为什么有了大工业才能大规模地利用自然力呢？马克思解释道："正像人呼吸需要肺一样，人要在生产上消费自然力，就需要一种'人的手的创造物'。要利用水的动力，就要有水车，要利用蒸汽的压力，就要有蒸汽机。利用自然力是如此，利用科学也是如此。"⑤ 事实上，科学不仅是可以被利用的自然力，而且是大规模利用自然力的条件。

第二，强调自然力的作用，并不违背科学的劳动价值论。

科学的劳动价值论是马克思经济学的基础，剩余价值论、资本积累论、生产价格论、地租论等都是建立在这一坚实的基础之上的。马克思经济学的科学性的基本标志，就是一贯地和彻底地坚持了科学的劳动价值论，马克思在提出和论证自然力理论时，又一次表现了这种一贯性。如前所述，马克思强调自然力虽然进入劳动过程，但并不进入价值形成过程。在那些或多或少利用自然力而制造的商品的价值中，也没有一丝一毫自然力的因素，商品

---

① 《马克思恩格斯全集》第26卷第2册，人民出版社1972年版，第134页。
② 《马克思恩格斯全集》第26卷第1册，人民出版社1972年版，第23页。
③ 《资本论》第一卷，人民出版社2004年版，第445页。
④ 同上书，第444页。
⑤ 同上。

价值全部是人类一般劳动的凝结。由于利用自然力而形成的超额利润，不过是商品个别价值低于社会价值的差额，而不是自然力的创造。马克思指出："自然力不是超额利润的源泉，而只是超额利润的一种自然基础，因为它是特别高的劳动生产力的自然基础。这就像使用价值总是交换价值的承担者，但不是它的原因一样。如果一个使用价值不用劳动也能创造出来，它就不会有交换价值，但作为使用价值，它仍然具有它的自然的效用。"① 这段话清楚地表明，由于自然力加入劳动过程，可以使商品使用价值量增加，而商品的价值总量却不可能增加，单个商品的价值还会减少，在按社会价值决定的价格出卖商品时，就会产生一部分超额利润。所以，自然力决不是超额利润的源泉，而只是它的自然基础。

第三，自然力本身不是劳动产品，没有价值，但却常常有价格。

这种情形并不限于自然力，在私有制商品经济中，名誉和良心有时也会成为交易对象而具有价格，这决不是科学的劳动价值论逻辑发展的结果，而是一种不合理的表现。马克思说："瀑布的价格，也就是土地所有者把瀑布卖给第三者或卖给工厂主本人时所得的价格，……完全是一个不合理的表现，在它背后却隐藏着一种现实的经济关系。"② 正是各个市场主体之间的某种利益关系和供求关系，才使自然力具有某种"价格"，但这种"价格"决不是价值的货币表现。

（二）生产过程中自然力的多种来源

马克思在《资本论》及其手稿中，对生产过程中各种自然力的来源进行了那个时代所允许的尽可能详尽的挖掘，给我们以很大的启发。

1. 来自自然界的自然力

这是人们首先利用的一类自然力。马克思指出："生产上利用的自然物质，如土地、海洋、矿山、森林等等，不是资本的价值要素。

---

① 《资本论》第三卷，人民出版社 2004 年版，第 728 页。

② 同上书，第 729 页。

只要提高同样数量劳动力的紧张程度，不增加预付货币资本，就可以从外延方面或内涵方面，加强对这种自然物质的利用。"① 直接来源于自然界的自然力是相当广泛的，除上述而外，可以进入生产过程的还有风、阳光、潮汐、气温、瀑布、微生物等。马克思注意到自然力的作用，并揭示出利用自然力的无偿性，但他并不主张对自然力的滥用。

2. 来自机器的自然力

机器不仅是占有自然力的手段，而且它本身也具有自然力。机器是劳动产品，具有价值，在资本主义生产过程中是作为不变资本发挥作用的。机器不是全部加入生产过程，而只是部分地把自己的价值转移到新产品中去，参与新产品的价值形成过程，并在产品出卖后得到相应的补偿。所以，在机器的有效使用年限内，总有一部分是无偿地为生产服务的。对此，马克思曾经作过详细的阐述。他说："不变资本的总价值完全和自然力一样，例如和水、风等等一样，提供无偿的服务，……例如，机器可以服务 15 年；这种就只有它的 1/15 的价值加入年产品量，但是它在劳动过程中不是作为 1/15，而是作为 15/15 起作用的；其中 14/15 不需要花费什么代价。"② 这就是来自机器的自然力。"过去劳动的这种无偿服务，会随着积累规模的扩大而积累起来。"③

3. 来自科学与技术的自然力

某种科学原理和技术方法的发现与发明，通常需要花费长期的大量的复杂劳动，并且有可能经过无数次的失败，最后才获得成功；而当某种科学原理和技术方法一旦被发现和发明，学习和掌握它就容易得多了。当人们在生产过程中应用这些原理和方法时，科学和技术就会像自然力一样无偿地为生产服务。马克思说："科学作为社会发展的一般精神产品……表现为自然力本身，表现为社会劳动本

---

① 《资本论》第二卷，人民出版社 2004 年版，第 394 页。
② 《马克思恩格斯全集》第 48 卷，人民出版社 1985 年版，第 77 页。
③ 《资本论》第一卷，人民出版社 2004 年版，第 702 页。

身的自然力。"①　"科学获得的使命是：成为生产财富的手段，成为致富的手段。"②　"科学和技术使执行职能的资本具有一种不以它的一定量为转移的扩张能力。"③

作为科学与技术的自然力与其他自然力不同，其作用具有两重性：一是它可以使资本由于能够获得超额利润而大大增值；一是由于运用新的科学与技术而制造了新的机器，就会使正在执行职能的资本（正在使用中的机器）贬值。这就是马克思所说的："资本以新的形式无代价地合并了在它的旧形式背后所实现的社会进步。当然，生产力的这种发展同时会使正在执行职能的资本部分地贬值。"④

4. 来自劳动协作与分工的自然力

劳动力被购进生产过程以后，如能改善单个劳动力之间的结合方式和组织方式，即进行科学的分工与协作，就可以产生一种协作力，这是一种新的生产力，它可以为雇佣者无偿占有，从而成为一种自然力。正如马克思指出的："工人所以在同样的时间内创造出更多的产品，是由于协作、分工"，⑤　"通过简单协作和分工来提高生产力，资本家是不费分文的。它们是资本统治下所具有的一定形式的社会劳动的无偿自然力"⑥。

5. 来自活劳动的自然力

活劳动是工人出卖劳动力以后在生产过程中发挥出来的劳动。这种劳动在制造一个新产品的过程中，既可以创造新价值，这是有报偿的；又能够保存旧价值，即它可以把原材料中包含的价值和机器设备在生产中所磨损的价值转移和保存到新产品中去，这种功能是无偿的，因而活劳动的这种功能就属于一种自然力。马克思说过："在创造新价值时又保存旧价值，这是活劳动的自然恩惠。""虽然

---

① 《马克思恩格斯全集》第 48 卷，人民出版社 1985 年版，第 41 页。

② 《马克思恩格斯全集》第 47 卷，人民出版社 1979 年版，第 570 页。

③ 《资本论》第一卷，人民出版社 2004 年版，第 699 页。

④ 同上。

⑤ 《马克思恩格斯全集》第 48 卷，人民出版社 1985 年版，第 41 页。

⑥ 《马克思恩格斯全集》第 47 卷，人民出版社 1979 年版，第 363 页。

同量的劳动始终只是给自己的产品增加同量的新价值，但是，随着劳动生产率的提高，同时由劳动转移到产品上的旧资本的价值仍会增加。"① 他还明确指出："通过劳动过程本身，纺纱机作为机器的使用价值得到保存，从而它的交换价值得到保存。劳动的这种保存的属性，这种保存价值的属性，应当看作是劳动的自然力，并且不花费任何劳动。"②

6. 来自加速资本周转的自然力

在资本运行中，一年获利的多少，不仅取决于一次周转的利润率高低，而且取决于一年中的周转次数，倘若能够通过缩短生产过程而不是追加投资，使资本周转加快，则其结果等于无偿利用了自然力。对此，马克思曾经指出："缩短一定量资本在生产过程中停留的那段时间，缩短它与本来意义的流通脱离的时间，缩短它从事事业的时间，……同自然力、机器的应用以及社会劳动的自然力的应用是一致的，同工人的密集、劳动的结合和分工是一致的。"③

7. 来自人口增长的自然力

马克思把对自然力的考察，从自然界、劳动过程又扩大到整个人类社会。他说："人口的增长，也是这种不费资本家分文的生产力。"它同"未开发的自然资源和自然力"都是"无偿的生产力"。④我们知道，人是社会生活的主体，附着在人身上的劳动力又是首要的生产要素。没有人的劳动力，资本家就没有雇佣的对象，资本就无法增值。但是，人口的繁殖和人口的增长是不费资本家分文的，他可以源源不断地得到劳动力的供给。因此，人口的增长本身，对于资本主义生产来说，就具有了自然力的意义。

马克思对自然力来源的分析还不止于此。例如：他在《资本论》第二卷第五章《流通时间》中讲到，资本循环中，劳动过程已经结

---

① 《资本论》第一卷，人民出版社 2004 年版，第 699—700 页。
② 《马克思恩格斯全集》第 48 卷，人民出版社 1985 年版，第 78 页。
③ 《马克思恩格斯全集》第 46 卷（下），人民出版社 1980 年版，第 8 页。
④ 《马克思恩格斯全集》第 47 卷，人民出版社 1979 年版，第 553 页。

束而生产过程还在继续的情形。"例如，播在地里的谷种，藏在窖中发酵的葡萄酒，许多制造厂（例如制革厂）中听任化学过程发生作用的劳动材料"① 等，事实上这其中就揭示了无偿的自然力在发生作用。又如，马克思在《资本论》第三卷中分析艺术品的价格时，事实上也涉及艺术品的美学意义、作者名望、年代积累等类似于自然力的因素，这都会为它的收藏者无偿地带来巨大的收益。

（三）自然力属于资本而与劳动相对立

马克思认为，生产资料的资本主义所有制，是自然力在资本主义社会得以应用的条件。他说："如果说生产资料集中在相对地较少数人——与劳动群众相比——的手里，是资本主义生产的条件和前提……那么，这种集中也是发展资本主义生产方式，同时也是发展社会生产力的技术条件。……这种集中使共同的劳动即协作、分工、机器、科学和自然力的应用得到了发展。"②

正因为生产资料集中在资本家手中，所以自然力以及利用自然力所得到的成果就被资本家所占有，因而自然力就表现为资本所固有的一种生产力。马克思在论述工人的劳动协作所产生的自然力时，对此做了十分透彻的说明："工人作为独立的人是单个的人，他们和同一资本发生关系，但是彼此不发生关系。他们的协作是在劳动过程中才开始的，但是在劳动过程中他们已经不再属于自己了。他们一进入劳动过程，便并入资本。……因此，工人作为社会工人所发挥的生产力，是资本的生产力。……因为劳动的社会生产力不费资本分文，另一方面，又因为工人在他的劳动本身属于资本以前不能发挥这种生产力，所以劳动的社会生产力好像是资本天然具有的生产力，是资本内在的生产力。"③

正因为自然力为资本家所占有，并表现为资本内在的生产力。它必然作为资本的力量与劳动者相对抗。马克思指出："以社会劳动

---

① 《资本论》第二卷，人民出版社 2004 年版，第 139 页。
② 《马克思恩格斯全集》第 47 卷，人民出版社 1979 年版，第 191 页。
③ 《资本论》第一卷，人民出版社 2004 年版，第 386—387 页。

为基础的所有这些对科学、自然力和大量劳动产品的应用本身，只表现为剥削劳动的手段，表现为占有剩余劳动的手段，因而，表现为属于资本而同劳动对立的力量。"① 他又说："过去劳动，其中包括劳动的一般社会力，自然力和科学，直接变成了一种武器，这种武器部分是用来把工人抛向街头，把他变成多余的人，部分是用来剥夺工人的专业和消除以专业为基础的各种要求，部分是用来使工人服从工厂中精心建立的资本的君主专制和军事纪律。"②

在资本主义条件下，资本家不仅对来自自然界和来自工人劳动协作的自然力实行"资本主义的占有"，而且对于作为自然力的科学，也实行"资本主义的占有"，对科学的"资本主义占有"和"个人的占有"是截然不同的。对科学的个人占有可以使人增加智慧和增长才干，而对科学的资本主义占有，则会把科学变成既是剥削工人的手段，又是剥削科学家的手段。马克思尖锐地指出过："科学根本不费资本家'分文'，但这丝毫不妨碍他们去利用科学。资本像吞并他人的劳动一样，吞并'他人的'科学。"③ 马克思的这一论断即使用来说明当代资本主义的现实也不为过，在当代最发达的西方国家里，对社会贡献巨大的科学家并不是在经济上最富有的人就是明证。

（四）自然力理论给我们的启迪

马克思的自然力理论已经提出一百多年了，但是今天研读起来仍然感到十分新鲜。这不仅是因为这一理论很少有人专门论及，更重要的是因为这一理论具有很强的现实性和时代感。马克思虽然是从资本主义经济关系的分析中揭示出自然力理论的，但如果抽象掉它特殊的社会历史背景，自然力理论就完全可以运用到社会主义现代化建设中来。它给我们的启迪必然是多方面的，但限于篇幅，我们不可能作过多论述。

---

① 《马克思恩格斯全集》第48卷，人民出版社1985年版，第39页。
② 《马克思恩格斯全集》第47卷，人民出版社1979年版，第566页。
③ 《资本论》第一卷，人民出版社2004年版，第444页。

首先，在社会主义市场经济条件下，自然力理论有利于争取经济效益的最大化。

如前所述，自然力是能够被无偿利用于生产过程并带来额外收益的一种生产要素。因此，企业如果注重对自然力的开发和利用，就可以使商品的个别价值低于它的社会价值，而在按社会价值所决定的价格出售商品时，就可获得超额利润。企业如能经常注重开发和利用自然力，在其他条件相同的背景下，它就可以经常获得超额利润。

自然力理论还启发我们要想在市场竞争中制胜，就必须注重对自然力的开发和利用。我们知道，市场经济是一种竞争经济，而竞争的主要手段之一就是价格。同等的商品，谁的价格水平低，谁就能在市场上占有更大的份额，从而在竞争中取胜。但要降低价格，就必须降低成本，而自觉地和充分地利用自然力，就是节约成本、降低价格、扩大销售，争取利润最大化的理想支撑。因此，开发和利用自然力应成为企业经营战略的一项基本对策。

其次，自然力理论可以作为投资选择的重要依据。

自然力理论启发我们，能够带来自然力效应的投资项目，必然是投资效益大的项目。所谓自然力效益应该理解为：在投资被全部收回以后，由投资而获得的成果还能无偿地继续为占有者服务。根据这一理解，如果某项投资，是一次投资，一次利用，投资的成果不具有连续无偿利用或接近无偿利用的可能；而另一项投资，是一次投资，可以连续利用，投资的成果具有长效性，从而能够产生自然力效应，那么，这一投资的效益就好，在其他条件相同的背景下，就应该选择这种投资项目。

还有，自然力理论启发我们，必须坚持可持续发展。

马克思在《资本论》中分析社会生产力同自然生产力与自然条件的关系时，提出了颇有教益的预见。这一预见告诉我们：社会生产力的无限发展有可能降低自然生产力和使自然条件恶化。他说："在农业中，社会生产力的增长仅仅补偿或甚至补偿不了自然力的减低，——这种补偿总是只能起暂时的作用，——所以，尽管技术发展，产品还是不会便宜，只是产品的价格不致上涨得更高而已。"① 又说："劳动生产率也是和自然条件联系在一起的，这些自然条件的丰饶度往往随着社会条件所决定的生产率的提高而相应地减低。……例如，我们只要想一想决定大部分原料产量的季节的影响，森林、煤矿、铁矿的枯竭等等，就明白了。"② 可见，马克思在一百多年前，对于资源枯竭给经济社会持续发展所造成的威胁就已经"明白了"，这是多么难能可贵的，而我们现在还有许多人对土地荒漠、森林破坏、资源耗竭、水源不足等的严重威胁处于熟视无睹的状态。所以，马克思的自然力理论对我们今天仍然发挥着警钟的作用。

从马克思提出自然力理论到今天，时间已经过了一个多世纪。当今世界科学技术革命和现代化大生产的发展，在很大程度上扩大了人们的视野和增强了人们利用自然力的能力。我们站在世纪之交可以自豪地预见到，以马克思的自然力理论为先导，新世纪必将是人类广泛开发和充分利用自然力的新世纪！

（原载《经济研究》1998 年第 7 期）

---

① 《资本论》第三卷，人民出版社 2004 年版，第 867 页。
② 同上书，第 289 页。

可持续发展理论的先声

——马克思论人与自然之间的物质变换

马克思的《资本论》被称为百科全书式的科学巨著，但是，长期以来，我们只把它作为一部政治经济学著作来学习和研究，以至于失去了从中学习和研究政治经济学以外的知识和理论的机会。当然，《资本论》中所包含的其他各种学科的理论并不是同它的政治经济学理论相割裂的。马克思在《资本论》中深刻揭露资本主义制度下人和人关系的同时，也分析了人和自然之间的物质变换关系。这种物质变换理论是同当今全世界的热点问题——可持续发展理论密切相关的。可以说，马克思的物质变换理论是可持续发展理论的早期探索，是可持续发展理论的先声。

一　物质变换理论的内涵

马克思在分析资本主义的经济关系时，始终坚持辩证统一的分析方法。例如，他在剖析资本主义生产方式的细胞——商品时，就提出商品是使用价值和价值的统一体，使用价值反映商品生产过程中人和自然的关系；价值则体现商品生产过程中人和人的关系。又如，马克思在分析生产商品的劳动时，提出生产商品的劳动是具体劳动和抽象劳动的统一。具体劳动反映人和自然的关系；抽象劳动体现了人和人的关系。再如，马克思在分析资本主义生产过程时，提出这种生产过程是劳动过程和价值增值过程的统一。劳动过程反映人和自然的关系；价值增值过程则是资本主义生产过程中，资本人制造产品过程中和消费产品以后，还会对自然物质产生这样那样的影响，这种影响对自然最终是对人有益还是有害，将成为人们必须认真对待的问题，而这正是人和自然之间物质变换关系的延续和深化。

二 马克思揭露了物质变换过程中存在着不可持续发展的严重性

人和自然之间的物质变换只有持续地发展下去，人类才能永恒地生存在地球上。但是，在资本主义条件下，无限追求剩余价值的利益驱动，使生产者只求赚钱，而不顾对自然的保护；加上时代的局限，人们在 19 世纪的历史条件下，对自己的行为后果还不能作出科学的预测。所以在当时人和自然之间的物质变换具有严重的不可持续性。对此，马克思在揭露资本主义雇佣劳动制度实质的同时，也深刻地揭露了这种不可持续性。

首先，揭露了在物质变换过程中对土地的滥用和破坏。

土地是人类最基本的生存条件。因此，土地的减少或被破坏，都将使人类的生存难以为继。马克思在分析"大工业和农业"的关系时指出："资本主义农业的任何进步，都不仅是掠夺劳动者的技巧的进步，而且是掠夺土地的技巧的进步，在一定时期内提高土地肥力的任何进步，同时也是破坏土地肥力持久源泉的进步。一个国家，例如北美合众国，越是以大工业作为自己发展的基础，这个破坏过程就越迅速。因此，资本主义生产发展了社会生产过程的技术和结合，只是由于它同时破坏了一切财富的源泉——土地和工人。"[1] 在资本主义条件下，农业资本家为了在租约有效期内获得尽可能多的利润，就只使用土地，而不养护土地，以致土地越来越贫瘠；单位土地面积的产量随之不断减少，以致有的经济学家竟"发现"了

---

① 《资本论》第一卷，人民出版社 2004 年版，第 579—580 页。

所谓"土地收益递减规律"。可见，在任何土地之间的物质变换中，取之于土地的多，而还之于土地的少，就造成了土地利用的不可持续性。

马克思在比较小、大两种土地所有制同滥用和破坏土地自然力的关系时，更强调大土地所有制的破坏性。他说："前者（指小土地所有制——引者）更多地滥用和破坏劳动力，即人类的自然力，而后者（指大土地所有制——引者）更直接地滥用和破坏土地的自然力，那么，在以后的发展进程中，二者会携手并进，因为产业制度在农村也使劳动者精力衰竭，而工业和商业则为农业提供使土地贫瘠的各种手段。"① 马克思之所以作出这种判断，是因为大土地所有制有条件更适合采用新的农业技术，从而也就获得了掠夺性使用土地的条件。但是在以后，两种土地所有制的结合，既造成了对劳动力的滥用和破坏，又造成了对土地的滥用和破坏。这方面的滥用和破坏都是对可持续发展的挑战和威胁。

其次，揭露了在物质变换过程中对森林等自然资源的破坏。

森林是人类的朋友，完全没有森林的地方，也难以有人类生存。森林可以调节水分，从而影响气候，防止水土流失和土地沙化，森林还可以通过光合作用形成有机物质和放出氧气，为人类提供良好的生态环境和生活环境。所以保护和培育森林就成为可持续发展的一个重要环节。在马克思的研究中，从来没有忽视森林这个重要问题。他认为："文明和产业的整个发展，对森林的破坏从来就起很大的作用，对比之下，它所起的相反的作用，即对森林的护养和生产所起的作用则微乎其微。"② 这是因为资本主义工业文明和工业产业的发展对木材的需求大量增加，而在当时还普遍缺乏生态平衡意识的条件下，就必然造成对森林的破坏，从而使生态环境恶化，特别是造成土地荒漠化。马克思在给恩格斯的信中曾经写道："耕作的最初影响是有益的，但是，由于砍伐树木等等，最后会使土地

---

① 《资本论》第三卷，人民出版社 2004 年版，第 919 页。
② 《资本论》第二卷，人民出版社 2004 年版，第 272 页。

荒芜。"① 鉴于林业生产也可以说是树木生长的特殊性，即生产周期特别长，所以，利润率很低，资本家就只愿伐木而不愿造林。因此，马克思提出："漫长的生产时间（只包括比较短的劳动时间），从而其漫长的周转期间，使造林不适合私人经营，因而也不适合资本主义经营。"② 这是私有制局限性的一种表现。正因为这样，所以 18、19 世纪，在资本主义还处于自由竞争阶段时，世界许多资本主义国家曾经先后出现过无林化现象。对此，恩格斯曾经指出："至于说到无林化，那末，它和农民的破产一样，是资产阶级社会存在的重要条件之一。欧洲没有一个'文明'国家没有出现过无林化。美国，无疑俄国也一样，目前正在发生无林化。因此，我看无林化既是社会因素，也是社会后果。"③ 当然，当资本主义国家意识到无林化已经威胁到生存和发展，并对其生产和经营产生不利影响时，它会改变这种状况的，现代资本主义国家森林覆盖率的普遍提高就说明了这一点。

人类的生存不仅依赖于土地和森林，而且必须依赖于大量的矿产资源等。但是，劳动生产率的提高是无限的，而矿产资源的储藏量是有限的，所以随着劳动生产率的提高，矿产资源的储藏量将会日益减少，从而对人类社会的持续发展造成威胁。对此，马克思曾给予高度的关注，他在分析由于利润率趋向下降规律的作用而使资本主义生产方式内部矛盾加剧时指出："劳动生产率也是和自然条件联系在一起的，这些自然条件的丰饶度往往随着社会条件所决定的生产率的提高而相应地减低。……我们只要想一想决定大部分原料产量的季节的影响，森林、煤矿、铁矿的枯竭等等，就明白了。"④ 在这里，马克思用"枯竭"二字来表明资源利用的不可持续性。其

---

① 马克思：《致恩格斯（1868 年 3 月 25 日）》，《马克思恩格斯全集》第 32 卷，人民出版社 1974 年版，第 53 页。

② 《资本论》第二卷，人民出版社 2004 年版，第 272 页。

③ 恩格斯：《致尼·弗·丹尼尔逊（1892 年 3 月 15 日）》，《马克思恩格斯全集》第 38 卷，人民出版社 1972 年版，第 307 页。

④ 《资本论》第三卷，人民出版社 2004 年版，第 289 页。

实，对资源的滥掘乱采和使用中的浪费现象至今仍大量存在，马克思的警示难道不值得重视吗？

再次，揭露了物质变换过程中不"清洁生产"的严重性。

"清洁生产"是实现可持续发展的一个重要环节，它要求对生产过程与产品采取整体预防性的环境策略，以减少其对人类及环境的危害，简单地说，"清洁生产"就是从源头控制做起，把废渣、废水、废气消灭在生产过程中。"清洁生产"是直到 1989 年才由联合国环境规划署首先提出的一个概念。但是，马克思早在 1867 年发表的《资本论》第一卷中，就大量地揭露了资本主义工厂中的不清洁的恶劣现象，并且指出这种现象直接损害着工人的安全和健康。他写道："在这里我们只提一下进行工厂劳动的物质条件。人为的高温，充满原料碎屑的空气，震耳欲聋的喧嚣等等，都同样地损害人的一切感官，更不用说在密集的机器中间所冒的生命危险了。这些机器像四季更迭那样规则地发布自己的工业伤亡公报。……傅立叶称工厂为'温和的监狱'难道不对吗？"① 今天，资本主义发达国家的工厂的清洁生产状况已有了与马克思那个时代不可同日而语的改善；但是，在发展中国家，像马克思所揭露的那种工厂生产条件还是大量存在的。马克思虽然没有提出"清洁生产"这个概念，但他至少要求必须有一个有益于工人健康的安全的生产环境。难道这不就是可持续发展的生产环境吗？！

最后，揭露了"人类住区"的不可持续性。

"人类住区"是人类直接居住的生活环境，它是生态环境中最活跃的部分，可持续的人类住区除了在选址和建造中要尽量不占和少占优质农田和不破坏森林以外，还要充分满足在供水、住房、道路、绿化、环境和卫生以及城乡布局等方面，对人类生存与可持续发展的需要。"人类住区"的理论萌发于 20 世纪 50 年代，但是马克思和恩格斯出于对无产阶级地位和命运的关心，早在 19 世纪中期，就调

① 《资本论》第一卷，人民出版社 2004 年版，第 490—492 页。

查和研究了广大劳动者的住区问题。恩格斯还专门撰写了与人类住区问题密切相关的著名的超前性著作《论住宅问题》，马克思在《资本论》中也有许多相关的精辟论述。他曾引用一位医生的话写道："毫无疑问，伤寒病持续和蔓延的原因，是人们住得过于拥挤和住房肮脏不堪。工人常住的房子都在偏街陋巷和大院里。从光线、空气、空间、清洁各方面来说，是不完善和不卫生的真正典型，是任何一个文明国家的耻辱。男人、妇女、儿童夜晚挤在一起。男人们上日班和上夜班的你来我往，川流不息，以致床铺难得有变冷的时候。这些住房供水不良，厕所更坏，肮脏，不通风，成了传染病的发源地。"① 这里描述的是被称为"住宅地狱"的英国泰恩河畔新堡19世纪中期的情形。在当时，这样的"住宅地狱"在英国还有许多许多。我们不是说，今天英国的人类住区还会像马克思当年所描绘的那样，而是说马克思早在100多年前就已经观察到并提出了"人类住区"的不良已经威胁到了劳动者健康和持续发展这个严重的问题。

三 马克思从制度和观念两方面提出了实现可持续发展的途径

恩格斯曾经预言："生产资料由社会占有，不仅会消除生产的现存的人为障碍，而且还会消除生产力和产品的有形的浪费和破坏，这种浪费和破坏在目前是生产的无法摆脱的伴侣，并且在危机时期达到顶点。"② 那么，生产资料为社会占有的公有制社会，为什么能够避免资源和产品的浪费，从而有利于人类社会的可持续发展呢？对此，马克思在《资本论》中写道："社会化的人，联合起来的生产者，将合理地调节他们和自然之间的物质变换，把它置于他们的共同控制之下，而不让它作为一种盲目的力量来统治自己；靠消耗

---

① 《资本论》第一卷，人民出版社2004年版，第762页。

② 恩格斯：《反杜林论》，《马克思恩格斯文集》第9卷，人民出版社2009年版，第299页。

最小的力量，在最无愧于和最适合于他们的人类本性的条件下来进行这种物质变换。"① 这就是说，在公有制社会里，在政府和企业的共同控制之下，根据人的需要按最集约化的方式来组织人和自然之间的物质变换，就可避免浪费，从而有利于可持续发展。我们认为，在社会主义市场经济条件下，就已接近具备这种可能性。因为社会主义市场经济是伴随着政府的宏观调控来发挥市场配置资源的决定性作用的，它既可以得到市场竞争之利，又能设法避免市场的盲目性。当然，在社会主义市场经济体制建设过程中，经济运行中的问题还很多，预计要经过长期探索才能实现在最无愧于和最适合于人类本性的条件下进行物质变换。

如果说，上述是从社会制度的变迁方面来说明可持续发展的实现途径，那么，马克思还提出了具有生态伦理学意义的善待自然的主张。这是一种新的发展观。它将从观念转变方面，即从单纯"征服自然"观念转变为必须"善待自然"的观念，以保证可持续发展的实现。

马克思在《资本论》中阐述"地租"理论时提出："从一个较高级的经济的社会形态的角度来看，个别人对土地的私有权，和一个人对另一个人的私有权一样，是十分荒谬的。甚至整个社会，一个民族，以至一切同时存在的社会加在一起，都不是土地的所有者。他们只是土地的占有者，土地的受益者，并且他们应当作为好家长把经过改良的土地传给后代。"② 这就是说，马克思认为在公有制社会里，谁也不是土地的所有者，因而谁也无权随意滥用和破坏土地；大家都只是土地的利用者，在一代人利用之后，经过改良再传给子孙后代，并且像好家长那样，以对子孙后代关心和负责的态度来保护和改良土地。千百年来，人们都只是掠夺性地滥用土地和不自觉地利用土地，马克思却提出要像好家长那样善待土地，这完全是一种新的伦理观念；而且善待土地是为了传给后代，永续利用。我们

---

① 《资本论》第三卷，人民出版社 2004 年版，第 928—929 页。
② 同上书，第 878 页。

认为，这是马克思的可持续发展思想最精彩的表述。现代可持续发展理论的核心就是在资源利用方面对后代负责，为后代着想，给子子孙孙留下发展的空间和条件，而伟大的马克思恰恰拥有并明确表述了这个核心理论。正因为这样，我们有理由确认，马克思在《资本论》中向人类呼唤出了可持续发展的先声。

最后，我们知道，实现可持续发展包括两个基本方面的基本要求，即对两类社会公平的关注：这就是"虽然狭义的自然持续性意味着对各代人之间社会公平的关注，但必须合理地将其延伸到对每一代人内部的公平的关注。"所谓对代际社会公平的关注就是："既满足当代人的需要，又不对后代人满足其需要的能力构成危害"[1]；而对同代人之间社会公平的关注，就是对同代人中贫困人口的关注。如果说这里所述主要涉及马克思对代际社会公平的关注，即要求保护土地、森林、资源和环境（生态环境和生活环境），给后代人留下继续发展的空间和条件；而对同代人社会公平的关注，可以说在马克思的整部《资本论》和他的所有著作中，都是为全世界被压迫被剥削的无产阶级和劳苦大众寻找贫困根源和彻底消除贫困的道路的。从这个意义上说，马克思是探讨全人类走上可持续发展道路的先行者。他的人生观就是为人类服务，他的奋斗目标就是全人类的彻底解放。因此，在全世界都正在努力实施可持续发展战略的今天，通过对马克思的物质变换理论的研究，进一步认真探讨他的可持续发展理论就是十分必要的了。

（原载《当代经济研究》2000 年第 11 期）

---

[1]　世界环境与发展委员会：《我们共同的未来》，世界知识出版社 1989 年版，第 19 页。

简论理论和政党的关系及其他

改革开放以来，我国的理论建设取得了较大的成绩，但是，与蓬勃发展的社会实践的需要，尚有一定的距离。本文主要思考了理论的功能、理论的地位和理论的发展等问题，其中包含了理论与政党的关系、理论与时代的关系、理论与政策的关系以及坚持与发展马克思主义的关系等，以此就教于大家。

一 理论与政党的关系

现在世界上绝大多数国家和地区都有政党，有相当数量的社会成员成为这种或那种政党的成员，人们的政治活动一般都同政党具有直接或间接的关系。所谓政党，就是在近代社会中代表一定阶级、阶层或集团并为实现其利益而进行斗争的政治组织。它通常是由一个阶级、阶层中最积极、最活跃的一部分人所组成。在阶级社会中，政党是阶级斗争发展到一定阶段的产物，又是阶级斗争的工具。但政党不会永远存在，"阶级消灭了，作为阶级斗争的工具的一切东西，政党和国家机器，将因其丧失作用，没有需要，逐步地衰亡下去，完结自己的历史使命"①。

一定的政党，为了维护本阶级的利益和实现本阶级的要求，并团结广大群众同自己共同奋斗，就必须创立和运用一套理论来指导自己的行动，运用理论来阐明自己的纲领和政策、动员和团结自己

① 毛泽东：《论人民民主专政》，《毛泽东选集》第 4 卷，人民出版社 1991 年版，第 1468 页。

的群众。无产阶级政党尤其需要理论，因为无产阶级肩负着解放全人类、把全世界推进到更高级的人类社会的伟大历史任务。无产阶级政党的理论就是马克思主义。

无产阶级政党有强烈的意识形态，它一刻也离不开理论，离不开马克思主义，就像"鱼儿离不开水、瓜儿离不开秧"一样。无产阶级政党一旦没有正确理论的指导，就会失去灵魂，就会迷失方向，就会脱离群众，直至走向失败。

无产阶级政党同一般行政机构以及一般群众团体的区别，就在于它是为一定的理论所武装的，并在一定的理论指导下，为实现既定的理想进行坚持不懈的斗争。无产阶级政党如果失去了马克思主义理论，它就混同于一般的社团组织，它就会失去自己应有的凝聚力和战斗力，也就难以称为政党。

鉴于上述，无产阶级政党必须把理论建设放在首位，必须加强理论宣传、理论教育、理论研究和理论创新，还要积极培养理论干部，必要时还应有自己的理论权威。要用理论来维护党的团结和党内认识的统一。要用正确的理论武装全党，提高党的理论水平和全体成员的政治素质。

无产阶级政党还必须维护理论的纯洁性，抵御各种错误思潮对党的理论阵地的冲击，反对来自各个方面的对党的理论的歪曲和篡改。维护党的理论的纯洁性同维护党的组织的纯洁性是一致的。没有党的理论的纯洁，就不会有党的组织的纯洁和党的队伍的团结，也不会有党的事业的胜利。可见，党的组织和党的理论是相辅相成的。理论要靠组织来贯彻，组织要靠理论来巩固。

在新的世纪里，由于我国全方位地对外开放，由于我国加入世界贸易组织，中外各种社会思潮都会登台表演，在这种情况下，尤其要加强理论建设！

二 理论与时代的关系

理论是系统化了的理性认识，不同领域的理论会形成不同的概念、原理、体系。理论是在反复的社会实践中形成的，并随实践的发展而发展。重大理论是时代的集中表现，它能给时代以巨大的影响。科学的进步的理论可以推动时代前进，错误的、脱离实际的和反动的理论也可以阻挠时代前进。理论对时代的作用，关键在于要看它能否反映时代发展的要求。所以，理论要与时俱进，要能及时反映时代的发展和变化，充分反映时代前进的要求，只有这样才能保持理论的强大生命力。马克思主义之所以常青，就在于它反对凝固的教条，主张理论联系实际，正像列宁所说："理论由于实践赋予活力，由实践来修正，由实践来检验。"①

　　同时，也应该认识到，理论并不是时代的奴仆，理论不是简单地描述时代，理论也不是跟着时代亦步亦趋。理论具有三个特征：（一）理论反映时代的本质。例如，知识对于经济发展的作用日益重要的理论，就反映了时代发展的本质；社会在占有、分配和机会等方面都将逐步走向平等的理论，也代表了时代发展的走势。（二）理论反映时代发展的规律。例如，生产关系一定要适合生产力性质的理论，就反映了人类社会发展的规律。（三）理论还可以反映几个时代的共同要求。例如，关于商品生产和商品交换的基本原理，就适用于自奴隶社会有了商品经济以来直至今天的各个时代。违背了这个基本原理，就会受到时代的制裁。

　　由上可见，理论对于实践具有强大的指导作用。人们对于理论必须采取严肃的慎重的态度，既不可随意摈弃理论，也不可随意打造理论。所有的人，特别是在领导岗位上的人必须虚心地学习理论，科学地运用理论。

三　理论与政策的关系

　　政策是人们行为的规范，是进行工作的依据。马克思主义政党

---

① 《列宁选集》第3卷，人民出版社1972年版，第398页。

的政策在党内就是"法律"。政策的正确与否，关系到党的事业的成败。所以，毛泽东说过，政策和策略是党的生命。但是，政策的制定须以理论为依据，理论规定政策的方向，政策体现理论的要求。政策和理论相比，理论是人们行动的指导思想，政策则是人们行动的工具。二者相辅相成，相互作用。

同时，也应该看到，理论并不是制定政策的唯一依据，制定政策时还必须依据当时当地的实际情况。脱离实际的政策是没有生命力的政策。例如，在由于实行计划经济体制而形成的短缺经济条件下，我们不得不实行限制城市发展的政策，而在市场经济体制下，商品与服务供应不但消除了短缺反而出现买方市场的条件下，为了加快实现现代化，我们就转而采取促进城市发展的政策；如果再实行原来的政策就只能扩大城乡差别，阻碍社会主义现代化事业前进。因此，政策具有灵活性。政策可以而且应该随时进行调整，以便它能够更好地解决实际问题。

理论相对于政策来说，具有稳定性。某些理论可能在相当长的时间内甚至永远被人们视为真理，如存在决定意识的原理和生产力性质决定生产关系的原理等。这些原理具有极强的客观性，任何时代和任何人都无力改变它。所以，决不能因打算采取某种政策特别是具有权宜性的政策就去修改理论。但理论又不是不能修正，据以形成理论的客观条件变化了，就需要对原有的理论进行反思、重新给理论定位，并加以相应的调整，以便理论拥有新的生命力。还有些理论是在提出时由于深入研究不够而有误差。例如，长期以来人们把经济手段与经济本质混为一谈，误认为计划是社会主义经济的本质属性，市场是资本主义经济的本质属性，其实，"计划多一点还是市场多一点，不是社会主义与资本主义的本质区别。计划经济不等于社会主义，资本主义也有计划；市场经济不等于资本主义，社会主义也有市场。计划和市场都是经济手段。"① 理论得到了澄清和

---

① 《邓小平文选》第3卷，人民出版社1993年版，第373页。

重新认识以后，我们就义无反顾地由计划经济体制向市场经济体制过渡，并取得了巨大成绩。但是，像这样的理论调整和创新只是很个别的情况。

四　坚持和发展马克思主义的关系

"马克思列宁主义揭示了人类社会历史发展的普遍规律，分析了资本主义制度本身无法克服的固有矛盾，指出社会主义社会必然代替资本主义社会、最后必然发展为共产主义社会。《共产党宣言》发表一百多年来的历史证明，科学社会主义理论是正确的，社会主义具有强大的生命力。"[①] 但是马克思主义不是僵化的教条而是行动的指南。马克思主义并不是一成不变的，而是随着社会实践的前进不断丰富和发展的。马克思主义发展到 20 世纪初，列宁丰富了马克思主义，从而形成了马列主义。马列主义发展到 20 世纪中期，在中国又出现了毛泽东思想，进一步丰富了马列主义。20 世纪 70 年代末以后，在中国又出现了邓小平理论，指导着中国的改革开放与发展，从而丰富了马列主义和毛泽东思想，这一历史进程证明了马克思主义是而且必须是不断发展的。一旦马克思主义停止了发展，它也就停止了生命。

同时也应该明确，马克思主义的发展是不离其"宗"的，其宗就是辩证唯物主义和历史唯物主义的世界观和历史观，其宗就是解放全人类的历史使命，其宗就是要在全世界实现共产主义的伟大目标。因此，要发展马克思主义必须首先坚持马克思主义。坚持马克思主义就是坚持先进生产力的发展要求；坚持马克思主义就是坚持先进文化的前进方向；坚持马克思主义就是坚持最广大人民的根本利益。

如上所述，是否意味着发展马克思主义要受到很大的限制呢？

---

①　见《中国共产党党章·总纲》。

不然！而是只有不离其宗的发展才能更顺利更健康地发展，理论的发展需要遵循一定的轨道，顺轨道而行，就会顺利；逆轨道而行，就可能误入歧途。发展马克思主义的轨道，就是辩证唯物主义和历史唯物主义。以这种科学的世界观和方法论为指导而形成的新理论，才是拥有生命力的理论。理论的发展还需要有雄厚的群众基础，也就是说，发展了的新的理论要有利于维护和发展广大人民群众的根本利益，有利于他们实现更美好的理想，这样的理论发展才有更坚实的载体，才不可动摇。

坚持和发展马克思主义是同一过程的不可分割的两个方面。应在坚持的基础上发展，在发展的条件下坚持。只有认真地坚持，才能勇敢地发展；只有不断发展、不断创新，才能更好地坚持。如果不是在坚持马克思主义的基本原理和基本方向的基础上发展，就是另搞一套和另起炉灶，就是对马克思主义的背离；如果不能不断发展马克思主义，就会使马克思主义成为僵死的教条，失去指导社会实践的功能，就是对马克思主义的葬送。

五　理论创新的路径

理论创新说来容易，真正做起来则有一个艰苦探索与潜心创造的过程，其中包含着反复与挫折。因此，为保证理论创新的健康推进，须先明确究竟什么是理论创新。

理论创新不是"照抄照搬"。有人以西方的理论为理论，以西方的是非为是非，盲目照搬，以为这就是创新。否！这绝不是创新。我们认为，有选择地引进和借鉴国外科学的新理论是完全必要的，应该积极地大胆地去做，但由于国外理论的倾向性与我不同，国情也与我不同，所以绝不能简单地照抄照搬，只能批判地吸收。经过批判的吸收，又与我国实际相结合而提出来的新观点、新方法、新理论，才可以称得起是创新。

理论创新不是"名词炒作"。有些人不愿深入实践去探索，而只在概念上做文章，不断推出一些新名词，虽然可以刺激学界于一时，但终因缺乏实质性的新内容，也难以称得上创新，只有在反复的实践中总结出了规律性的新认识，并又在实践中证明了这些新认识的正确性时，才是理论创新。

理论的创新也不是"结构拼凑"。有的人很轻易地就提出了一个"理论新体系"。其实只不过是把各派之言加以拼接而已。从外形上拼凑一个结构，同从内在逻辑上形成一个新的理论体系是完全不同的，后者才属于真正的理论创新。

那么，到底应该怎样来实现理论创新？这个问题只有在实践中回答，但在这里可以提出一个粗略的路径：

（一）从现代社会实践中，经过深入考察，对于多次重复出现的现象，予以总结和概括，发现其中的规律，上升到新的理性认识。

（二）在社会实践中，经过反复运用，发现那些能够解决大量同类问题的理论和对策，逐步提炼出应用性理论的成果。

（三）从国外学术理论中，大量吸收那些能够有效解决我国现实问题的理论与方法，并结合我国实际加以调整和重塑，形成新的理论。

（四）从中国的传统学说中，吸收具有现代意义的内容，加以提炼和升华，形成新的理论。

（五）从现有理论的内在逻辑中推演而得出新的结构，并在实践中加以验证，确认其正确性后用以丰富现有的理论存量。

我们热切地希望我国老、中、青学人结合起来，为祖国社会主义现代化事业的胜利发展，以马克思主义为指导，在新世纪里创造出理论战线的新辉煌！

（原载《马克思主义研究》2002 年第 4 期）

"新国企":形成·特征·定位

目前国有独资的"新国企",只要能自主经营,效率、效益均优,就不必"为股份制而股份制",片面追求股份制这种"实现形式"。须知股份制只是手段,效益最大化才是目的。

改革开放 20 多年来,我国社会主义现代化建设获得了快速发展,这得益于宏观决策有方、社会主义市场经济体制的建立,其中尤以市场经济微观基础的强化最为重要。一大批"新国企"的出现,正是市场经济微观基础强化的一个重要因素。所以"新国企"现象,目前已成为人们关注的焦点之一。

一 传统国企来源及其弊端

"新国企"主要是从老国企演化而来的,所以研究"新国企"就需要从老国企说起。老国企就是传统国有企业,也称作全民所有制企业或国有企业。它曾经是我国国民经济的支柱,在 20 世纪 80 年代以前,一半以上的国内生产总值和一半以上的财政收入都是来源于国有企业。老国企的形成主要有以下四条渠道:

其一,解放区的公营企业。解放区的公营企业,主要是小型工业和手工业作坊,轻、重工业产品都能生产。例如,1945 年陕甘宁边区已经能够炼铁、炼油、修造机器、制造玻璃和陶瓷,纺织工业也有一定的发展,此外还能生产武器、弹药和军需品。到了解放战争时期,接收了一部分日寇所侵占的财产,主要是东北一些现代化的工矿企业。在解放区的公营企业中,还有一些商店和银行,以及农牧渔业生产单位，如1948年建立至今还存在的内蒙古呼伦湖渔业公司就是其中的一个。

其二，没收的"官僚资本"企业。"官僚资本"分两类，一类是国民党政府的官办企业，一类是大官僚买办经营的私人企业。新中国成立前后，据不完全统计，人民政府接收国民党政府中央和地方的银行共2400多家，工业企业2858家。仅仅由于没收官僚资本而建立的国有企业的生产，在当时全国总量中的比重就达到：发电机容量的73%，煤炭的70%，铁的60%，钢的90%，水泥的60%，工作母机的50%，纱锭的43%；而在金融、铁路、港口、航空等产业中所占的比重则更大。

其三，改造过的民族资本主义企业。到1956年年底，实行公私合营的工业企业共有11.2万户，包括120万职工；实行公私合营的商业企业40万户。到1956年年底，全国公私合营的私股共24亿元，其中工业私股17亿元，商业、饮食业和服务业私股6亿元，运输业私股1亿元。

其四，新建的国有企业。1949年新中国成立以后到改革开放以前，国家新建了大量规模大、技术新、人才多的国有企业，其中以"一五"时期动工、苏联援建的156项工程为主干，至今在现代化建设中仍发挥着重大作用的有武汉钢铁厂、包头钢铁厂、长春第一汽车制造厂、洛阳第一拖拉机厂等。通过上述多种渠道，汇成了我国由国有企业组成的国有经济的强大实力，掌握了国民经济命脉，在社会经济生活中居于主导地位，曾经对经济增长、社会进步和人民生活改善发挥过决定性作用。但是，曾几何时，在市场经济浪潮的冲击下，国有企业先后破产者在所多有，经营不良者为数甚众，处于困境者时有发现。大多数国有企业风光不再，究其原因主要在于体制方面、管理方面和文化方面存在着弊端。

弊端之一：政府直接经营企业必然导致政企不分。政府的经济职能主要是制定财经政策、规划发展战略、安排财政收支、进行宏观调控，为企业发展、外资引进创造良好的环境等，而不是直接经营企业。政府直接经营企业必然导致政企不分、企业行为紊乱、官僚主义滋生，甚至出现腐败，造成企业亏损。

弊端之二：高度集权的计划经济体制必然导致企业不能自主经营。企业是市场主体、公司法人，但在政府直接经营企业再加上高度集权的计划经济体制条件下，企业必然难以自主经营、自负盈亏、自我约束、自谋发展，致使企业成为政府的附属物和算盘珠。企业一旦失去了自主权，就不可能有任何活力和动力。

弊端之三：外行管企业，难操胜券。在政企不分的条件下，企业的领导人由政府委派，昨日的县长，今天就可能成为厂长；甚至昨日的团长，今天就变成了经理。不排斥外行经过长期磨炼可以成为内行，但直接让党政干部甚至军人来经营，其成功是偶然的，失败则是必然的。

弊端之四："等、靠、要"的企业文化必然使企业缺乏动力。老国企，资金由国家拨、人员由国家调、原材料和燃料由国家供、产品由国家收、价格由国家定、利润向国家交、亏损由国家补，以致企业必然积淀着一种浓厚的"等、靠、要"的文化氛围，谁也不愿主动经营，谁也不想负起责任，谁也不敢承担风险。总之，谁也难以有所作为。

二 "新国企"的形成

"新国企"是在改革中诞生的，也就是说是在革除老国企弊端的基础上产生的。它有两个渠道，一是在老国企的基础上经过改革形成的；一是在改革开放以后按市场经济要求新建的。

（一）老国企经过逐步改革而涌现出一批"新国企"

我国老国企的改革经历了一个不断探索、不断前进的漫长过程。

1. 扩权让利试点阶段（1979—1980 年）

这是向高度集权的计划经济体制的初步挑战。站在企业的角度来讲，就是企业向国家争取自主经营权和扩大分配权的初步改革。

2. 推行以"利润包干"为主的经济责任制阶段（1981—1982年）

这是企业企图把"扩权让利"的改革制度化和规范化的一种尝试。利润包干以后，企业的分配权就更大了。

3. 试行两步"利改税"阶段（1983—1986年）

这是企图进一步解决国家、部门和企业之间分配关系的一次不成功试验。

4. 实行经营承包责任阶段（1987—1991年）

这一阶段由于实行承包制，使企业有了较大的经营自主权，从而开始把企业搞活；也由于企业在承包中缺乏自我约束机制，而使经营行为越轨，特别是由于承包期有限而使企业出现"短期行为"，致使企业亏损日益严重。在这一阶段，同时进行了股份制试点和小企业包、租、卖试点。

5. 转换企业经营机制阶段（1992—1993年）

企业经营机制是由企业体制决定的。所以，离开企业制度创新这个前提来推进企业经营机制转换，这本身就预示着这种改革难以奏效。

6. 现代企业制度推行阶段（1994年至今）

这是国企改革的攻坚阶段。建立现代企业制度涉及各方面经济、政治利益的调整，所以很难一步到位，也难免有些地方在改革中搞形式，有名无实。

随着改革的不断深化，尽管公司制改革不规范的现象随处可见，但各地还是涌现出了一批达到产权清晰、责权明确、政企分开、管理科学等现代企业制度要求的"新国企"。北京的"首钢"、四川的"长虹"、山东的"青啤"、江苏的"春兰"和广东的"TCL"等蜚声海内外的著名特大型企业就是它们的代表。

（二）在改革过程中按现代企业制度要求建立的"新国企"

改革开放以来的20多年中，国家根据现代化建设的需要，或由国家银行贷款，或由政府担保贷款，少数则仍由国家财政拨款，兴建了一批国有企业。这些企业的建设是一种政府行为，往往是政府根据行业布局和满足社会需求的需要，有计划批准立项的；但其建设的过程也正是市场经济体制逐步形成的过程，所以，新建的这批国有企业就同老国企不同，它能适应市场经济的运作要求，合乎现代企业制度的组织规范，因而属于"新国企"。河南安彩集团有限责任公司（以下简称安彩）就是它们的一个典型。以下的分析将以安彩为例证。

三 "新国企"基本特征

"新国企"的产生背景、行业性质、组织结构、规模大小等各不相同，但其基本特征则是大体相同的，主要表现有以下几点。

1. 其原始资本主要是在市场上自筹的

老国企的兴建绝大多数都是由国家财政无偿拨款支持的，也就是说，它们都是国家给钱建立起来的；而"新国企"则是政府立项、政府委派企业领导人，但原始资本则需要从非财政渠道解决。财政上给的资金是无偿的，金融市场上以贷款方式自筹的资金不仅要偿还，而且要付息。所以，"新国企"从组建之日起就面临着风险。

安彩1984年批准立项时，它的第一笔资金3000万元，就是从中国租赁公司以贷款方式融入的。安彩第一期工程所需10.14亿元的投资，都是通过贷款获得的，包括从香港国际银团获得的9025万美元商业贷款，还有河南省建设银行陆续投入的拨改贷资金1.91亿元，以后又陆续从其他各专业银行融入2.5亿元资金。安彩以后的各期工程，除少量的自有资金，无不是求助于金融市场。

2. "新国企"的产权结构在一定程度上是多元的

"新国企"不等于纯国企，虽然现在国家独资的纯国企还有，但这种企业内部必然缺乏相互监督、相互制约和补充的机制，所以"新国企"多是在国资控股条件下的多元化产权结构。

就安彩所属各分支机构的股权结构来看，除所属安美公司和安成公司是安彩集团的全资子公司外，其余的公司均为多元化的产权结构，安彩集团在所属安飞公司的产权为66%，在安彩照明公司的产权为75%，在安玻公司的产权为75%，在安彩高科的股权为58.9%，在安津公司的产权为50%，在郑州海特模具公司的产权则仅为10%，其余部分则分别为其他法人股、职工股和外资股等。多元化的产权结构就要求企业有科学的治理结构和规范的管理制度。

3. "新国企"的运营以环境和市场为转移

老国企没有经营自主权，它在计划经济体制下几乎只有对供、产、销的管理而没有运营，即使如此，其供、产、销也是靠长官的指令性计划指标来管理的。所以，老国企常常因长官意志的失误而造成巨大损失。

安彩的经营完全是自主决策的，它不是根据长官意志，而是根据环境与市场的变化来运筹的，主要考虑以下四个方面：一是客户对产品与服务的要求；二是市场价格的变化；三是自己在竞争中的地位；四是各种生产要素的供给状况。安彩集团正是成功地适应了环境、驾驭了市场，它才能以零为起点走上世界第一的宝座，创造了跨越式发展的奇迹。

4. "新国企"的发展主要依靠资本扩张

老国企由小到大除了依靠国家追加投资外，就是依靠自身的内部积累，因而这是一个十分缓慢的过程。"新国企"则不同，它的发展主要依靠资本扩张，因而它可以在较短的时间内成倍、成十倍地壮大自己，使自己在竞争中不断占据优势、称霸市场。

安彩最早的全部生产经营只局限在安阳一地，资金有限，经营范围也有限。在20世纪90年代中期以后，外国资本大举涌入我国彩玻行业。为了保护和振兴民族彩玻工业，安彩立志做强做大，但资本何来？安彩根据自己的实力和当时国内外彩玻市场的形势，大举进行资本扩张。在1999年，安彩集团兼并了曾是156项重大工程项目之一的成都红光电子玻璃公司，成立了安成公司；同年又兼并了曾是国家大型一类电子军工企业的新乡美乐集团公司，成立了安美公司；这一年又与全国最大的黑白玻壳生产厂家天津津京公司合营（产权各占50%）组建了安津公司。如此大刀阔斧的资本扩张，就使安彩很快登上了同行业全国第一的宝座。2003年，安彩又收购了美国康能公司的九条生产线。

5. 开放型的"新国企"

和老国企不同，"新国企"诞生于经济全球化的时代，加上我国又加入了WTO，所以，"新国企"的经营不仅对国内市场充分开放，而且多是面向国际市场、积极走向世界的，它们要在国际市场竞争中抢占制高点。这同我们要实现民族复兴，力争提升综合国力是相呼应的。

6. "新国企"的企业文化

老国企的经营环境是国家包揽一切、指挥一切和提供一切；老国企的内部运行模式是管理型的、稳定型的甚至是萎缩型的。这种企业文化是消极的、被动的，一切仰赖于国家，一切决定于上级，一切依靠别人救自己。

"新国企"要靠自己在竞争中求生存、求发展，时刻都会有风险来临，所以它的企业文化特征必然是拼搏进取的、积极向上的。如果考虑到它们是国家从国计民生出发组建的经济实体，那么，"新国企"应该具有更崇高的理念和更卓越的精神。

四　"新国企"完善和定位

（一）"新国企"出现的战略意义

随着改革开放的深化，传统国有企业由于其体制不能适应市场经济的要求而步履艰难，人们对国有企业的信心不断降低，一批"新国企"的出现证明国有企业并非必然效率低、效益差，更不是"国有企业必垮""国有企业最好早点垮"。"新国企"的出现，证明了一个企业的效率和效益，并不是直接由所有制决定的，公有制企业和私有制企业都会在一定条件下兴旺，也都会在一定条件下衰退、倒闭。这个条件就是企业的外部环境及其内部能力。如果企业外部的政策环境、市场需求和要素供给都比较优越，企业内部的决策、管理、技术和经营理念又都处于上乘状态，则任何一种所有制企业都可能盈利；相反，则都可能亏损乃至倒闭。

问题在于哪种企业最能适应外部环境和提升内部能力。传统国企同私企相比，由于它没有自主经营权，企业内部又缺乏激励机制和竞争机制，它就缺乏动力和活力，在经营管理上就表现为效率低、效益差。"新国企"正是在革除老国企这些弊端的基础上产生的，它在产权上和老国企一样，而在经营机制上则同私营企业一样。所以"新国企"既不会像老国企那样对市场动态表现迟钝，也不会像私营企业那样对公共利益（如交税）表现冷漠。可见"新国企"是一种独具优良品格的经济组织，它既可以获得最大的经济效益，又可以获得最大的社会效益。

"新国企"的出现和壮大，是社会主义市场经济体制改革的成功。社会主义意味着"公平"，市场机制意味着"效率"，兼顾公平与效率，实现共同富裕，是我们经济体制改革的最大目标，而"新国企"则既是实现公平的物质基础，又是高效率的典范。所以，"新国企"的出现和壮大具有重大的战略意义。

（二）"新国企"的优化

目前我国已经出现的一批"新国企"是比较优秀的，但并非完美无缺，不断优化和提升"新国企"将是长期的任务。根据"新国企"的特点和竞争的需要，以下一些方面应是它优化的重点：

（1）根据"新国企"一股独大的特点，它需要进一步健全和完善现代企业制度，特别是它的治理结构，勿使董事会、股东会和监事会流于形式，切实发挥三权制衡的功能。

（2）根据"新国企"员工教育水平和政治素质较高，而市场意识较弱和市场运作能力较差的特点，应强化对人力资源的开发和培植，始终把人的因素放在第一位。

（3）根据"新国企"容易保留和感染"官商文化"习气，应该重塑企业文化，以适应激烈的市场竞争要求。为此，要提升对企业文化建设战略意义的认识。企业文化是企业的无形资源，在有形资源相等的条件下，谁的无形资产多，谁就可能是赢家。

（4）根据"新国企"在企业内部容易重集权、轻分权的特点，应通过制定"企业基本法"来规范企业中各层级各部门的权、责、利，使全体员工和大小机构各得其所，以此作为企业效率管理和战略管理的基础。

（5）根据"新国企"容易重业务管理而疏于战略管理的倾向，应向其灌输兼并、联盟、多元化经营、"走出去"等战略举措对于实现资本最大化和利润最大化的重大意义，并把战略管理放到重要的议事日程上来。

上述各项，都着眼于增强"新国企"的市场竞争力。强大的市场竞争力特别是核心竞争力应成为"新国企"外在特征的集中表现。

（三）确定"新国企"战略定位

"新国企"这个概念刚刚出现，目前能够称得上"新国企"的企业还为数不多，预计在 2010 年以前，"新国企"的阵容将会大为扩张。今后是否要大力发展"新国企"呢？又是否意味着将淡化民私营企业和外资企业的地位和作用呢？所以，对"新国企"必须明确战略定位。

（1）"新国企"是社会主义市场经济重要而坚实的微观基础，必须保护和不断提升"新国企"。如果缺乏这个微观基础，社会主义市场经济体制不仅残缺不全，甚至难以称得上是社会主义的市场经济体制。所以，"新国企"是社会主义市场经济体制不可或缺的重要成分。这就是"新国企"的基本战略定位。

（2）为了调动各阶层、各群体参与社会主义现代化建设的积极性，"新国企"不应该也不可能覆盖国民经济的各个方面，它应该集中在关系国计民生的那些重要部门，如军工、能源、交通、公用产业和粮食等。

（3）在竞争性领域已经存在的"新国企"除非迫于竞争的压

力，就不应主动退出。

（4）"新国企"在产权结构上的特征是国有资本控股条件下的多元化结构，改变了这种结构也就称不上"新国企"，但这并不意味着国有股权越大越好。

（5）目前尚存的国有独资的"新国企"，只要能自主经营，效率、效益均优，就不必要"为股份制而股份制"，去片面追求股份制这种"实现形式"。须知股份制只是手段，效益最大化才是目的。"新国企"是一种新现象，它的出现值得欢迎，也值得深入研究，需要理论界和企业界结合起来，进一步弄清它的内在机理、运行规律、管理模式和文化特点等。我们相信，"新国企"的出现一定会为我国社会主义市场经济的发展打造一片新天地。

（原载《科学决策》2004 年第 10 期）

我国经济社会发展中若干战略性关系论纲

在经济社会发展中，存在着理论上、政策上和运行层面上的诸多错综复杂关系，发现和理顺它们之间的内在联系，找出其中的秩序，弄清其主导与被导、制约与被制约以及主要与次要的关系，从而把握其中的规律，正确处理好各种关系，对于从理念上为践行科学发展观奠定基础，从而保证经济社会健康发展具有重要意义。在当前我国经济社会发展中，有几组涉及全局利益和长远利益的关系，即战略性关系亟待加以澄清。限于篇幅，本文以论纲形式展开论述，不作过多定量分析。

一 理论和政策的关系

政策是人们的行为规范，是人们参与社会活动的运行规则。马克思主义政党制定的政策在党内就是"法律"，政策正确与否关系到党的事业的成败。毛泽东说过"政策和策略是党的生命"①。但是，政策的制定须以理论为依据。正确的理论规定政策的方向，制约政策的内容，指导政策的实施。政策和理论相比，理论是人们行动的指导思想和指导原则；政策则是人们为达到一定目的所运用的工具。因此，是理论指导政策而不是政策指导理论。

同时需要说明，理论并不是制定政策的唯一依据，制定政策时还必须依据当时当地的实际情况。脱离实际的政策是缺乏可行性的，

---

① 《毛泽东选集》第 4 卷，人民出版社 1991 年版，第 1298 页。

即使强制推行，也是没有生命力的。如果说原定的政策是符合实际情况的，是可行的，但当原定政策所依据的客观实际发生了变化，政策就应作相应的调整，或以新政策代替老政策。所以，政策不是也不应是一成不变的，它具有较强的灵活性和权宜性。

理论相对政策来说，具有稳定性，基本原理更是如此。某些理论在很长的时期内甚至永远被视为科学真理。因为科学的理论是揭示自然界、人类社会和人们思维的本质及其内在规律的。本质的规律性的东西是稳定的，因而理论也必然具有稳定性，例如，存在决定意识的理论、生产力决定生产关系的理论等就是如此。当然，理论特别是反映经济社会发展规律的理论也不可能永远不变，发展变化是客观世界的永恒规律，只是和政策相比，稳定性是理论的一个特征。

鉴于上述理论和政策的特征及其相互关系，我们应该明确：无论是政党或政府决不能因为要采取和推行某种政策就去任意修改相关的理论，硬让理论去"适应"政策、去为政策"服务"；如果非要这样做，就会失去科学和损害真理，最终将失去人心。所以，推行政策的唯一良策是遵循理论而不是篡改理论或"制造"新理论。前些年为了要把一些企业主"描绘"为劳动者，并为进一步提升它们的政治地位做准备，就企图通过所谓"深化对劳动和劳动价值论的认识"来"发展"马克思主义的科学劳动价值论。这应视为一大教训，但愿这样的事情今后不再发生。

当然，理论也不是永远不变的，它也应与时俱进。把理论凝固化是不正确的，但是，理论的发展是有条件的，不能主观臆想。也就是说，只有当理论所依据的客观实践发生了本质的变化或有了新的发展和运行规律时，理论才必须创新、必须发展，脱离客观实际的理论才会被新的理论所代替。

二　战略和对策的关系

战略这一概念不是从来就有的，人类发展到比较成熟的阶段以后才产生了战略意识和战略思维。中国到了公元前 7 世纪才有了战略含义的概念，当时称作"庙算"；到了公元 3 世纪时，才开始使用"战略"一词。在西方，"战略"一词源于古希腊语"诡计"或"将道"，直到公元 6 世纪时才有人正式使用"战略"（strategy）一词。不论在西方，还是在东方，战略一词都是首先用于军事领域，之后扩展到政治领域，接着又运用到经济领域，最后延伸到社会生活的其他各方面。

战略一词从古到今无论运用在哪个领域，其基本含义都是一样的，即战略是对全局性、长远性重大问题的谋划。也可以说，战略是统揽全局的、面向未来的、处置重大问题的。对策则不然，它是服务于和服从于战略的，它是实现战略意图的手段、路径和措施等。在军事领域它称作战术，在政治领域它称作策略，在经济社会领域则称为对策。根据实现战略意图的需要，对策可以不断更新或调整。可见，战略具有很强的导向性和稳定性，而对策则具有较强的灵活性和权宜性。二者不可混淆，更不能颠倒。

在现实生活中，有些人或由于认识的局限，或由于理论上的偏见，常常把战略和对策混淆起来。例如，有的同志至今还强调"让一部分人、一部分地区先富起来"不能改！理由是这是邓小平同志提出的"大政策"。的确，邓小平同志曾经说过："我的一贯主张是，让一部分人、一部分地区先富起来，大原则是共同富裕。一部分地区发展快一点，带动大部分地区，这是加速发展、达到共同富裕的捷径。"[1] 可见，邓小平同志是把实现共同富裕当作"大原则"，当作战略，而把"让一部分人、一部分地区先富起来"当作实现共同富裕的"捷径"，因而只是一种对策，一种权宜之计。事实上，在当今世界上还没有哪个国家实行过特别是长期实行过只"让一部分人和一部分地区先富起来"的政策。如果长期实行这种政策就等于公然制造社会矛盾，引发社会不稳定，甚至导致自我消亡。可见，

---

[1] 《邓小平文选》第 3 卷，人民出版社 1993 年版，第 166 页。

混淆战略和策略的关系就会犯战略性的大错误。

三　目的与手段的关系

目的是人们对未来、对前进方向追求的境地，是争取和希望未来达到的状态与水准，它是人们向往的境界和行动的归宿。目标也是目的，是目的的具体化。手段则是实现目的的路径、措施和方法。手段是为实现目的服务的。要达到什么样的目的，就要求相应采取什么样的手段。可见目的对手段具有制约作用。人们不能只求目的不要手段，否则，目的就无法实现而陷于空想；也不能只要手段而不问目的，否则，就会迷失方向而陷于盲目以至发生方向性错误。人所共知，在国际共产主义运动中，就有人发生过"运动就是一切，而目的是没有的"机会主义错误。至今这已成为笑料，成为人们讽刺的话题，但在现实生活中，我们有些同志还在有意无意地演绎这个话题。

我们知道，发展是无所不在的，也是无时不在的，特别是我国至今还是一个经济、科技相对落后的国家，更要高度重视和大力谋求发展。但是，发展必须做到：一要摆正发展方向；二要选择正确道路；三要顾及发展后果。因此，发展不是盲目的、任意的和不讲代价的。必须重视发展的科学性。

邓小平同志的确强调过"发展才是硬道理"[1]。有些同志抓住小平同志的这句话，把"发展"绝对化，似乎发展是至高无上的，发展是无条件的，发展可以代替一切，发展本身就是目的。其实不然，相对于我们的伟大理想来说，发展只是手段。邓小平同志说过："马克思主义的最高目的就是要实现共产主义，而共产主义是建立在生产力高度发展的基础上的。"[2] "社会主义时期的主要任务是发展生产力，使社会物质财富不断增长，人民生活一天天好起来，为进入

---

[1]　《邓小平文选》第 3 卷，人民出版社 1993 年版，第 377 页。
[2]　同上书，第 116 页。

共产主义创造物质条件。"① 可见，生产力的发展只是实现共产主义远大理想的物质条件，它不是目的，只是手段，因而我们不能"为发展而发展"，正像 20 世纪 80 年代初曾经批判过的"为生产而生产"一样。

发展也不是无条件的，经济社会的发展必须在科学发展观的指导下进行。符合"以人为本"精神的要发展，不符合"以人为本"精神的不应发展；符合"全面、协调"原则的要发展，不符合"全面、协调"原则的不应发展；符合"可持续"发展要求的要发展，不符合"可持续"发展要求的不应发展。也就是说，严重污染环境的、严重破坏生态平衡的和过度消耗资源的项目不能上；导致贫富差别、城乡差别、地区差别扩大的发展要调整；严重影响经济和社会事业协调的发展要统筹；等等。总之，"发展才是硬道理"不是绝对的，是有条件的，符合科学发展观的发展才是硬道理。如果脱离科学发展观的轨道盲目发展，到头来还会殃及发展本身。

邓小平同志当时之所以强调"发展才是硬道理"，是有具体针对性的，即针对当时有些人在中央提出经济要稳定、协调发展的情况下，可能会"变得谨小慎微，不敢解放思想，不敢放开手脚，结果是丧失时机"② 的状况而言的。

相对于发展来说，改革就是手段，而不是目的。我们改革不适应生产力发展要求的经济体制和政治体制，是为了进一步解放生产力，而解放生产力是为了发展，而发展则是为了实现共同富裕，更好地建设社会主义。改革使我们的经济大发展，综合国力大提高，人民生活明显改善，这是不可否认的巨大成就，可以说，没有改革就没有我们的今天，但这决不等于说改革本身就是目的。有些同志把改革当作至高无上的东西，而不去深入思考如何改革才更符合人民的长远利益，不去深入研究改革过程中引发的各种矛盾和问题，甚至把别人实事求是地"反思"改革当作"反对"改革来批判，其

① 《邓小平文选》第 3 卷，人民出版社 1993 年版，第 171 页。
② 同上书，第 377 页。

实，恰恰是自己颠倒了目的和手段的关系，犯了本不应该犯的常识性错误。我们认为，上述两部分同志都是坚持改革的，不过一部分同志是理性地坚持，另一部分同志是不够理性地坚持。

四　宏观调控和市场配置的关系

社会主义市场经济体制是有特定含义的，对此，党的十四大报告中有明确的表述，即"我们要建立的社会主义市场经济体制，就是要使市场在社会主义国家宏观调控下对资源配置起基础性作用……同时也要看到市场有其自身的弱点和消极方面，必须加强和改善国家对经济的宏观调控"①。由此可知，我们的社会主义市场经济是国家宏观调控下的市场经济，而不是任其自由发展的市场经济，这种市场经济也可以称为政府主导型的市场经济。社会主义市场经济为什么需要政府主导，或者说为什么需要宏观调控？这是因为由价值规律支配的市场经济具有二重性。

市场经济的二重性，一方面表现在市场主体受利益驱动具有主动改进技术、改善管理、机制灵活、活力充沛和能刺激经济增长的积极作用；另一方面，市场主体同样因为受利益驱动而具有重复投资、盲目发展、保守技术、封锁信息、偷税行贿、压榨劳动者，甚至以假冒伪劣、欺诈盗窃等手段进行恶性竞争和不正当竞争的弊端。同时，在市场经济条件下，对于无利可图的基础设施和公共事业的投资则无人问津。所以，市场经济不仅存在着西方经济学也承认的"市场失灵"现象，而且存在着国民经济无政府状态和产生两极分化的严重后果。

市场经济的上述二重性是与生俱来的、内在的、无法根除的。尽管人们对市场经济给予法律规范并称之为法治经济，这固然可以部分地抵消其某些消极作用，但并不能根本改变市场经济二重性的

---

① 《十四大以来重要文献选编》（上），人民出版社1996年版，第19页。

基质。尽管人们对市场经济给予道德约束并称之为诚信经济，这虽然可以在一定程度上制约商业欺诈行为，但也不能根本改变市场经济二重性的本性。所以，社会主义市场经济必须置于国家的宏观调控之下。所谓宏观调控，就是由政府依据市场经济规律，运用包括计划、财政、税收、金融和土地供给等手段对经济发展和经济运行进行有计划的调节和控制，遏制市场经济的消极作用，补充其"无作为"的弱点，最大限度地发挥其促进经济社会发展的活力。这是维护社会整体利益的需要，也是市场经济本身发展的要求。

西方新自由主义者在推行市场化的同时，反对政府干预。西方有西方的国情，我们不想多作评论。但是，西方发达国家经济的周期性，以及西方大多数发达国家经济增长的长期低迷，已证明新自由主义者的主张并未产生积极效果。相反，我国经济自 1979 年至今一直平稳高速增长，经济总量由 1979 年居世界第 9 位升为 2005 年的世界第 4 位，获得如此举世瞩目的成就，除了民营经济的兴起、对外经贸的扩大以外，国家宏观调控的矫正、协调、支持和推进作用是功不可没的。

目前，经济学界有少数同志或者由于对实际经济生活了解不够，或者由于受西方思潮的影响过大，总是把宏观调控同市场配置对立起来；把国家宏观调控简单地等同于计划经济体制；把国家宏观调控同部分官员腐败固定地挂起钩来，以致他们只主张市场配置而反对或希望弱化国家宏观调控。一讲宏观调控，他们就惊呼："计划经济体制那一套又来了！"如果他们的主张在国家宏观经济决策中占据上风，那将会造成国民经济的无政府状态，将会造成自然资源和社会财富的巨大浪费，将会出现贫富两极分化，前景将是很危险的。

因此，我们应该毫不动摇地确认："要使市场在社会主义国家宏观调控下对资源配置起基础性作用"，这是我们社会主义市场经济体制的特点和优点。"市场配置"和"宏观调控"相辅相成，不可偏废，不可或缺。这就是结论。当然，我们的宏观调控还须不断完善和不断优化，目前政府宏观调控中存在的过度行政干预、搞"一刀切"、审批烦琐、某些官员以权谋私等问题，必须通过法律、行政、监督和教育等手段逐步加以清除。这一切又都同转变政府职能，变"管、卡、压"政府为服务型政府是分不开的。

五　公平和效率的关系

"公平与效率的关系"是西方福利经济学中提出的论题，在传统马克思主义经济学中没有明确提出过这个论题，但这个问题非常重要，它的意义超出了经济学的范围，现实性很强。

从经济学上讲，"公平"是指在收入分配中社会成员参与分配的机会要平等，分配的过程要公开、公正，分配的结果不能差距过大。此外，公平还是对人的尊重。社会对人是否公平相待，也是社会是否平等和民主的表现，还是社会道德水准的体现。"效率"是指在收入分配中要以社会成员在经济活动中创造的效率高低和效益大小为依据，效率高和效益大的多得，效率低和效益小的少得。值得提出的是，由于我国已"确立劳动、资本、技术和管理等生产要素按贡献参与分配的原则"①，所以，在目前我国一部分人的收入分配中还包含利润所得的成分。这就使实现公平分配的难度增大。

收入分配有初次分配和再分配的过程。初次分配是在生产领域进行的，再分配是在商品交换过程、财政转移支付过程、信贷过程和社会保障制度实施中实现的，社会慈善事业实质上也是一种补充性的分配渠道。因此，对公平与效率关系的判断，应以收入分配的总过程即收入分配的最终结果为依据。

收入分配政策既有原则性，又有灵活性，它以不同时期的经济政治形势和社会成员的收入分配状况为转移。我国改革开放以来，以按劳分配为主体、多种分配方式并存的分配制度是稳定的，但不同阶段收入分配的具体政策就表现出不同的特点和要求。改革初期

---

① 《中国共产党第十六次全国代表大会文件汇编》，人民出版社 2002 年版，第 27 页。

阶段即发动阶段，强调反对吃大锅饭、搞平均主义和互相攀比。20世纪90年代初开始的改革第二阶段即大力推进阶段，强调效率优先、兼顾公平，收入分配向一部分人和一部分地区倾斜。进入21世纪初，改革进入第三阶段即完善阶段，根据我国社会贫富差距悬殊、两极分化开始显露的现状，强调以共同富裕为目标，更加注重社会公平，着力提高低收入者收入水平，扩大中等收入者比重，有效调节过高收入，取缔非法收入，努力缓解地区之间和部分社会成员收入分配差距扩大的趋势已成为主要任务。可见，决不能不顾中国社会的现实矛盾，一味主张"效率优先、兼顾公平"不能变。

我赞成放弃"效率优先"的提法，恢复党的十四大曾经提出过的"兼顾公平与效率"的原则，在当前要更加注重社会公平。当然，我认为，不提"效率优先"不等于说"效率"无关紧要，其实没有效率，社会就不能进步；没有比资本主义更高的效率，社会主义就不能最终胜利。其实，社会主义按劳分配原则中已含有按效率分配的内涵。一方面，社会有了较高的效率和更大的效益，也就有了更好实现公平的物质基础；另一方面，从科学社会主义的本质要求看，在社会主义条件下进行收入分配，首先应该考虑公平，在多大程度上按效率分配，要服务于和服从于公平原则的需要。如果忽略了公平，共同富裕的大目标就会丧失，社会就难以稳定，追求效率的环境也将不复存在。所以，权衡利弊得失，"效率"和"公平"二者相辅相成，辩证统一，不可或缺，不能偏废，"兼顾公平与效率"是唯一正确的选择。

当前，我们国家正站在新的历史起点上，朝着全面建设小康社会的目标前进，并力争在21世纪中叶，基本实现现代化，完成中华民族伟大复兴的历史使命。在这个重要历史时期，经济社会发展中有许多战略性问题有待我们去处理，本文所述几组关系只是其中的一部分。此外，还有诸如穷人和富人的关系、群众和官员的关系、城市和农村的关系、沿海和内地的关系、内资和外资的关系、科教与经济的关系、人和自然的关系、今天和明天的关系，等等，都需要从理论上深入研究和在实践上理顺关系。这是贯彻落实科学发展观的客观要求，也是建设社会主义和谐社会的客观要求，大家应该共同完成这个答卷。

（原载《平原大学学报》2007 年第 1 期）

额315亿美元，不良贷款比重为1.3%。2004年1—10月，外资银行累计实现盈利2.1亿美元。由于进入中国初期的"水土不服"症已在痊愈中，所以外资银行的竞争力正不断增强。

二 外资银行在中国的经营策略

外资银行由于其建立历史较久，并且一直成长在市场经济环境中，加上资金雄厚，所以拥有经营上的优势，对此中国银行业在短期内尚难以超越。外资银行的经营优势主要表现在经营理念、业务品种和金融技术等方面。目前它们在华的经营策略主要有以下若干招数。

（一）市场进入策略

市场进入主要有四种形式：

（1）设立外资银行驻华代表机构，如从事咨询、联络和市场调查等非经营性的代表处、总代表处等，以便熟悉中国金融市场情况，为业务进入做准备。

（2）开设分支机构，组建外资独资银行或财务公司及中外合资银行或财务公司。例如，汇丰银行已在上海、深圳、苏州、天津、武汉、广州、北京、大连、厦门等地设有分行。

（3）参股中资银行，参与中资银行的并购重组。这样做比外资银行单独设立分支机构成本要低得多，而且能够获得许多本地市场和本地客户的大量信息。

（4）通过其他渠道影响中国银行业。如发挥其全能型银行的优势和利用中国证券业、保险业对外开放的有利时机，进入中国证券市场、保险市场，对中国银行业进行侧翼渗透。

（二）地域拓展策略

外资银行的地理分布主要取决于当地的开放程度、经济发达程度以及政策导向等因素。因此，外资银行大部分集中在东部和南部沿海一带的中心城市，如北京、上海、天津、深圳、广州、厦门和大连等地。

（三）客户拓展策略

大多数外资银行的服务对象主要集中在跨国公司在中国的企业、三资企业和优质民营企业。外资银行关注的是资金雄厚的高端客户群体。在客户选择上奉行"二八定律"，即争取 20% 的优质客户，去创造 80% 的收入。据了解，北京地区的外资银行，目前已经掌握了该地区几乎完整的富人资料，包括职业、存款金额和所在银行、现有的理财方式等。

（四）业务拓展策略

外资银行在业务开展上多采取从重点突破到全面开花策略，先做擅长的外币业务和中间业务，建立一定的网络和客户基础，然后再涉足人民币业务。从产品种类来看，它着重开发创新型和技术含量高的产品。一方面，把在其他国家已经开发成熟的产品引入中国并加以本土化；另一方面，设计全新的产品体系。外资银行在华业务的品种增加很快，现在已有 12 项基本业务，100 多个业务品种，其中包括合格境外机构投资者托管、网上银行、国债承销、企业现金管理、金融衍生产品、结构性产品、个人财富管理等。这些产品具有科技含量高、风险小、潜力大、收益多的特征。

（五）选择定位

外资银行根据不同的主客观条件，有选择地确定市场定位。例如，花旗银行和汇丰银行选择公司业务、零售业务和银行卡业务为全面开拓的领域；德意志银行和渣打银行则重点发展公司业务和资产管理；东亚银行突出发展零售业务；还有些银行为母行的全球客户在中国拓展业务服务，如代理业务、国际结算等。

（六）战略联盟

多数外资银行目前还无法经营人民币业务，即使外资银行享受了国民待遇也仍然离不开与中资银行的合作。花旗银行中国区行长施瑞德说，中资银行占据中国 98% 的市场份额，而外资银行仅占有 2% 的市场份额。虽说外资银行在竞争中赢得了一部分客户，但实际上仅仅是沧海一粟。所以，对外资银行来说，唯一的出路就是合作，例如技术转让、业务方式共享以及产品整合等方式的合作。所以，近些年外资银行主动在中资银行中寻找战略联盟伙伴，以弥补自己在网点、客户资源、人民币资金等方面的缺陷，为长期立足中国市场奠定基础。

外资银行在华的经营策略如上述，但这只是目前可以观察到的部分，未来必然更为复杂。在中国金融市场上，中外银行既是竞争对手又是合作伙伴，但不管是竞争还是合作，都需要做到知己知彼，以便使自己占据主动地位，立于不败之地。

三 打造中资银行的竞争优势

中资银行在本土本来就具有一定的先天优势，主要表现在网点布局、客户资源和人民币资金等方面。这些方面的优势，中资银行还将继续占有，但随着外资银行的长期进入，其意义在绝对方面和相对方面都将逐渐淡化。所以，我们必须集中力量打造新的竞争优势。

（一）遏制金融自由化

20世纪70年代中期，麦金农和肖提出了金融深化理论，引发了以利率自由化、金融业务和机构准入自由化、资本账户自由化为主要内容的金融自由化浪潮。金融自由化的核心是强调发挥市场在金融资源配置中的作用，而反对政府干预。其后果是容易导致金融危机，使社会经济出现混乱和陷入不安全状态。这是因为：

（1）利率自由化后会使受到压制的利率飙升，从而增加银行和企业资本运营的成本，甚至使效益差的企业出现困难以致破产，这又会增加银行的不良资产。利率不断提高，还会驱动银行的冒险行为，从而推动资产价格上涨，形成资产泡沫，一旦泡沫破灭，银行不良资产就会大量增加。

（2）银行业务自由化后，打破了银行的分业限制，商业银行会把大量资金投放到证券业和房地产业等高风险行业，致使资产泡沫不断出现，从而引发不良资产增多。

（3）机构准入自由化后，降低了本国银行的特许权价值，银行业的道德风险增加，又会使银行的不良资产增加。

（4）实行资本账户自由化，会导致大量国际私人资本流入，引发国内信贷膨胀，从而增加银行的不良资产。

必须说明，我们的金融体制改革和金融自由化尽管在具体操作层面上有许多相似之处，但它们之间是有原则区别的。我们的金融体制改革的出发点是提高金融运营效率和金融资产的质量，金融自由化则是反对政府干预；我们的金融体制改革以保证金融安全为前提，金融自由化则会导致银行不良资产增加、金融风险出现。所以，为了保证中国金融体制改革健康进行和国民经济的安全与稳定，必须遏制金融自由化风潮。

（二）培育核心竞争力

中资银行为了避免在竞争中被淘汰并保有持久的竞争力，就必须致力于培育自己的核心竞争力。1990 年，普拉哈拉德和哈默尔在《哈佛商业评论》发表了《公司的核心能力》一文，提出了企业核心竞争力概念，从此培育企业核心竞争力就成为企业发展战略中的一项基本任务。

中资银行在培育核心竞争力上，除了要加强企业管理的基本功外，应在以下几方面着手：

（1）在经营理念上要不断更新，使中资银行能体现银行的功能和责任；

（2）在银行组织架构和业务流程方面要能体现现代金融的时代特征；

（3）要提高金融技术，提升金融产品和服务的技术含量；

（4）寻求和把握政府宏观调控和银行充分自主经营的最佳结合点。

（三）在与外资银行合作中加强学习、提升自己

中资银行和外资银行在互利互惠条件下建立战略联盟是完全必

要的。目前这种战略联盟主要有三种方式：一是签署业务合作协议；二是建立合资银行，如厦门国际银行、上海巴黎国际银行、青岛国际银行等；三是引入战略投资者。

在与外资银行的战略联盟中，一定要坚持严格与谨慎的原则，要结合自身经营策略和业务特点，选择对自身核心竞争力的培育和提升有直接或间接帮助的外资银行作为合作目标。这样，中资银行就需要了解对方的业务优势，如花旗银行的现金管理业务、汇丰银行的托管业务、德意志银行的资产管理业务、恒生银行的零售银行业务、法国巴黎银行的项目融资业务、美洲银行的结算业务等。其他如私人理财、信用卡、住房按揭贷款、汽车消费贷款等业务，外资银行也具有优势，应在与其合作中注意引为己用。

特别要提出的是，在与外资银行的合作中，应力戒形成对外资银行的依赖。

（四）实现金融与技术的完美结合

金融技术是指那些被广泛应用于银行业，并使传统银行发展到电子银行的计算机技术、通信技术和信息技术的统称。20世纪90年代以来，随着电子商务的兴起，万维网（WEB）技术引入银行，银行开始通过开放性的互联网提供网上银行服务，电子银行进入了全新的发展时期，并从实体银行向虚拟银行过渡。此外，高科技还催生了电话银行、ATM、互联网络银行等新的银行服务方式，改变了过去单一的临柜交易方式，使银行业进入高科技时代。

近些年来，中国的银行在硬件等基础设施方面已有较大进步，初步形成了自己的科技开发组织体系和金融研发力量，具备了一定的产品研发能力。但由于对数据集中后开发应用能力较弱，以及信息处理和挖掘方面的能力不强，制约了银行为客户提供科技型产品能力的提高。所以，必须加大科技投入，发展金融科技。

只有金融科技水平提高了，才能加快产品的创新，才能开发出具有前瞻性的产品，并主动引导客户的消费，而不是全靠客户需求的驱动被动地开发产品。同时，金融科技水平提高了，银行才能根据客户的需求开发出具有个性化特征的新产品，从而使中资银行在市场竞争中立于不败之地。

（五）始终依靠客户的忠诚

客户就是市场，客户就是效益，银行拥有了大批忠诚的客户就拥有了竞争优势。银行搞好同客户的关系包括联络感情是必要的，但不是主要的，培养忠诚的客户，主要靠银行对客户个性化的、超前的、负责任的优质服务，靠银行给予客户（顾客）的剩余的多少、给予客户（顾客）价值的大小，要使客户感到自己得到了超值服务，要使客户持续高兴和满意。只有这样，才能不断扩大忠诚客户的队伍。

不能存在"中国的客户对中国的银行一定忠诚"的侥幸心理。客观的经济分析应该排除感情因素，客户对银行的选择是由利益关系来判断的。同在中国的金融市场上，客户是找中资银行还是找外资银行为其服务，如果没有其他因素的介入，就完全决定于哪个银行给予他的"顾客价值"大。所以，坚持提供优质服务，培养尽可能多的忠诚客户，是中资银行取得竞争优势的关键所在。

（六）把提升人的素质放在第一位

在金融市场的竞争中，人仍然是首要的决定因素，而在竞争第一线的人就是银行从业人员。因此，全面提升银行从业人员的素质，就成为打造中资银行竞争优势的关键性战略任务。

中资银行应该切实做好引进人才、培养人才、用好人才和稳定人才的工作。在银行里要建立完善的培训机制、竞争机制和激励机制，还要塑造良好的企业文化，以增强银行内部的凝聚力、归属感和拼搏向上的企业精神。

高素质的人才和优秀的企业文化是作为企业的银行素质的基本内涵。银行里有了大批能干的人和良好的文化氛围，就成为银行在市场上占据竞争优势的重要保证。

总体来说，在市场经济条件下，要竞争，就要力争在竞争中获胜。这是永恒的竞争理念。中资银行要打造竞争优势，必须遏制金融自由化，培育企业核心竞争力，在向竞争对手学习中不断提升自己，实现金融与技术的完美结合，不断扩大忠诚客户的队伍和全面优化银行从业人员的素质，以及塑造优秀的企业文化。只有这样，才能使自己在全方位的对外开放中，在激烈的金融市场竞争中，持续地立于不败之地！

（原载何秉孟主编《金融改革与经济安全》，社会科学文献出版社2007年版）

国际金融危机的冲击和我们的战略对策[*]

如何正确认识当前的经济形势和任务，温家宝同志在今年人代会所作的《政府工作报告》中有一段话很重要："今年是实施'十一五'规划的关键之年，也是进入新世纪以来最为困难的一年，改革发展稳定的任务十分繁重。综观国际国内形势，我国仍处于重要战略机遇期，困难与希望同在。我国经济社会发展的基本面和长期向好的趋势没有变。我们完全有信心、有条件、有能力克服困难，战胜挑战。我们的信心和力量，来自中央对形势的科学判断和准确把握；来自已经制定并实施的应对挑战、着眼长远的一系列政策举措；来自工业化、城镇化快速推进中的基础设施建设、产业结构和消费结构升级、环境保护、生态建设和社会事业发展等方面的巨大需求；来自充裕的资金、丰富的劳动力资源等要素支撑；来自运行稳健的金融体系、活力增强的各类企业和富有弹性的宏观调控政策；来自改革开放 30 年建立的物质、科技基础和体制条件；来自集中力量办大事的政治和制度优势、和谐安定的社会环境以及全国上下促进科学发展的积极性、创造性；来自中华民族坚忍不拔、发愤图强的伟大精神力量。只要我们紧紧依靠党的领导和全国各族人民，就没有克服不了的困难，就一定能够把国际金融危机的不利影响降低到最低程度，就一定能够推动经济社会又好又快发展。"

---

* 本文系 2009 年 7 月 18 日在"2009 年中国公益事业发展论坛"的演讲词。

一 这次国际金融危机的特征

(一) 来势迅猛

2007 年 7 月，美国开始发生次贷危机，这年 12 月，美国经济开始下滑，并迅速升级为金融危机。2008 年 9 月 15 日，有着 158 年经营历史的美国第四大投资银行雷曼兄弟投资银行倒闭了，这是美国历史上规模最大的一次企业倒闭。美国雷曼兄弟投资银行宣布倒闭是这次国际金融危机爆发的标志。它的倒闭预示着美国金融业大难当头。同日，美国第三大投资银行美林银行被美国银行收购。9 月 16 日，美国政府为保险业巨头美国国际集团（AIG）提供 850 亿美元贷款以防倒闭。六天后，9 月 21 日，美联储批准美国第一大投资银行高盛和第二大投资银行摩根士坦利转为银行控股公司，加上半年前 2008 年 3 月被摩根大通收购的美国第五大投资银行贝尔斯登投资银行，美国前五大投资银行一家破产、两家被收购、两家转型，全部被次贷危机冲垮了。接着，9 月 24 日，美国最大的储蓄机构华盛顿互惠银行被联邦存款保险公司查封、接管。11 月 3 日，美国富国银行宣布收购美联银行。这样，从雷曼兄弟银行倒闭起短短 50 天之内，美国金融业迅速陷入大危机的深渊，并轰动了全球。2008 年 12 月 5 日，小布什不得不承认："我们的经济正处于衰退之中。这在很大程度上是因为住房、信贷和金融市场存在着严重的问题。"

(二) 波及面广

由于国际金融市场的一体化和金融机构的国际化，华尔街金融风暴迅速向世界各地传递。两个月之中，已经从美国扩展到主要发达国家，又从发达国家扩展到发展中国家，并从金融领域扩展到实体经济领域，世界经济出现了严重混乱。英国、法国、德国、意大利、瑞士、日本、澳大利亚等国股市下跌，原油、钢铁、铁矿石、有色金属等价格也大幅下降，银行呆坏账明显增加。英国有的银行被政府收购为国有。日本股市徘徊在 26 年来的最低点。

（三）　金融危机与经济危机连发

金融危机迅速扩展到产业经济、虚拟经济，又立刻传导到实体经济，形成金融危机与经济危机连发之势，这是这场金融危机的又一特点。

在金融危机的传导下，预计英国 2009 年 GDP 同比将下降 3.3%，创 1949 年以来的最大降幅。日本正在经历第二次世界大战以来最严重的经济危机。德国也正面临着 20 世纪 40 年代以来最严重的经济下滑。法国经济预计 2009 年将下降 1.5%—2% 或更多。意大利、西班牙、荷兰、比利时、奥地利经济迅速下降。金融风暴也冲击到了东欧国家：俄罗斯、乌克兰、匈牙利等；北欧国家芬兰、瑞典、丹麦等国也开始步入衰退。其他已经陷入衰退状态的还有北美、欧洲和亚洲的一些国家和地区，如加拿大、爱尔兰、新西兰、克罗地亚、爱沙尼亚以及新加坡等国。

（四）　金融危机与经济周期相叠加

经济周期有多种，主要的有康得拉季耶夫周期（50—60 年，以技术创新周期为背景）、库兹涅茨周期（20 年左右，以房地产业周期为背景）、朱格拉周期（9—10 年，以固定资产投资周期为背景）、基钦周期（4 年左右，以清仓周期为背景）。这次金融危机正好同房地产业周期和清仓周期相叠加，因而就更难摆脱。

（五）　救助有力、乏效

美国和世界各国为了应对国际金融危机，防止经济进一步衰退，凭借政府的权力，先后以较大的力度，推出经济救助计划，多方采取刺激经济措施。2008 年 10 月 3 日，美国总统小布什签署了投入 7000 亿美元的救市法案，但就在此后的 10 月 5 日到 11 日的一周之内股票价格暴跌了 20% 以上，是 20 多年来最大的跌幅。2009 年 2 月 17 日，新任美国总统奥巴马又签署了总额达 7870 亿美元的经济刺激计划。英国政府 2008 年 10 月推出第一轮金融救助计划；在未见成效的情况下，2009 年 1 月英国政府又宣布了第二轮金融救助计划，除了对各大金融机构的问题资产提供担保外，并准备将一些大银行收归国有。德国政府 2008 年 10 月宣布,划拨 4800 亿欧元资金,用于应对金融危机,但收效甚微;2009 年 1 月又推出第二个经济刺激计划,政府将在两年内投入 500 亿欧元资金,主要用于公共基础设施建设。法国总统萨科齐 2008 年 10 月公布了总额达 3600 亿欧元的救市方案,还宣布了一项总额为 260 亿欧元的经济刺激计划,但法国经济 2009 年仍将继续下滑。日本政府 2009 年 2 月 15 日出台大规模新经济刺激计划,总额达到 1 万亿美元。印度政府 2008 年 12 月宣布约 600 亿美元的振兴经济方案,还未见到实效。

国际合作应对危机,是在当今经济全球化格局下的一种新的运作模式。为了应对国际金融危机,除了各个国家各自采取救市和经济刺激措施外,还积极设法"抱团过冬",合作应对危机。国际金融危机爆发后,七国财长和欧元集团主席专门开会,于 2008 年 10 月 10 日发布了一项内容广泛的 5 点行动计划。欧洲领导人于 2008 年 10 月 12 日在巴黎集会,拟制了集体行动计划以挽救处境不佳的银行。但是,这一切都没有能阻止股市继续下滑。2008 年 11 月 15 日,经济总量占全球 80% 的、包括发达国家和新兴国家在内的 20 国集团的领导人在华盛顿举行了"金融市场和世界经济峰会",就加强国际社会协作、共同应对金融危机和支持经济增长达成共识,并呼吁改革世界金融体系,防止类似危机再次发生。这次峰会对与会国取得合作意向具有积极意义,而对挽救金融市场并未见效。2009 年 4 月 2—3 日,20 国集团领导人峰会又在英国伦敦举行,进一步商讨了应对金融危机的举措。

G20 伦敦峰会的成果:

第一,与会各方确认了财政刺激总体规模。到 2010 年年底积极财政支出达到 5 万亿美元。

第二,承认了强化金融监管的目标和当务之急。《首脑声明》第 15 条呼吁制定全球统一的"财务准则",加强对信用评级机构的监管。这有助于削弱美国在国际金融市场的统治地位,有利于改进国际金融体系的公正性。

第三，提出要保证对所有国家"公正"而可持续的复苏。

第四，确认年内再开峰会，以求落实。

第五，承诺加大发展中国家在国际金融体系中的发言权。

第六，承诺国际货币基金组织大规模增资。

第七，重申抵制贸易保护主义。未来两年内提供至少 2500 亿美元贸易融资。

G20 伦敦峰会不足之处：

第一，对改进国际金融体系缺乏具体的量化的目标。

第二，在各国承诺的措施中，掺有私利动机。如对避税天堂采取措施是好的，但不少发达国家此举是为了争夺外逃的税源。

第三，有益的声明不能避免恶意的操作。如第一次 G20 华盛顿峰会曾要求避免贸易保护主义。但世界银行 3 月 17 日公布监测结果显示，2008 年 11 月峰会以来，已有 17 个国家提出或实施了 78 项贸易措施，其中有 66 项涉及贸易限制，47 项贸易限制措施已经生效。

上述一系列解救危机措施的采取尽管比较及时、也比较有力，然而仍未取得明显效果。到 2009 年 2 月中旬，美国又有 13 家银行倒闭。美国联邦储备保险公司预计，大约有 100 家美国银行将在 2009 年破产。世界银行预计，2009 年世界经济将出现第二次世界大战以来的首次负增长。今年全球贸易将降至 80 年来最低点。有 129 个国家将面临 2700 亿—7000 亿美元的资金缺口。这次国际金融危机何时才能画上句号，尚待继续观察。俄罗斯《红星报》3 月 11 日发表署名文章："金融海啸第二浪险象环生"。

二　这次国际金融危机的后果

这次国际金融危机不仅来势迅猛、波及面广、救治困难，而且已经产生了严重经济社会后果，主要表现在：股市持续下跌；房市长期不振；物价普遍下跌；经济明显衰退；工人大量失业，广大劳动者生活陷入困境。亚洲开发银行 2009 年 3 月 9 日报告称："全球金融资产的缩水可能已超过 50 万亿美元，相当于全球一年的经济产出"。亚洲开发银行还公布："不包括日本，去年亚洲金融资产价值损失了 9.6 万亿美元，略高于亚洲一年的国内生产总值。"2008 年，美国家庭财富缩水 11.2 万亿美元。自 2007 年下半年至 2008 年年底，美国家庭财富净值已下滑约 20%。

国际金融危机的冲击，受害最大的是广大劳动者。2008 年 11 月 21 日在圣保罗召开的世界第十届共产党和工人党国际大会通过的《圣保罗宣言》中称："这次大规模的经济危机，工人和人民群众成为了危机的受害者，当上亿的公共资源被用于拯救那些危机的始作俑者——垄断资本、高级金融业和投机商时，工人、小农、中产者和所有勉强维持生计的人们正处在垄断阶层重压之下难以喘息，遭受饥饿和贫穷。"据美国房地产跟踪公司统计，目前，美国被银行收回的房产达到创纪录的 82 万套，远远多于 2006 年年底的 22.4 万套。显然，这 82 万套房子住户是因还不起贷款而被赶出来的。2009 年，美国的失业率将达到 10%。近日，美国著名国际关系学者、地缘战略家布热津斯基指出，金融危机有可能在美国引发社会动乱。他说，由于金融危机，美国近期新增"数百万失业者"，许多普通美国人因此将"遭遇严重的物质需求问题"，从而引发社会动荡。他说，1907 年美国银行危机时曾发生不同社会阶层的街头冲突，"目前不能排除再次发生这种情况的可能"。

三 这次国际金融危机的根源

即将离任的美国财长保尔森 2009 年 1 月 2 日在接受英国媒体采访时称："中国等发展迅速而储蓄又太多的国家与大量消费国家之间的不平衡是问题的根源。"是中国和新兴经济体的大量储蓄造成的国际经济失衡，为国际信贷泡沫的形成埋下祸根。另外，最新一期美国《外交》杂志刊登了关于美联储主席伯南克在 2005 年提出的"过度储蓄论"的文章，英国《金融时报》首席经济评论员沃尔夫也提出"储蓄过剩"理论。

对此，许多经济学家认为，这次国际金融危机的真正根源是美国主导的不合理的国际分工结构和贸易结构、美国自身的经济结构问题以及美国货币当局的错误政策，与中国的储蓄现象没有关系。作为金融危机的发源地的美国和发达国家如此指责新兴经济体显然有失公允，包括中国在内的全球新兴经济体不应当成为金融危机的"替罪羊"。

温家宝总理 2009 年 1 月 28 日在世界经济论坛特别致辞中说：这场危机的原因是多方面的，主要是：有关经济体宏观经济政策不当、长期低储蓄高消费的发展模式难以为继；金融机构片面追逐利润而过于扩张；金融及评价机构缺乏自律，导致风险信息和资产定价失真；金融监管能力与金融创新不匹配，金融衍生品风险不断积聚和扩散。温总理的讲话是给西方的经济制度缺陷留了面子。真正的根源在何处？根源在于资本主义私有制条件下，追求利润和资本最大化而导致的无政府状态；对此又采取新自由主义的政策，即实行私有化、反对国家干预经济、反对金融监管、搞金融自由化等。这就使资本主义经济具有盲目扩大的无限性，而广大人民群众有支付能力的需求的有限性，这二者之间的矛盾发展到一定程度就会造成大量生产过剩，社会再生产严重受阻，最终导致经济衰退、企业倒闭、工人失业。这就是经济危机。依据马克思主义经济学原理，在西方市场经济体制框架内，是难以消除这场广泛而深刻的金融和经济危机的。国际货币基金组织首席经济学家奥利维尔·布兰查德预测，股票市值还将下跌 20%。看来问题的解决必须从西方市场经济体制外找答案。英国已经制订了一项银行部分国有化计划。其他西方国家也打算在私营银行中掺入国家股。这些措施使我们似乎看到了一些社会主义色彩。

国际金融危机的到来并非偶然，它是美国和西方国家市场经济发展的必然结果。以资本主义私有制为基础的西方市场经济制度，以疯狂地追求利润最大化和资本最大化为内在动力和不可动摇的目标，而美国和西方国家盛行的虚拟经济正是实现这一目标最适宜的载体和平台；虚拟经济恰恰是最容易造成信用危机的一种经济形式；信用缺失则是直接走向金融危机的阶梯。可见，西方市场经济发展有一条固有的无法改变的路线图：利润和资本最大化→虚拟经济→信用缺失→金融危机→经济衰退→社会危机。这次国际金融危机再次证明了西方市场经济的局限性。到此，我们还要进一步研究：美国和西方国家的基本经济矛盾为什么不在前、不在后而在2008年前后尖锐化并爆发？

马克思主义认为，社会发展归根到底决定于生产力，而科学技术又是第一生产力，所以回答上述问题要从生产力发展上找原因。美国自20世纪80年代推出信息技术和信息产业，使美国经济连续20年递增4%以后，再也没有新技术推动了，但在资本主义私有制条件下，要追求利润最大化和资本最大化，该怎么办？增加投资无所，增加出口无货，只有扩大消费。消费什么？选择住房，群众手中因超前消费又无钱购买，故只好选择次贷以扩大住宅销售，以致出现今天的危机。

四 我们有信心应对危机的挑战

在国际金融危机的冲击下，我国出口减少、部分外向型中小企业关闭，大批农民工返乡，股市低迷，房价不振，经济增速有所减缓。面对这种严重挑战，人们对我国经济的发展有所忧虑、有所担心是很自然的，但多数人则认为，我们不仅应该有信心而且也有条件应对挑战、保持经济平稳较快发展。这一看法是理性的、可取的。温家宝说："信心比黄金和货币还重要。"当然，我们的信心是有根据的，除了我们国家具有总览全局、运筹帷幄的战略决策和宏观调控能力之外，我们还拥有以下若干优势：

（一）中国社会主义市场经济体制优于西方的体制

中国的社会主义市场经济体制，在发挥市场对资源配置的积极作用，使经济活动遵循价值规律要求，适应供求关系变化，通过价格杠杆和竞争机制的功能，实现优胜劣汰的效果等方面，同西方市场经济制度基本上是共同的，但在基本层面上又有原则区别。中国社会主义市场经济体制的特征主要表现在以下几方面：

（1）中国的社会主义市场经济体制是同社会主义基本经济制度结合在一起的。也就是说，它是建立在以公有制为主体、多种所有制经济共同发展的基础上的。截至2005年，中国国有及国有控股工业企业户数虽只占全国工业企业的11%，而实现的利润和上缴税金却分别占到44.9%和56.7%。中央企业2005年上缴的税金占全国税收近1/5。

国有经济不仅在数量上占有一定的份额，更重要的是国有经济占据了关系国计民生的各个要害部门，如铁路、采矿、银行、航空、高科技产业的关键领域等。可见，国有经济控制着中国的国民经济命脉。

国有经济如果再加上集体经济，整个公有制经济在中国国民经济中占有主体地位。

（2）中国的社会主义市场经济体制是以国家宏观调控为前提、实行宏观调控与市场配置相结合的一种经济形式。党的十四大提出："我们要建立的社会主义市场经济体制，就是要使市场在社会主义国家宏观调控下对资源配置起基础性作用"的一种经济体制。这种体制可以说是"强强联合、优势互补"，把政府的优势和市场的优势在促进经济协调快速增长的统一目标下结合起来了。它可以弥补市场失效的缺陷，亦可以弥补政府行为效率低的缺陷。例如，在这次应对国际金融危机的冲击中，为弥补市场调节的不足，中央政府于2008年11月5日果断出台扩大内需、促进增长的十项措施，到2010年年底以前投资4万亿元，其中中央政府投资11800亿元。2009年年初，中央政府又推出并要求"认真实施汽车、钢铁、造船、石化、轻工、纺织、有色金属、装备制造、电子信息、现代物流等重点产业调整和振兴规划"。上述十大产业调整和振兴规划的实施，将有效缓解国际金融危机的冲击，并能有效解决本国工业自身存在的产能过剩、产业集中度低、缺乏核心技术和关键技术、市场竞争力弱等单纯依靠市场所无法解决的深层次矛盾。

2009年4月7日，根据《中共中央　国务院关于深化医药卫生体制改革的意见》，国家发布了《医药卫生体制改革近期重点实施方案（2009—2011年）》，重点抓好五项改革，并投入8500亿元，其中中央政府投入3318亿元。这对于抗风暴、保增长、保民生、保稳定将发挥重大作用。这五项改革是：①加快推进基本医疗保障制度建设；②初步建立国家基本药物制度；③健全基层医疗卫生服务体系；④促进基本公共卫生服务逐步均等化；⑤推进公立医院改革试点。

上述事实证明，社会主义市场经济体制具有能使"看不见的手"和"看得见的手"相结合、有效调控经济运行与发展的优越性。

（3）中国社会主义市场经济体制以有效解决人民日益增长的物质文化需要同落后的社会生产之间矛盾这一社会主要矛盾为任务。在新自由主义影响下，西方国家市场经济的发展是自由的、自发的、没有明确目标的，必然具有较大的盲目性。中国市场经济的发展则不然，它是要通过解决经济社会发展中的主要矛盾来促进经济社会发展的。中国社会主义初级阶段的社会主要矛盾是"人民日益增长的物质文化需要同落后的社会生产之间的矛盾"。发展市场经济就是解决这一矛盾的基本手段。这一矛盾解决的结果则是全面小康社会的建成、中国现代化的实现和社会主义初级历史任务的完成。

社会主义市场经济体制的上述特点决定了它具有巨大的优越性：

第一，社会主义市场经济是一种注重公平的市场经济。

在以公有制为主体、按劳分配为主要分配形式的条件下，社会注重效率，但更加注重公平，如果出现严重的两极分化，政府将自觉地去调整。例如，在2009年中国的国民经济和社会发展计划中，就突出"加大改善民生力度，着力解决涉及群众利益的热点难点问题。实施更加积极的就业政策"。并特别安排了430亿元人民币的财政资金用以补助住房困难户。

第二，社会主义市场经济体制有利于发挥政府的主导作用。

与奉行新自由主义的西方国家不同，社会主义国家的政府具有组织经济社会发展的职能。在市场经济条件下，虽然在资源配置中市场发挥基础性作用，但政府除了直接控制国民经济命脉之外，在制定发展规划、产业政策、分配政策、区域政策、财政政策、货币政策、外经贸政策等方面仍然拥有不可替代的主导作用。特别是中国政府拥有财力支配和调度的实权，对于调控国民经济运行和发展大局具有决定性的作用。

第三，社会主义市场经济的运行和发展是有计划调控的。

在新自由主义者看来，在市场经济条件下，国民经济的有计划运行和发展是不可想象的，而且是有害的。"计划"一词在他们看来，几乎是个贬义词。这当然是不正确的。在马克思主义看来，国民经济的有计划发展是社会化大生产的内在要求，它不仅是必要的，而且也是可以实现的。国民经济的有计划发展，是社会进步和文明的一种表现，只是现在限于社会经济的发展水平、科学技术的发达程度和人们的运作能力，还达不到实现经济计划化的要求，然而由于社会主义市场经济具有上述特点和优点，因而中国社会主义市场经济可以在发展目标、增长速度、经济规模、战略重点、地区平衡、民生改善等重要方面实施有计划调控，中国经济发展的实践也证实了它的可行性和优越性。

综上所述可以确认：社会主义市场经济体制是以公有制为主体、多种所有制经济共同发展为基础的、实行国家宏观调控和市场配置资源相结合的、以解决不断增长的社会需求和落后的生产力的矛盾为目标的一种新型经济体制。这种体制具有公平性、可控性和政府主导性等优越性。这种特点和优点集中到一点就表现为社会主义市场经济是一种无内在危机的经济。它既具有抗风险的内在能力，又具有持续平稳较快增长的内在动力。中国经济能够在当今世界金融风暴袭击下平稳较快增长就是最好的证明。虽然当前中国经济增长也出现下滑、也有工人下岗等，但这是国外经济危机传导的结果，而不是中国经济内在矛盾的产物。

我们注意到：中国刚刚建立起来的社会主义市场经济体制还不够完善，表现为对市场机制的运用还不够充分和娴熟，更表现在对社会主义制度的优越性挖掘和发挥得还不够充分。但我们相信，社会主义市场经济体制经过进一步优化，特别是经过这次抵御国际金融危机的实践，将成长得更成熟、更先进，其抵御风险的能力会更强劲。

（二）我国有巨大的国内市场需求潜力

市场经济的发展必须有市场需求，西方市场经济国家经济增长低下同其市场需求疲软直接相关。从消费需求来说，我国有 13 亿人口，为世界第一人口大国，每人只要有一点新需求，汇集起来就是一个很大的数量，就会拉动经济增长。例如，如果每人选购一条毛巾，每条毛巾如果值 10 元，就可增加 130 亿元的产值。这是一笔多么可观的数字！目前，我国城、乡旅游消费占生活消费性支出的比例分别为 6.6% 和 5.4%，而全球平均水平均在 10% 以上，可见我国旅游消费增长潜力之大。[1] 近来，海南为了应对国际金融危机袭击，推行"海南人游海南"活动，使旅游人数大增，一季度达到 613 万人次，同比增长近 7 成。其中国内游客超过 597 万人，同比上升超过一成。[2]

从生产需求来说，我国正处于工业化中期阶段和城镇化大力推进阶段，对各种原材料、燃料、设备和技术的需求十分旺盛而且数量巨大。例如，2007 年，我国每万人拥有铁路和公路线路的长度远远低于美国和日本。如果我们要达到日本和美国的铁路与公路的密度，将需要增加大量钢材、木材、水泥和能源等；相应的还有为生产这些物质产品而新增劳动者所需要的大量生活资料；如果将这些需求转化为投资项目，就将为市场提供巨大的发展空间，还将增加

---

[1] 《经济日报》2009 年 2 月 5 日。
[2] 《经济日报》2009 年 4 月 22 日。

大量的劳动就业岗位。所以，在相当长的时间内，我国只会有相对的生产过剩，或者说结构性的生产过剩，而不会出现绝对的生产过剩。这对经济快速增长是十分有利的条件。

（三）我们有比较雄厚的资金

我国广大消费者受传统文化的影响，节俭备用，总是把收入中的一部分用于当前消费，剩下的一部分或大部分储蓄起来以备将来之需；而西方国家特别是美国的广大消费者，不仅要把当前的收入全部用于当前的消费，而且还将未来的收入用于当前的消费，即用贷款来消费。这样，在西方国家广大消费者手中有的是大量债务，而在我国广大消费者手中有的则是大量储蓄。目前，我国居民储蓄已高达 20 万亿元人民币。这笔巨额资金不论用于发展生产或用于满足生活需求，都是十分可观的。

由于中国金融体系在国际金融危机冲击下保持了稳定运行，加以国家财力雄厚，所以中国拥有令人羡慕的充裕资金。到 2008 年年末，中国广义货币供应量（M2）余额为 47.5 万亿元人民币，比上年年末增长 17.8%；狭义货币供应量（M1）16.6 万亿元人民币，增长 9.1%；流通中现金（M0）余额为 3.4 万亿元人民币，增长 12.7%。全部金融机构本外币存款余额 47.8 万亿元人民币，比上年增长 19.3%；全部金融机构本外币贷款余额 32.0 万亿元人民币，比上年增长 17.9%。金融机构的存大于贷达到近 16 万亿元人民币，相当于年 GDP 的一半以上，并且有将近 2 万亿美元的外汇储备，是全部外债余额的 3 倍，这就可以保证我们有充足的偿债能力和投资能力。2009 年第一季度末，我国城乡居民金融机构储蓄存款余额 24.3 万亿元人民币。[①]

（四）从当前经济发展状况看我国经济运行态势良好

受国际金融危机的冲击，我国沿海地区有些外向型中小企业倒闭了，部分工人暂时下岗了，经济增长幅度减缓了，似乎大难已经

---

① 《经济日报》2009 年 4 月 22 日。

临头，不知何时可以脱险。这种心理状况，对于长期生活在经济比较平稳发展的社会主义制度下的人们来说，由于缺乏风险意识，是可以理解的。但若理性分析，我们认为，应对社会主义市场经济体制充满信心，我们拥有抵御金融风险和经济衰退的必要条件，大可不必惊慌，如能看到我国经济发展的现状便可心中有数。

国家统计局的数字表明，2008 年我国 GDP 增长 9%。在世界各国中是最高的。其中第一季度同比增长 10.6%；第二季度增长 10.1%；第三季度增长 9%；第四季度增长 6.8%。分产业看：第一产业增加值 34000 亿元，增长 5.5%；第二产业增加值 146183 亿元，增长 9.3%；第三产业增加值 120487 亿元，增长 9.5%。

世界银行公布的数字是：2008 年世界经济增速为 3.4%。其中发达经济体增长 1.0%，新兴和发展中经济体增长 6.3%。在发达经济体中，美国增长 1.1%，欧元区增长 1.0%，日本下降 0.3%。在新兴和发展中经济体中，俄罗斯增长 6.2%，印度增长 7.3%，巴西增长 5.8%。在不景气的世界经济氛围中，中国经济发展仍可谓一枝独秀。初步测算，2008 年中国经济对世界经济增长的贡献率超过20%。

国家统计局局长马建堂在 2009 年 1 月 22 日的新闻发布会上说，国民经济总体呈现增长较快、价格回落、结构优化、民生改善的发展态势。2008 年农业生产继续稳定发展，粮食实现连续五年增产（总产量达到 5.28 亿吨）；工业生产增长放缓；企业利润增速回落；投资保持较快增长，投资结构有所改善；国内市场销售增长较快，城乡消费旺盛；价格涨幅前高后低，下半年逐步回稳；进出口全年保持平稳较快增长，第四季度增速回落较多；城镇新增就业总体稳定，城乡居民收入继续增加（城镇新增就业 1113 万人）；广义货币供应量增幅加快，贷款增加较多。马建堂还说："虽然受到国际金融危机的冲击，中国经济保持平稳较快发展的总体格局没有变，而且2008 年 12 月份的一些经济数据已经出现积极的变化。"

中央提出的促进经济平稳较快发展一揽子计划全面实施后，我国经济出现了积极变化。

2008 年 1—2 月新开工项目 18533 个，同比增加 4056 个；新开工项目计划总投资 7437 亿元，同比增长 87.5%。

规模以上工业增速逐月回升。前两个月同比增长 3.8%，3 月同比增长 8.3%。

按平均工作日的可比口径计算环比指标，3 月进出口总值环比大幅增长 23.8%。

第一季度人民币贷款额增加 4.58 万亿元，同比多增 3.25 万亿元，对实体经济的支撑作用显著增强。

3 月用电环比：上海增长 13.8%，江苏增长 20%，广东增长 26%，浙江增长 30%。

3 月以来，铁路货运日装车达 134000 车，接近货运高峰时期水平；港口货物吞吐量止跌反弹。[①]

2009 年第一季度经济形势好于预期：（1）国内生产总值 65745 亿元，同比增长 6.1%；（2）居民消费价格（CPI）下降 0.6%；（3）社会消费品零售总额增长 15%；（4）工业品出厂价格下降 4.6%；（5）全社会固定资产投资增长 28.8%；（6）城镇居民人均可支配收入增长 11.2%（实际增长）；（7）农村居民人均现金收入增长 8.6%（实际增长）；（8）对外贸易进出口总额下降 24.9%；（9）3 月末国家外汇储备 19537 亿美元（比上年末增长 77 亿美元）；（10）规模以上工业增加值增长 5.1%；（11）1—2 月规模以上工业利润下降 37.3%；（12）预计全年粮食播种面积 10814 万公顷；（13）1—2 月城镇新增就业人员 162 万人。[②]

目前，消费已成为经济增长重要拉动力：2009 年第一季度消费对经济的拉动为 4.3 个百分点。一系列搞活流通、扩大消费的政策措施效应正逐步显现。如彩电下乡进入 2 月以后，日均销售总量 30844 台，日均销售额 4507 万元，2009 年家电下乡财政补贴预计能

---

① 《经济日报》2009 年 4 月 13 日。

② 《经济日报》2009 年 4 月 17 日。

拉动经济1500亿元的农村消费。投资拉动2个百分点；外需则表现为负0.2个百分点。① 第一季度，社会消费品零售额29398亿元，同比增长15%，其中3月增长14.7%，扣除物价因素实际增长15.9%，同比加快3.6个百分点。分行业看，批发零售业零售额24627亿元，同比增长14.6%；住宿和餐饮业零售额4383亿元，增长18.9%。其他行业零售额388亿元，增长2.8%。②

五 我们的对策

（一）宏观经济对策

1. 坚持以实体经济为主，严格控制虚拟经济膨胀。

2. 坚持以内需为主，把坚持对外开放与扩大内需结合起来，积极转变经济发展方式。

3. 加强国家宏观调控，实行积极的财政政策和适度放宽的货币政策，反对新自由主义的干扰。

4. 加强对银行的监管，保证金融业的健康发展。

5. 永远把保证民生放在第一位，坚持保就业、扩内需、保增长、促稳定、统筹安排。

（二）企业发展对策

在国际金融危机的袭击下，在国内外宏观经济形势都甚严峻的形势下，企业如何应对，如何调整战略，转危为机，我提出以下若干建议，供企业界朋友参考。总的对策是：沉着应变、坚定信心、转"危"为"机"、再创辉煌。具体而言，针对不同条件和不同处境的企业，这里提出以下建议：

1. 采取积极的收缩战略

（1）坚守阵地、收缩战线、精耕细作、等待时机。避免进入自己不熟悉的阵地、去打无把握之仗。

① 《经济日报》2009年4月22日。

② 《经济日报》2002年4月22日。

（2）不离主业、延伸开发、步步为营、谨慎从事，实行以旧业为核心的多元化经营战略。

（3）离地不离业、寻求利润新空间。"守业而移地"的风险小于"守土而转业"的风险。所以，为了保持利润率采取"离地不离业"的策略是可行的。

2. 实行谨慎的扩张战略

（1）走出国门、到更滞后的发展中国家去。由于当地土地、人力、原材料价格低廉，便于实施低成本战略。

（2）走出国门，到成为重灾区的发达国家去，不是收购银行而是收购资源性企业，以缓解我国"资源约束"的困境。

（3）谨慎地进入低门槛的行业，开拓新疆域，如大胆进入文化产业。虽然是进入了新的业务领域，即使失败，也不致损失惨重，因为投入不多。

（4）少量的、有条件的外向型企业可以考虑转营内需业务，但大部分外向型企业不应转业，因为外需还会恢复。

（5）有条件的外向型企业，打攻坚仗，向纵深发展，闯出新局面。

（6）乘机招聘海外人才。

3. 增强企业软实力，创造竞争优势

企业软实力概念为西方学者所首倡。企业软实力的组成部分大致如下：

（1）决策力——提高企业领导者和领导集体的决策能力（战略思维与战略决策能力）。

（2）群体力——在提高全体员工的综合素质（思想、道德、专业技能、组织能力、文化素养等）的基础上推进高水平的科学管理和民主管理，实现群策群力。

（3）文化力和凝聚力——加强企业文化建设，增强企业软实力。

（4）形象力——加强企业形象建设，讲诚信也是一种行为形象。

（5）品牌力——努力打造品牌。品牌的积累效应很明显，所以，打造品牌宜早不宜晚。

（6）影响力和辐射力——企业影响力要由知名度、美誉度、吸引力等来支撑。

4. 优化和强化企业核心竞争力，使企业在竞争中能够立于不败之地。

5. 与相关企业，结成战略伙伴，优势互补，增强实力，以获取1加1大于2的效果。

6. 不论是采取收缩型、稳定型还是进攻型战略，都要运用低成本、差异化、集中一点和快速反应以及文化制胜五种基本竞争战略。

7. 依法经营，绝不能以身试法、以企业命运试法；要干干净净做人；从保证企业和企业家的安全着想，这一条至为重要。

我相信，我国企业经过世界金融危机的磨炼，将变得更坚强、更富有竞争力，将能更好地做大做强做优，为振兴中华做出应有贡献！

（原载《李成勋学案》三编，中国新闻联合出版社2014年版）

要特别关注形成财富的两个原始要素

——读《资本论》笔记

人和地球上其他动物的根本区别在于只有人能够创造财富。因此，他不仅能够和其他动物一样得到自身的自然进化，而且能够创造物质文明、精神文明和生态文明，实现社会进化。人创造财富需要具备一定的必不可少的条件，而且这些条件也在进化，越来越丰富多彩，科技含量越来越大。经济学上把这些条件称作生产要素，主要包括三项，即人或劳动力、劳动资料、劳动对象①；经济发展战略学把这些条件称作发展要素，包括人力、土地、自然资源、技术、信息、市场、资金、文化和组织九项②。如果进一步细分还可以列出更多的相关要素。在《资本论》中，马克思系统分析了资本主义生产的劳动过程和价值增值过程，深刻地指出：形成财富的原始要素只有两个，即劳动力和土地。正确理解这一论断具有重要的理论意义和实践意义。

一 提高对形成财富原始要素的认识

（一）劳动力和土地这两个原始要素代表了人和自然的关系

马克思指出："资本一旦合并了形成财富的两个原始要素——劳动力和土地，它便获得了一种扩张的能力，这种能力使资本能把它

---

① 刘树成主编：《现代经济辞典》，凤凰出版社、江苏人民出版社2004年版，第911页。

② 李成勋：《经济发展战略学》，知识产权出版社2009年版，第63—71页。

的积累的要素扩展到超出似乎是由它本身的大小所确定的范围，即超出由体现资本存在的、已经生产的生产资料的价值和数量所确定的范围。"① 这就是说，表现为各种劳动工具和各种原材料的资本，在形成财富的原始要素土地上，经过形成财富的另一个原始要素劳动力的加工制造，便能使资本在生产一定的物质性的使用价值的同时，形成价值和剩余价值，从而完成价值的增值过程。

对形成财富的两个原始要素劳动力和土地，马克思有时称作人和自然。他说："正像生产的第一天一样，形成产品的原始要素，从而也就是形成资本物质成分的要素，即人和自然，是同时起作用的。"② 在这里，马克思把原始要素劳动力和土地称为"人"和"自然"是对它们更抽象、更具有概括性的表述。因为谁都知道，劳动力是附着在"人"的身体上的，所以，二者是不可分的，是可以等同称谓的。同时，土地是自然界中固有的，也是生产过程中不可缺少的自然因素，所以把土地称为"自然"也是可以认同的。

由上述可见，马克思是把形成财富的原始要素这个概念，放到了人和自然的关系即人和自然的结合上来审视和提出的。这启发我们去思考人和自然如何和谐相处以及人如何才能永续利用自然物质。

（二）马克思对原始要素之一劳动力的分析

1. 劳动是人类生存与发展的共同的永恒的基本条件

劳动力在生产过程中的发挥就是劳动或劳动过程，而劳动力则是在生产过程中表现出来的体力和脑力的总和。所以，劳动就是人的劳动力在生产中的发挥。马克思对于生产过程中人及其劳动力和人的劳动给予了高度的科学评价。他正确地指出："劳动首先是人和自然之间的过程，是人以自身的活动来引起、调整和控制人和自然之间的物质变换的过程。"③ 他还说过："劳动过程，……是制造使用价值的有目的的活动，是为了人类的需要而占有自然物，

---

① 《资本论》第一卷，人民出版社 1975 年版，第 663 页。
② 同上书，第 662 页。
③ 同上书，第 201—202 页。

是人和自然之间物质变换的一般条件，是人类生活的永恒的自然条件，……它是人类生活的一切社会形式所共有的。"①

由上述我们还可以引申出，在人的劳动和土地这两个原始要素中，人的劳动是发挥主导作用的。因为人类生产活动就是人为了自身需要来发动和调控的人和自然之间的物质变换过程。具体来说，这个物质变换过程就是由人使用一定的工具进行劳动，从而改变自然界的物质资源，使之成为适合人的需要的产品的过程。因此，我们可以确认，如果没有劳动，人便无法改变自然，也无法过人的生活，人便回到了动物界。所以说劳动"是人类生活的永恒的自然条件"。

2. 劳动是价值增值即剩余价值的源泉

马克思写道："剩余价值都只是来源于劳动在量上的剩余，来源于同一个劳动过程——在一种场合是棉花生产过程，在另一种场合是首饰生产过程——的延长。"② 正如他在《资本论》中详细分析过的那样，如果雇佣工人每天的劳动时间只够创造出相当于他的工资的价值，那么这个劳动过程就只是价值形成过程，资本家没有得到任何好处，因为工人没有为他创造出剩余价值。这样的劳动时间对于资本家来说是没有任何意义的，所以他必然让工人把每天的劳动时间延长到必要劳动时间即创造工资价值的时间以上，即工人必须为资本家付出剩余劳动时间。工人在剩余劳动时间所创造的价值就是被资本家无偿占有的剩余价值。所以，没有工人付出的剩余劳动，就没有剩余价值可言。

3. 农业劳动具有特殊重要意义

马克思在《资本论》第四卷分析"重农学派"时指出："农业劳动不仅对于农业领域本身的剩余劳动来说是自然基础，……而且对于其他一切劳动部门之变为独立劳动部门，从而对于这些部门中创造的剩余价值来说，也是自然基础。"③ 对马克思这段话如能从农

① 《资本论》第一卷，人民出版社 1975 年版，第 208—209 页。
② 同上书，第 223 页。
③ 《马克思恩格斯全集》第 26 卷第 1 册，人民出版社 1972 年版，第 22 页。

业劳动的特殊功能来思考是不难理解的。因为农业劳动是人类衣食之源，是满足人类生存需要的。农业劳动能够保证人类生存，人类得以生存以后，就不仅能够创造使用价值，而且在资本主义生产过程中还能够创造价值和剩余价值。所以，马克思认为，农业劳动是一切劳动部门得以创造剩余价值的自然基础，道理就在于此。

在上述基础上，马克思还进一步提出了"农业是一切社会的基础"这一著名论断。他说："超过劳动者个人需要的农业劳动生产率，是一切社会的基础，并且首先是资本主义生产的基础。"[1] 这是因为只有农业生产率提高到除能满足农业人口自身需要以外还能满足其他人需要的条件下，别的非农业部门才能从农业部门中独立出来，否则这些非农业的劳动者就难以获得衣食之源。所以，农业不仅是本部门而且是国民经济的基础，也是整个社会的基础。由于资本主义社会是以工业、商业以及金融业为主体的社会，因而就更加有赖于农业的发展，有赖于农业劳动生产率的提高。可见，农业劳动具有不可替代的特殊重要功能。

（三）马克思对原始要素之一土地的分析

1. 土地是财富的又一源泉

马克思在《资本论》中正确地指出："劳动并不是它所生产的使用价值即物质财富的唯一源泉。正像威廉·配第所说，劳动是财富之父，土地是财富之母。"[2] 人对土地的依赖性是很大的，特别是在人类社会发展的初期。马克思说："土地是他（指劳动者——引者）的原始的食物仓，也是他的原始的劳动资料库。例如，他用来投、磨、压、切等等的石块就是土地供给的。"[3]

2. 土地是资源的储藏库

到了大工业发展起来以后，人们对土地的需求和向土地的索取越来越多了。这时马克思对土地的评价也更高了。马克思认为土地

---

① 《资本论》第三卷，人民出版社 1975 年版，第 885 页。

② 《资本论》第一卷，人民出版社 1975 年版，第 57 页。

③ 同上书，第 203 页。

不仅是一般的生产要素，而且是蕴藏许许多多资源的储藏库，如果加以开发可以形成大量财富。对此他在《资本论》第四卷分析地租问题时说："说到矿山、煤矿等的地租，土地则是可从中挖掘使用价值的储藏库。这里为土地支付地租，并不是因为土地象在农业中那样作为可以在其上进行生产的要素，……而是因为土地作为储藏库蕴藏着有待通过生产活动来取得的使用价值。"① 马克思在《资本论》第一卷中对土地的内涵还作过更明确的概括："经济学上所说的土地是未经人的协助而自然存在的一切劳动对象。"② 在此，我们也可以进一步理解马克思为什么把"土地"等同于"自然"。

3. 经济学意义的土地包括水

从以上马克思的论述中，我们已经知道蕴藏在土地中的自然存在的一切劳动对象如矿产资源同土地是分不开的，土地是它们的储藏库，因而它们都在土地这一概念之中，都是土地的内涵。那么对于比矿产资源对人类更有意义的水，马克思是如何看待的呢？在《资本论》中，马克思至少在两处直接讲到水和土地的关系。一处是在《资本论》第一卷第五章分析"劳动过程和价值增值过程"时，马克思直截了当地说："土地（在经济学上也包括水）最初以食物，现成的生活资料供给人类，它未经人的协助，就作为人类劳动的一般对象而存在。"③ 在这里，马克思为什么要特别注明土地是包括水在内的？很明显，如果没有水，土地就不可能生长出可供人们食用的农作物。所以，土地离开了水，就没有活力，就没有条件充当劳动对象或劳动资料。另一处是在《资本论》第三卷第六篇"超额利润转化为地租"中，马克思讲道："只要水流等等有一个所有者，是土地的附属物，我们也把它作为土地来理解。"④ 这里提到水流的所有权问题，只是为了分析地租问题的需要，我们在此可以略而不论，

① 《马克思恩格斯全集》第 26 卷第 2 册，人民出版社 1972 年版，第 272—273 页。
② 同上书，第 168 页。
③ 同上书，第 202—203 页。
④ 同上书，第 695 页。

重要的是马克思提出了水是土地的附属物的属性，从而作出可以把水"作为土地来理解"的论断，这就更加证明在马克思看来，土地之所以是原始要素同它包含着水是分不开的。

由以上分析我们可以知道，马克思提出原始要素这一概念具有重要意义：第一，劳动力和土地作为原始要素是人类从事经济活动最初所依赖的生产要素，人类的经济活动就是从这里起步的；如果没有这两个原始要素，也许人类至今还不知道生产为何物。第二，随着社会的进步，以后所出现的各种各样的生产要素如技术、资金、信息等都是以劳动力和土地为基础的，都是从劳动力和土地这两个原始要素中派生出来的。例如，如果没有劳动力，哪里有技术？第三，在各种生产要素中，加入要素的序列有先有后，而且有的要素可多可少，如信息的多少等，而劳动力和土地则是不可缺少的，是自始至终都无法替代的。因此，人们对形成财富的两个原始要素：劳动力和土地必须倍加珍重，不可损之毫厘。

二　坚持"以人为本"、充分发挥劳动者的积极性和创造性

人的劳动力既然是形成财富的原始要素，那我们就应该信守"以人为本"的理念，倍加关爱劳动者，充分发挥劳动者的积极性、创造性及其潜能。为此，我们应该从以下诸层面努力而为。

1. 消除贫困，实现共同富裕

在当今世界上由于私有制尚未完全消除，就难以根除贫困，以致贫困人口仍大量存在，人类的生存保障还未解决。在全球近70亿人口中，大约还有10亿人口处于饥饿或半饥饿状态。在中国，人民生活虽然不断得到改善、贫困人口不断减少，但目前仍有2000多万人没有完全解决温饱问题。试想当人们还处于饥饿、半饥饿和待救济的状态下，还怎能充当创造财富的要素呢！？贫困之不能消除，并非人类创造的财富缺乏，而主要在于分配不均！

我国当今的贫富差别不仅严重存在，而且呈逐步扩大之势。从反映贫富差别的基尼系数来看，1978 年，为 0.16；1991 年，为 0.282；1994 年，又上升到 0.389；2000 年，突破国际公认的 0.4 的警戒线，达到 0.417；2002 年，达到 0.454；2005 年，则逼近 0.47。国家统计局调查结果显示：2002 年 6 月底，我国最低收入 10% 的家庭财产总额仅占全部居民财产的 1.4%；而最高收入 10% 的富裕家庭，其财产总额则占全部居民财产的 45%。在全部居民储蓄存款中，最富有的 20% 的人群拥有全部存款量的 80%；而 80% 的人群仅拥有全部存款量的 20%①。所以，要充分发挥劳动者积极性和创造性及其潜能，首先就要消除贫困，使人人足食足衣，实现社会公平。

2. 力争劳动者充分就业

就业是民生之本。贫困往往与就业相联系，人们失去了工作岗位就断绝了收入来源，就必然走向贫困。失业意味着劳动力不能和生产资料相结合，因而也不能形成生产力。这样，失业者不仅不能创造财富，而且还需要消耗在岗人员创造的财富。目前，世界各国都存在着劳动者不能充分就业的困扰。因此，必须通过发展产业广开就业门路；还要改善就业结构，保证劳动力供需平衡，避免造成结构性失业；更要倡导自主创业，自谋职业，以求实现充分就业。

3. 积极提高劳动者的教育程度，为就业和创业准备条件

在当今世界上不仅许多人受教育程度较低，而且还存在大量文盲。据联合国统计，全球 15 岁以上的人口中，有 1/4 以上是文盲。中国的就业人口中，有 60% 左右属于小学文化程度。② 这样低素质的劳动力是难以创造出高质量和高附加值的产品的，更难以在高新技术产业发展中不断创新。所以，必须大力发展教育事业，包括强化职业技术教育，还要不断提高劳动者的思想道德素质和增强创业与创新意识。

① 张光年：《我国贫富差距扩大的成因及对策分析》，《特区经济》2007 年第 6 期。
② 《浅谈对人力资源管理的思考》，http://jasic.jaas.ac.cn/exchange/showArticle.asp?ArticleID=1077。

4. 改善人力资源管理，避免人力资源浪费

人力资源管理有宏观管理和微观管理两个方面，不论哪个方面管理不善，都会造成人力资源浪费。据不完全统计，我国每年至少有250万人不能人尽其才①。人才的地区分布也很不平衡，上海、北京等特大城市人才过分集中，造成人浮于事，有人无事做，而基层和中西部地区，人才奇缺，出现有事无人做。还有大批海外留学归国人员长期找不到合适工作，有的不得不重返旅居国。农村待转移人口因信息不对称或缺乏专业技能等原因，找不到用人单位。除此以外，广泛存在的是人们虽然各有工作岗位，甚至学用相符，但由于体制机制不合理，工作分工不妥当、人际关系不协调、薪酬待遇有问题等而约束了劳动者积极性和创造性的发挥，妨碍了业绩的创立。

三　倍加爱护土地、高度节约自然资源

（一）土地和自然资源危机的严峻挑战

世界自然基金会和伦敦动物学会最近发布的《地球生命力报告》中称："如果人类继续以目前的速度开发土地和海洋，那么到了2030年，要想生产出足够的食物、原材料和水资源，并吸收掉人类活动所生产的二氧化碳，人类需要两个地球才够用。"该报告把满足一个人的需要并吸收其所产生的废物平均所需的土地面积称为"生态足迹"。全球的平均的生态足迹为3公顷。"富裕国家的人均资源消耗是发展中国家的5倍。西方消费者的消费依靠的是世界贫穷地区的资源。"如果全世界都像英国人一样来消耗地球的资源，那么人类就需要2.75个地球。② 这是多么可怕的后果啊！

地球共有14800万平方公里的陆地，其中只有3100万平方公里为可耕地，现在还正以每年10万平方公里的速度流失，主要是过度

---

① 《中国人力资源：严重浪费》，http：//www.com/administitfensiter/jobana/120122525125295.html。

② 《人类20年后或需两个地球才能生存》，《参考消息》2010年10月15日。

砍伐森林造成土地荒漠化所致。我国作为"人口大国"和"人均耕地小国"的耕地也在逐年减少。1996 年年底，我国有耕地 19.51 亿亩，2001 年减少为 19.14 亿亩，2007 年再减少为 18.26 亿亩。11 年间共减少 8800 万亩，年均减少 800 万亩。① 这是多么严峻的挑战啊！

（二）高度爱护土地、守住耕地红线

1. 要充分认识保护土地就是保护我们的生命线

人们要深切去感受失去了土地就失去了食物、失去了财富、失去了生存的基础、也就失去了生命这一基本道理。我们中国人更要充分认识我国土地资源的贫乏。因为我们自幼就认为中国"地大物博、人口众多"。其实，中国人口众多是事实，国土面积大也是事实，然而中国可利用的土地并不多。美国可利用土地占国土总面积的 20%，而我国只占 10%。我国现有耕地 18.31 亿亩，虽居世界第 3 位，但人均耕地居世界第 67 位。人均只有 1.43 亩，为世界人均耕地的 27.7%，为美国的 12.8%，为印度的 45.5%。一些省（市）的人均耕地已低于联合国粮农组织确定的 0.8 亩的警戒线。在世界 26 个人口超过 5000 万的国家中，我国人均耕地量仅比孟加拉国和日本略多一点，排在倒数第 3 位。我们要牢牢把握"人多地少"这一基本国情和"人增地减"这一基本趋势。更值得重视的是，我国耕地的后备资源不足，全国虽有宜耕荒地 20400 万亩，但水、土、光、热条件较好可以开发的只占 40%。② 所以，必须坚持 18 亿亩耕地这条红线丝毫不能退让。退让了就不能实现粮食基本自给，退让了就不能保证国家粮食安全。必须充分认识到保护耕地就是保护我们的生命线。

2. 强化生态建设，防治水土流失和土地沙化

我国水土流失面积高达 356 万平方公里，占国土面积的 37%，全国每年至少有 50 亿吨沃土付之东流。据 2002 年调查，全国耕地中存在水土流失现象的约占 38%，平均每年因水土流失而失去的耕

---

① 参见《耕地》，http://baike.baidu.com/view/36275.htm。

② 参见《耕地——耕地危机》，http://baike.baidu.com/view/36275.htm。

地面积达 1 万平方公里。沙漠化面积也高达 262 万平方公里，占国土面积的 27%，现在沙漠化还以每年 2460 平方公里的惊人速度在扩展，有 4 亿多人口笼罩在荒漠化的阴影之中。荒漠化和水土流失使耕地肥力降低甚至严重丧失，基岩裸露，导致地力衰竭，可耕地减少。新中国成立以来，因沙漠化每年要丧失耕地 1.5 万平方公里。[①]

鉴于上述耕地流失的严重危机，我们必须大力植树造林，修复草原，25°以上的陡坡耕地要立即退耕、10°—25°的缓坡耕地要逐步退耕。坚决以强化生态文明建设，保护土地这个形成财富的原始要素不再损失。同时，对土地不仅要保护，还要改良，要遵循马克思的教导："必须像好家长那样，把土地改良后传给后代。"[②]

3. 严格控制城镇工业用地和豪华住宅用地

我国正处于城市化快速发展阶段，这是工业化的必然结果。但是，在原有城市扩大规模和新城市不断形成过程中，必须严格控制土地的用途。工业用地占城市面积的合理比例是 10% 到 15%，而我国目前工业用地则占城市面积的 20% 到 30%。并且工业设施往往占据市区的黄金地段，不仅使单位土地的产出率低，而且容易污染城市环境。同时，对于我国城市长期住宅不足、居民的居住条件较差来说，加快城市住宅建设是完全应该的，但是与我国当前的收入差距过大相对应，城市中的部分高收入的有钱人往往住"豪宅"，并且有多处住宅，人均住房面积数倍甚至数十倍于低收入群体。这既浪费了土地资源，又造成了社会的不和谐。所以，必须运用税收政策、金融手段和行政措施来严格控制城市工商用地和豪宅建设。

4. 加强社会主义新农村建设、调整农村居民点、消除耕地"撂荒"现象

几千年的小农经济这种生产方式，造成了我国农村居民点分散，居住用地浪费大的现状，加之农村宅基地审批制度不严、不公、不透明，以致超标现象相当严重。按规定农村居民人均居住用地为 150 平

---

① 《耕地——我国的耕地》，http：//baike. baidu. com/view/36275. htm。
② 《马克思恩格斯选集》第 2 卷，人民出版社 1995 年版，第 574—575 页。

方米，而现在农村实际人均居住用地为190平方米，超标27%。今后在社会主义新农村建设中，在进行经济、法制与民主建设的同时，应在财力具备和群众自愿的条件下，合理规划，适当并村，建设农民新住宅。根据有的地区的实践经验，在三村合一村的情况下，可节约土地3000亩左右。这些节约出来的土地可用以补充耕地之不足。

在农村，当前一个比较严重也比较普遍的现象是，由于农业生产成本高、收益低，农村生活条件又比较差，导致农民生产积极性不高，弃耕或减耕即应该种两季的只种一季的现象甚多。这就造成了耕地的巨大浪费。应该从体制上和农产品价格上以及推行城乡统筹等方面逐步加以解决。

5. 严格控制盲目发展开发区

据有关部门调查，到2003年年底，全国各类开发区已有6015个，规划面积达3.54万平方公里，超过全国660个城市和所有建制镇建设用地的总面积。其中经国务院批准的开发区只有232个，占4.64%；经省级政府部门批准的1019个，占20.38%，更多的是市、县盲目设立的各种名目的开发区。以致全国开发区有43%的土地闲置，造成大量土地撂荒、浪费。例如，西部有些省、区每个县（市）至少有一个开发区，多的可达四五个。即使如此，违规的开发区还在建立，许多开发区"未报即用"。在国家土地督察机构2009年的例行检查中，又发现42个违规设立和扩大的开发区，涉及占地面积201平方公里。所以，必须严格开发区的审批制度，科学规划开发区的开发步骤，杜绝长期待开发甚至不开发土地的存在，而且要千方百计提高开发区的土地产出率，力争把作为形成财富原始要素的土地保护好、利用好。

（三）让资源节约型社会落地

依据马克思的理论，土地不仅包括水而且包括自然资源。保护土地就包括保护水和自然资源，节约土地也就包括节约水和自然资源。根据我国水和自然资源拥有和利用的情况，建立资源节约型社会极为重要和紧迫。

　　我国是"人口大国、资源小国"。相对我国人口占全世界总人口21%来说，各种矿产资源的占有比例都是很小的。例如，石化能源折合成标准油当量只占世界的11%；石油储量则仅占世界的1.8%；天然气只占0.7%；铁矿石占世界的比例不足9%；铜矿石占比不足5%；铝土矿占比不足2%；钾盐矿占比小于1%；铬矿石只占0.1%。号称"煤炭大国"的中国煤炭储量也只占世界总量的16%。锰矿石约占18%，就算是比较高的。[①]

　　面对不可再生的矿物资源的短缺，如能节约使用，也可弥补数量之不足，但我们的资源利用效率却很低。火电单位能耗比国际先进水平高22%；吨钢可比能耗高21%；水泥综合能耗高45%；乙烯综合能耗高31%；机动车百公里油耗比欧洲高25%、比日本高20%、比美国高10%；载重车百吨公里油耗比世界先进水平高1倍。中国人均水资源仅为世界的1/4，而水资源浪费却很严重。农业灌溉系数仅为0.4，是国外先进水平的一半，城市供水管网损失率超过20%。[②]在经济快速发展对资源需求日益增加的情况下，中国只好靠不断支付更多的外汇，大量进口各种资源来满足生产的需要。据预测，到2020年，我国石油消费的60%以上将依赖进口。可见，人和自然资源的矛盾将不断加深。资源约束已成为我们走向现代化的严重障碍。为此，我们在认识上和行动上应把握好如下各项：

　　1. 要充分认识建立资源节约型社会就是建立可持续发展社会

　　30年前，"可持续发展"一经提出，立即引起全世界的关注。因为这是一个关系人类前途的重大问题。自此以后，人们不得不认真考虑经济社会的发展与资源环境承载力的关系，不得不认真考虑人口即人类自身发展的速度与规模等问题。因为人类要在地球上生存和发展下去，就必须有足够的生活资料，而生活资料要以土地为

---

　　① 齐建国：《发展循环经济、建立节约型社会》，载《中国节能降耗研究报告》，企业管理出版社2006年版，第35页。

　　② 同上。

载体、利用各种劳动资料、对包括各种自然资源在内的劳动对象进行加工才能得来。如果自然资源消耗殆尽了，便难以生产物质产品，人类也就难以生存下去。

西方国家几百年工业化的发展，许多重要资源已被大量消耗，有的已接近枯竭。当我国和其他发展中国家开始大力推进工业化的时候，一开始就遇到了资源约束的挑战。在这个背景下，2007年召开的党的十七大提出了必须把建设资源节约型社会放在工业化、现代化发展战略的突出位置，这是非常正确的战略决策。因为建立资源节约型社会也就是建立可持续发展的社会。要建立资源节约型社会，除了必须建立资源节约理念和可持续发展理念以外，重要的是应该寻找和选择节约资源的途径，以便把节约资源的理念落实到事事时时处处人人，以期人类能够永续地生存和发展下去。

2. 走循环经济的发展道路

发展循环经济就是为了节约资源、走可持续发展道路。以往的经济发展常常是一种以"资源→产品→污染物排放"为流程的物质单向流动，这种单向流动的经济活动必然造成资源浪费和环境污染，而发展循环经济就是要按照"资源→产品→排放→收回→再利用"的流程循环进行生产和再生产。显然，发展循环经济就是发展节约经济和绿色生态经济，也就是坚持走可持续发展道路。

我国"十一五"规划纲要中设有"发展循环经济"专章，提出"坚持开发节约并重、节约优先，按照减量化、再利用、资源化的原则，在资源开采、生产消耗、废物产生、消费等环节，逐步建立全社会的资源循环利用体系"。在规划中还确定了一批循环经济示范企业、循环经济产业示范区、再生资源回收利用市场和加工示范基地。[①]

3. 利用法律、经济手段促进资源节约

现在世界上一些发达国家已经制定了相关的法律法规，以促进循环经济发展。德国在1996年就实施了《循环经济与废物管理

① 参见《中华人民共和国国民经济和社会发展第十一个五年规划纲要》，人民出版社2006年版，第42—44页。

法》。日本为了发展循环经济而提出建立循环型社会，并于2000年通过了《循环型社会形成推进基本法》。我国也应加快循环经济立法，坚持节能减排，推行低碳经济，实行单位能耗目标责任和考核制度，完善重点行业能耗和水耗准入标准、主要用能产品和建筑物能效标准、重点行业节能设计规范和取水定额标准。严格推行强制淘汰高耗能、高耗水落后工艺、技术和设备的制度。实行有利于资源节约和综合利用的财税、价格、投资政策，以促进资源节约型社会的全面建立。

4. 加强资源经济学研究

要对形成财富的两个原始要素——劳动力和土地严密保护和高效利用，只靠法律的、经济的、技术的和行政的手段还不够，还必须加强理论研究。经济实践要靠经济理论来指导，资源开发、利用和节约就要靠资源经济学来支撑。资源经济学是一门以研究资源的合理配置和可持续利用为对象的科学，而为了资源的可持续利用，就必须研究如何以既定的有限的资源取得尽可能大的经济效益和社会效益。所以，节约资源、提高资源利用率是资源经济学的核心内涵。

我国学者在20世纪90年代初就已经出版了《资源经济学》的专著，但一门学科的建立是一个逐步成熟的过程，也是一个群体共同研究的行动。所以，随着时代的进步和资源开发与利用实践的发展，先行者之后的深入研究是一门学科得以完善并在实践中发挥重大指导作用的必要条件。为了土地及其蕴藏的资源的节约和永续利用，为了经济社会的可持续发展，应该加强建设一门以马克思主义为指导、具有中国特色的"资源经济学"。

四　小结

学习和研究马克思在《资本论》中提出和阐述的劳动力和土地是形成财富的原始要素的理论，有助于我们更周密地去理解生产要素理论；有助于我们深刻认识劳动力和土地在人类社会经济活动中的地位和作用；有助于我们严格地节约资源和高效地利用资源；有助于我们更好地建立资源节约型社会。总之，有助于我们深入理解和认真践行科学发展观、走可持续发展道路，顺利实现社会主义现代化的伟大历史任务。

（原载《当代经济研究》2010 年第 12 期）

中国经济发展模式及其世界意义

人类社会的历史总是在不断发展、不断进步的，但由于各个国家的国情不同、发展环境不同、发展理念和愿景也有别，因而他们所选择和实施的发展道路、发展方式、发展战略等（可以总括为发展模式）也必然各不相同。不同的发展模式会产生不同的发展效果。研究一国发展模式的优劣与得失，不仅对于相关国家完善其发展模式很有必要，而且对于世界各国都有借鉴意义。一国的发展模式有经济领域的，也有政治和文化领域的等。本文要研究的只是当代中国经济发展模式。

一 中国经济发展的巨大成就引发国际上对"中国模式"的关注

新中国成立以后 60 多年的发展，特别是改革开放以来 30 多年的发展，中国的经济建设取得了举世瞩目的巨大成就。中国的经济总量已经由 1949 年位居世界第 13 位，提升到 1978 年的第 11 位，此后又以每年将近两位数的增速大幅攀升。根据国际货币基金组织（IMF）公布的数据，2010 年日本 GDP 为 5.39 万亿美元，而中国 GDP 为 5.75 万亿美元。[①] 这就是说，到 2010 年中国的经济总量已经超过日本，成为仅次于美国的世界第二大经济体。

中国的主要工农业产品产量，如钢、煤、水泥、化肥、粮食、

---

① 《中国正式成为世界第二大经济体》，http：//overseas. caing. com/2011 - 02 - 14/100225508. html。

棉花、肉类、水果、花生等从 2000 年起就已跃居世界首位。中国外汇储备 1978 年仅居世界第 38 位，而从 2006 年起已位居世界第一。[1]中国货物进出口总额 1978 年仅居世界第 29 位，而到 2009 年已超过德国位居世界第 2 位[2]，并且还在快速增长中。

　　中国经济奇迹般的发展，引起世界各国的关注，并且启发它们思考中国崛起的根源、寻找中国崛起的道路和模式。2004 年 5 月 7日，美国高盛公司高级顾问雷默教授在英国《金融时报》上首先提出"北京共识"的概念，由此引起世人对"中国模式"的热议。中国人自己并未率先提出和宣扬"中国模式"，更未有意推销"中国模式"。美国布鲁金斯学会中国研究中心主任李成教授提出，"中国模式源于中国奇迹"。他说："这 60 年（指新中国成立——引者）可以说算得上中华民族几千年历史上最为辉煌的一个阶段，也就是人们所说的'中国奇迹'。正是因为有了这样一个奇迹，才有了中国模式的说法。"[3]中国模式完全来源于经济发展的实际过程中，而不是什么人事先设计出来的。俄罗斯国际问题专家亚历山大·萨利茨基教授说："中国模式的特点恰恰在于，设计师没有规定一种绝对的固定的国家发展模式。中国实行改革开放，不断扩大与外界的交流渠道，不断进行试验。中国对试验的结果进行研究和分析，从而建立起这种模式。"[4]

二　中国经济发展模式的内涵

　　中国经济改革与发展的总任务是改变贫穷落后面貌，实现国民经济的社会主义现代化。具体而言，就是要实现工业化、信息化、农业现代化、市场化、城镇化、国际化六个方面的任务。在这些方

①　《2010 中国统计摘要》，中国统计出版社 2010 年版，第 200 页。
②　《对外经贸统计》2010 年第 4 期。
③　《参考消息》2009 年 9 月 17 日。
④　《参考消息》2009 年 9 月 3 日。

面，中国都有自己独特的发展模式，而这一切又都是在中国特定的基本经济制度和分配制度下形成的。因此，中国的基本经济制度和分配制度也就成为中国经济发展模式的重要组成部分。下列各项就是中国经济发展模式的基本内涵。

（一）以公有制为主体的基本经济制度

基本经济制度是一个国家的经济基础，它决定上层建筑甚至整个社会面貌。中国于 20 世纪 70 年代末告别了按"苏联模式"建立的"一大二公"的传统社会主义所有制形式后，根据中国生产力总体水平低而又有多层次的具体国情，在当今社会主义初级阶段实行了"公有制为主体、多种所有制经济共同发展的基本经济制度"[①]。这种基本经济制度：一是既有利于发挥公有制经济的主导地位，又能够调动各种社会力量发展经济的积极性，从而增强了经济发展的动力；二是有利于促进各种经济成分相互之间以及它们内部的竞争，从而增强了经济发展的活力；三是多种所有制经济同时并存就为建立市场经济体制和发展市场经济奠定了基础。

（二）以按劳分配为主体的分配制度

中国从 20 世纪 70 年代末起逐步改变了绝对平均主义的个人消费品分配格局，实行"按劳分配为主体、多种分配方式并存的分配制度，健全劳动、资本、技术、管理等生产要素按贡献参与分配的制度，初次分配和再分配都要处理好效率与公平的关系……逐步扭转收入分配差距扩大趋势"。并且，"加快建立覆盖城乡居民的社会保障体系"。[②] 这种分配模式既可以克服不利于调动劳动积极性的"吃大锅饭"的绝对平均主义倾向，又有利于挖掘资源潜力、促进经济快速发展，并力求保障民生、实现社会公平。

（三）国家宏观调控下的市场化

由 20 世纪 50 年代从苏联照搬过来的高度集权的、效率较低效

[①] 《十五大以来重要文献选编》（下），人民出版社 2003 年版，第 2273 页。

[②] 《中国共产党第十七次全国代表大会文件汇编》，人民出版社 2007 年版，第 37—38 页。

益较差的计划经济体制，过渡到市场经济体制即实现市场化，是中国改革开放的基本任务，但中国的市场化不是新自由主义所倡导的完全放任自由的市场体制。"我们要建立的社会主义市场经济体制，就是要使市场在社会主义国家宏观调控下对资源配置起基础性作用。"[1] 也可以说，中国的市场经济是国家宏观调控下的市场经济。之所以要坚持国家宏观调控，是因为市场经济具有二重性：既有有利于发挥人的创业和创新精神、促进经济技术发展的一面，又有阻碍技术进步、恶性竞争、浪费资源、两极分化、难以实现共同富裕、周期性发生经济危机、不利于社会进步的一面。中国的市场经济把国家的宏观调控、统筹兼顾的功能同市场的机动灵活配置资源的功能有机结合起来，从而保证了经济持续平稳快速增长，消除了产生经济危机的根源并减轻了对资源与环境的浪费和破坏。中国经济在2008年发端于美国的国际金融危机中的出色表现，已经充分证明了中国市场经济的优越性。

（四）有机结合的工业化和信息化

要实现国民经济的现代化必须首先实现工业化，而在当今实现工业化又必须与信息化相结合，中国的工业化走的是工业化与信息化有机结合的发展模式。中国"坚持以信息化带动工业化，以工业化促进信息化，走出一条科技含量高、经济效益好、资源消耗低、环境污染少、人力资源优势得到充分发挥的新型工业化路子"[2]。

（五）以工促农的农业现代化

中国的工业化不仅没有以牺牲农业为代价，而且工业还要反哺农业，"走中国特色农业现代化道路，建立以工促农、以城带乡长效机制，形成城乡经济社会发展一体化新格局"[3]。中国将农业现代化、社会主义新农村建设和改善农民生活与培育新型农民三项任务统筹兼顾、一并推进。所以，和西方国家曾经走过的道路不同，工业化

---

① 《十四大以来重要文献选编》（上），人民出版社1996年版，第19页。
② 《中国共产党第十六次全国代表大会文件汇编》，人民出版社2002年版，第21页。
③ 《十七大以来重要文献选编》（上），中央文献出版社2009年版，第133页。

推进的结果不是加深了工农业对立，而是工农业互促互补、共同走向现代化。

（六）统筹城乡的城镇化

随着工业化的发展，城镇化水平的提高是必然结果。但是实现城镇化有不同的道路，西方发达国家曾经走过的道路是随着城市的发展，城乡更加分离，城乡矛盾更加突出，这是因为它们发展城市是以牺牲农村为代价的。中国"逐步提高城镇化水平，坚持大中小城市和小城镇协调发展，走中国特色的城镇化道路"。① 其核心是用统筹城乡的办法来实现城镇化。也就是对城乡规划要统一安排，对城乡的基础设施和公共设施要统一建设，对城乡劳动就业要统一协调，对城乡教育资源要统一调配，对城乡社会保障也要加以统筹，等等。这样，随着城市的现代化，并不是农村相对更落后，而是更加接近城市。历史上造成的城乡分离和城乡对立局面将在统筹城乡发展的城镇化模式推进中逐步消失。

（七）全方位开放的国际化

我们不认同"全球一体化"，由于社会制度的不同和意识形态的差别，全球一体化是不可能实现的。一些人高喊"全球一体化"的口号，不过是适应国际垄断资本主义扩张自身利益的需要，但是经济全球化则是不可避免的。因为这是生产社会化和市场经济高度发展的必然要求。每个国家的经济发展最终都必然走向国际化。所以，中国"面对经济、科技全球化趋势，我们要以更加积极的姿态走向世界，完善全方位、多层次、宽领域的对外开放格局"。② 中国将长期"坚持对外开放的基本国策，把'引进来'和'走出去'更好结合起来，扩大开放领域，优化开放结构，提高开放质量，完善内外联动、互利共赢、安全高效的开放型经济体系，形成经济全球化条件下参与国际经济合作和竞争新优势"。③

----

① 《十六大以来重要文献选编》（上），中央文献出版社 2005 年版，第 18 页。
② 《十五大以来重要文献选编》（上），人民出版社 2000 年版，第 28 页。
③ 《十七大报告辅导读本》，人民出版社 2007 年版，第 26 页。

以上就是中国经济发展模式的具体内涵，它们都来源于中国国情和社会主义市场经济的具体要求，体现了中国特色社会主义的本质。

三　中国经济发展模式的特征

各种经济发展模式都具有共同的特征，如实现经济增长、发展对外经济关系、促进技术进步等，但中国经济发展模式除具有共同特征外，还有以下各项自身的特殊属性。

（一）明确的方向性

中国的现代化不是一个单纯的技术概念，而具有鲜明的社会性，它是社会主义的现代化，因而中国经济的发展决不会弱化其社会主义性质，将永远坚持社会主义发展方向，毫不动摇地巩固和发展公有制经济，坚持国有经济控制国民经济命脉，发挥国有企业的支柱作用，发挥国家规划、计划、产业政策在宏观调控中的导向作用。在中国，如果市场经济发展背离了社会主义方向，国家就将及时进行干预。

（二）突出的目的性

中国经济发展的目的不是为了少数权贵与富豪的利益，中国推进社会主义现代化建设，始终是为了实现全体人民的共同富裕和文明，促进人的全面发展，最终实现中华民族的伟大复兴与和谐世界的形成。

（三）全面的和谐性

在通行竞争规律的市场经济发展中，在多种所有制经济并存的条件下，群体之间和地区之间存在收入水平的差距是不可避免的，而且一定程度的收入差距还有利于激活竞争、促进经济技术的进步。但是中国经济发展中差距的存在是有底线的。它坚持以人为本、统筹城乡发展、区域发展、经济与社会发展、人同自然和谐发展、国内发展和对外开放，避免差别过大和两极分化，追求共同富裕，保

亚洲、非洲、拉丁美洲的大多数国家来说，都是可以借鉴的。今天中国能够做到的，在未来广大发展中国家也是可以实现的。

（四）中国经济发展模式为经济转型国家的改革与发展提供了借鉴

中国从 20 世纪 50 年代起，一直搬用"苏联模式"实行高度集权的计划经济体制，自 70 年代末才开始经济体制改革、逐步走向市场经济的轨道，目前改革还在深化和完善之中。中国是一个典型的经济转型国家。在当今世界上，除中国以外，东欧、中亚、东亚和拉丁美洲至少还有 20 多个国家处在不同发展阶段的经济转型状态。因而中国在经济发展中如何解放思想、发展非公有制经济，建立经济特区和各种类型的开发区，特别是大力引进和利用西方国家的资金、技术和管理方法等经验，对于转型中的国家都具有借鉴意义。

（五）中国经济发展模式可以为发达国家实施国家干预政策提供借鉴

中国经济发展模式中的经验对于西方发达国家并不是毫无意义的。西方发达国家在 20 世纪 30 至 70 年代曾奉行凯恩斯主义，主张和实行过国家干预经济的政策，但是到了 20 世纪 70 年代以后，它们又信奉新自由主义，反对国家干预，结果使经济走向低迷。在经过 2008 年开始的遍及全球的国际金融危机的冲击以后，包括美国在内的许多西方发达国家又回头来寻求通过国家干预缓解危机的道路。因此，中国经济发展模式中发挥国家发展规划、计划、产业政策在宏观调控中的导向作用，综合运用财政、货币政策等保障经济平稳较快增长方面的经验，都是西方发达国家需要而且可以借鉴的。

总之，中国经济发展模式是在马克思主义指导下，在充分体现本国国情和传承本国历史文化传统的基础上，学习和吸收世界各国的经验而形成和发展起来的，而中国经济发展模式在成长和提升中所创造的改革与发展的新理念、新对策、新路径、新方法，对世界各国的发展又都具有积极的借鉴意义。

五　中国经济发展模式尚需进一步完善

中国经济发展在取得巨大成就的同时，也凸显了如下一些矛盾和问题：

一是居民收入差距过大。虽然中国政府长期强调在收入分配过程中"要更加注重公平"，但据国家统计局调查结果显示：2002年6月底，中国最低收入10%的家庭财产总额仅占全部居民财产的1.4%；而最高收入10%的富裕家庭，其财产总额则占全部居民财产的45%。还有，在全部居民储蓄存款中，最富有的20%的人群拥有全部存款量的80%；而80%的人群只拥有全部存款量的20%。[①]

二是地区发展水平差距仍然过大。虽然中国政府大力实施区域发展总体战略，强调区域协调发展，但到目前为止，中国东西部地区的发展差距依然过大。如2009年，东部地区人均地区生产总值为40888.05元人民币，而西部地区人均地区生产总值仅为18285.7元人民币，还不到东部地区的一半。同年东部地区农村居民人均纯收入为7155.53元人民币，而西部地区农村居民人均纯收入仅为3816.47元人民币，只占东部地区的53%。[②]不容忽视的是在同一地区内部还存在着明显的城乡差别。

三是经济社会发展同资源环境的矛盾日益尖锐。中国有关部门在2007年监测的557个城市中，有152个城市空气质量为三级，有16个城市空气质量为劣三级。试想人们在空气质量为劣三级的城市中如何生活?!

还有，中国的人均资源占有量本来就比较短缺，加上过度消耗，以致中国资源消耗对进口的依赖度快速提升。铁矿石和氧化铝的50%要靠进口；铜矿资源的60%要靠进口；原油近40%来自国外。

---

① 张光年：《我国贫富差距扩大的成因及对策分析》，《特区经济》2007年第6期。

② 《中国统计年鉴2010》，中国统计出版社2010年版，第18—19、370页。

据预测，到 2020 年，石油消费的 60% 以上将依赖进口。[①] 也就是说，人和资源与环境的矛盾将会继续加深。

基于上述中国经济发展中存在的各种矛盾和问题，为了中国社会主义现代化的健康发展，为了人民生活的富裕、幸福和文明，为了中华民族的伟大复兴与和谐世界的建设，中国经济发展模式必须进一步完善。

［原载《海派经济学》2011 卷第 4 辑（总第 36 辑），上海财经大学出版社 2011 年版］

---

① 齐建国：《发展循环经济、建立节约型社会》，载《中国节能降耗研究报告》，企业管理出版社 2006 年版，第 35 页。

战略内核初探

在经济发展中，任何战略主体（包括一个企业、产业或区域）的发展战略决策，不仅应当具有战略框架，更应确定和凸显自己的战略内核。那么，什么是战略内核以及确定和凸显战略内核的意义何在，正是本文要阐明的主要问题。

一　战略框架①

要研究战略内核，须先了解战略框架。因为战略内核就含在战略框架之中，由战略框架再深入到战略内核。所谓战略框架就是经济发展战略构想、决策和规划的整体结构。经济发展战略有多种类型，包括宏观经济发展战略也即国民经济发展战略、区域经济发展战略、产业经济发展战略、企业发展战略等。无论何种类型的发展战略，其基本框架均大体相同。都是由"一加五"六个部分组成，即外部环境与内部条件、战略方针、战略目标、战略重点、战略阶段、战略对策。第一部分为战略分析，这是进行战略决策的基础和依据；后五部分是战略决策的五个要素即战略要素。在一项经济发展战略决策中，上述六个组成部分缺一不可。兹具体阐明如下：

（一）外部环境和内部条件

1. 外部环境

一个战略主体，不论是一个企业、产业或区域经济都是在一定

① 这部分内容参见李成勋《区域经济发展战略学》，社会科学文献出版社 2009 年版，第 58—107 页。

环境中成长起来的。外部环境如何对其发展的影响很大，或者是正面的影响或者是负面的影响。所以进行经济发展战略决策、研制经济发展战略规划方案首先都应分析外部环境。

一个战略主体的外部环境大体上可分为宏观环境、中观环境和微观环境。宏观环境对战略主体的影响主要在于发展方向；中观环境对战略主体的影响主要在于发展进程；微观环境对战略主体的影响主要在于具体运作的效率。外部环境还会影响到战略主体的发展特色和文化理念等。

环境层次具有很大的相对性，同一空间对一种战略主体来说可能是微观环境，而对另一种战略主体来说，就可能是中观环境了。因此，为便于说明问题，我们这里以一个企业为战略主体来定位。一个企业的宏观环境是指国际环境和国内的整体环境；中观环境是指相关省、市和相关产业环境；微观环境则是指企业所在地，如县、区或产业园区的环境。而每一环境层次又有各种领域的环境，如政治环境、经济与金融环境、市场环境、科技环境、法治环境和文化环境等。

分析环境重在发现外部环境给予战略主体的挑战和提供的机遇。对一个企业来说，如果周边地带将新建一条高速铁路，这将为企业增添交通之便利，当然是个利好的机遇。又如一个生产出口产品的企业，如果国际市场上相关产品的价格持续下滑，这对战略主体来说将是一个严峻的挑战。发现和研究了外部环境中的机遇与挑战，战略主体就可以而且应该采取相应的战略对策以求顺势而为。

2. 内部条件

如果还以一个企业作为战略主体，所谓内部条件就是指企业生存和发展的各种必要条件，主要有：（1）资金：包括固定资金、流动资金；自有资金和总资金。（2）人力：从人员层次结构考察，包括领导层（或决策层）、中层（或管理层）、基层（或操作层）。从能力结构考察，包括领导力、决策力、执行力、操作力和公关力等。（3）技术：包括技术装备、技术人员、研发设备与自主创新能力。

（4）体制：国有、集体还是私有企业；私人独资、合伙制、股份制还是股份合作制或有限责任公司、中外合资企业等。（5）企业治理结构和管理组织。（6）经营模式：一元化经营或多元化经营；单体经营或连锁经营；战略合作伙伴关系，等等。（7）经营现状：主营业务和主营产品及其市场占有率；年销售收入、年纳税额、年利润额；平均工资，等等。（8）商品品牌和企业品牌。（9）应变能力与抗风险能力。（10）企业文化：企业理念、价值观、愿景、道德、精神、作风等。

对企业内部发展条件的分析，主要在于定格企业的优势和劣势或者说有利条件与不利条件。如某一企业其人力资源虽然雄厚，而且结构比较合理，但产品缺乏品牌、企业知名度也很低，严重影响推销、妨碍市场占有率的提高和销售收入的增加，难以提升企业的竞争力，对企业发展十分不利。因此，尚未形成商品品牌和企业品牌就成为这一企业的劣势和不利条件。另如某一企业，虽然建立时间不长，市场竞争力目前还较弱，但其研发力量甚强，研发设备具有国际先进水平，研发人员中不乏高学历人才，甚至还有若干拥有不少专利技术的业内知名专家。此外，企业还与权威性的科研院所和著名大学建立了紧密的协作关系。所以，这一企业具有明显的优势，研发力量强成为它的突出有利条件，并拥有很大的发展潜力。

通过对一个企业的外部环境和内部条件分析，弄清了作为战略主体的企业所遇到的机遇和挑战，以及它具有的优势和劣势，便可以对它应采取的战略类型是拓展型还是退缩型、是稳定型还是扭转型作出理智的判断。

（二）战略方针

战略方针是一定战略主体谋求发展的战略指导思想，也是一定战略主体在一定战略期内全局发展和长远发展的大思路。它回答战略主体通过何种途径达到何种前景这样的基本战略问题。所以，它是一项战略决策的灵魂。

制定战略方针应遵循下列要求：（1）导向性：具有正反两个方

向，所以要使战略方针具有正确的导向，必须把握好战略方针的方向性，而正确的方向来源于它的科学性。（2）一元性：是指战略指导思想的统一性。作为战略方针不能模棱两可，必须具有明确的、统一的、集中的指向。只有做到战略方针的一元性，才能保证认识上的统一性和行动上的一致性，才能有效地保证战略意图的实现。（3）稳定性：战略方针制约着战略目标、战略重点、战略阶段和战略对策。战略方针的变动等于整个战略决策的变动，所以必须慎变，更不能朝令夕改，使执行者莫衷一是。

（三）战略目标

战略目标是基本的战略决策要素之一，是战略主体在一定战略期内图谋发展的全局性奋斗目标，是在战略期内预计达到的总要求，也是一定战略期内要实现的总任务。战略目标决定着战略重点、战略阶段和战略对策，因而可以说它是一项战略决策的核心。

不论是区域经济、产业经济或企业发展的战略目标，都有总体目标和专项目标之分。总体目标是统领各专项目标的，各专项目标是支撑总体目标的。战略目标特别是总体目标尚须分为定性和定量两种表达方式。

制定战略目标应遵循以下要求：（1）前瞻性。这是制定战略目标的一个基本要求，因为战略决策是面向未来的，是超现实的，是追求现实生活中还未出现过的事物或未曾达到过的水平以及未曾有过的速度。所以前瞻性也叫做超前性。唯有超前才须追求，唯有超前才要努力。（2）可行性：美好的目标须是经过努力才可以实现的，完全不可能实现的目标等于幻想，于经济发展毫无意义。所以，确定战略目标必须进行可行性论证。（3）多元性：战略目标是个体系，应含有相关联的各个方面的发展目标，以收相互支撑之效。

（四）战略重点

并非重要的就可以确定为战略重点。战略重点是指对于实现战略目标具有关键作用的那些领域、环节、要素和方面。所谓关键作用是指对于实现战略目标具有支柱作用、带动作用、解除瓶颈作用和示范作用等。筛选战略重点的要求是：（1）选择性和普遍性兼顾，既要择其要者又要顾及各个方面。（2）强势重点和弱势重点兼顾，因为弱点可能正是需要突破的瓶颈。（3）长期重点和短期重点兼顾。

（五）战略阶段

在 10 年或 20 年左右的战略期内，为了有步骤地实现战略目标，就需要划分为若干战略阶段。划分战略阶段的依据，主要是完成战略任务的需要，如就一个区域发展而言，实施战略规划之后，一大批建设项目投下了，于是区域发展就进入了建设起步阶段。项目建成以后，区域发展又进入了一个新的阶段，即快速发展阶段。经过一段快速发展以后，技术手段、生产组织和产业结构便需要优化和调整，于是就进入了调整转型阶段。

每个阶段除了明确主要任务之外，还应确定阶段性的发展目标和实现目标的手段。此外，还须注意各阶段之间的衔接。

（六）战略对策

战略对策是为贯彻战略方针和实现战略目标而运用的方法、手段和举措。在战略决策体系中，战略对策是最生动的一部分。制定战略对策应遵循以下要求：（1）针对性：要对应完成战略任务的需求而采取对策。针对性越强，对策的效果就越好。（2）多样性：为实现战略意图，手段和方法越多越好，但应注意各种对策之间的协调性，使其最大限度地发挥互促互补作用，而不致相互掣肘。（3）可操作性：对策是用来解决实际问题的，因而必须具有可操作性。大而化之或者风马牛不相干的对策是不可取的。（4）灵活性：对策作为实现目的的手段不仅要多样，而且要灵活。对策应能及时替换、补充和淘汰。

上述六个部分形成了战略决策方案的基本框架。在这个框架内可以回答战略主体（企业、产业或区域）谋求发展所提出的各种基本问题。如发展的战略大思路、发展的目标、重点、步骤和相关对策等。所以，明确和掌握战略框架是进行发展战略决策和研制发展战略规划的入门要领和必备的基础。

二 战略内核

掌握了战略框架之后，战略研究似乎没有再深入探索的空间了；战略策划似乎也没有什么可进一步谋划的余地了；各类战略主体似乎也提不出更多有关战略决策的新需求了。就这样，多少年来发展战略研究的供需双方就处于相持阶段。理论研究因无新的需求而缺乏动力；战略需求主体因无新的理论供给而无力优化发展。但是，在"战略内核"概念提出之后，战略理论研究和实践发展将出现新的突破。

（一）客观事物均有其内核

经济发展中的一项战略决策意图，通过战略框架已经基本上表达出来了，为什么还要挖掘和研究战略内核？这是因为宇宙间的任何事物，不论是自然界还是人类社会，从其组织结构来说，大体上都是由表层、中质和内核组成的，而内核是发挥主导作用的。就构成各种生物体的元素细胞来说，就是由以下三部分组成的：一是细胞膜，也称细胞壁，为细胞的表层；二是细胞质，为细胞的中质部分；三是细胞核，主宰细胞的各种活动，包括细胞的繁殖。就人体而言，也是由作为内核的心脏器官、作为中质的胸腹躯干，以及作为身体支架的四肢三部分组成。在社会现象中也如此，就一组技术群而言，有发挥主导作用的核心技术，即关键技术；有大量的处于中间状态的适用技术；有处于边缘状态的尚在使用的某些传统技术。就一个社会组织而言，其中有核心成员，发挥主导作用；有中坚成员，发挥骨干作用；有辅助成员，发挥协助和补充作用。它们都是不可缺少的组成部分，但功能不同。此外，在市场竞争力中，有核心竞争力；甚至在价值理念中，也有核心价值体系等。由上可见，研究事物的结构特别是研究它的核心部分即内核是非常必要的。一项经济发展战略决策及其规划方案，也须有自己的内核。它是经济发展战略规划框架中所包含的最重要、最基本、最核心的元素。明确和深化自己的战略内核、发挥战略内核的主导作用是至关重要的。战略内核充实了、明晰了、突出了，整个战略决策的高度和深度就到位了；战略决策者的战略意图就充分体现出来了。

（二）战略内核的要义

战略内核和战略框架不是并列关系，不是在战略框架之外或按战略框架要求研制出战略规划之后，另有一套战略内核；也不是要把已经明确的战略内核都用文字表述在战略规划的文本上，而是要有形无形地渗透在规划的内容里。也就是说，战略内核是发展战略规划的基调、精神、灵魂和核心内涵。它要体现在战略框架之中，而不是要作为一个组成部分写在战略规划之内。战略内核的要义有以下三点。

1. 战略定位

这里所说的战略定位即包括企业、产业、区域在内的战略主体定位，与美国学者杰克·特劳特（Jack Trout）1972 年提出的企业"定位"不同。他所谓的企业定位，就是指借助持续、简单的信息在顾客心智立足，占有一个位置。而最佳的效果，即是让企业在顾客心智中拥有一个字眼，就像沃尔沃代表"安全"，英特尔代表"微处理器"[①]。也就是说，特劳特所谓的定位，是指顾客心中对企业的定位，因而是一个企业形象问题。如何打造企业形象则是一个战术问题即战略对策问题。这里所讲的战略定位是指战略主体对自己的定位，也就是战略主体如何选择和确定自己的发展方向和应走的道路，这不是战术而是一个战略问题。

战略主体的定位有三个层次：首先，要找准自己应当干什么。这是发展方向选择问题，属于角色定位。其次，要找准自己走什么路径来进入角色，这是发展模式选择问题，属于路径定位。再次，是战略主体如何发挥自己的优势扮演好自己的角色，这属于特色定位。实现了这三个层次的定位，战略主体当今和未来的面貌就比较

---

① 特劳特：《什么是战略》，中国财政经济出版社 2004 年版，第 3 页。

清晰了。假如，一种产业要为自己定位，首先，应确定自己定位在哪类产业，如选定装备制造业。这是角色定位。其次，还要确定以何种方式来发展装备制造业，假如选择主要走技术引进和园区创新模式的路径来发展，即运用从国外引进的先进技术，然后在园区内消化、吸收再创新的模式将产业做大做强。这是路径定位。再次，通过引进、消化、吸收、再创新以后，将形成具有本国特色的科技含量大的高端装备制造业。这是特色定位。经过战略定位研究之后，不论战略决策者还是战略执行者，对战略目标的确定、战略重点的选择以及战略对策的采用将更加清晰、更有深度。

2. 战略愿景

战略愿景是指战略主体希望达到的长远的美好前景。它不同于理想，理想则更高远、更抽象。例如，某企业的理想是永远造福社会而同时优化生态。它也不同于目标。目标是具体的，可以量化的，对其实现程度是可以测评的。例如，某企业要在 5 年内把利润率提高到 18%；把研发费用占比提高到 10%；把员工收入水平提升80%；等等。可见，战略愿景与理想和战略目标均有所不同。战略愿景是战略主体的一种愿望、一种追求和憧憬，也可以说是一种梦想。它是超现实的，而又是现实可以延伸到的，因而它可以成为战略主体前进的动力。愿景是理性的，是经过长期努力能够实现的，而不是浪漫主义的幻想。假如，目前还是一个中型企业的愿景是：要经过拼搏，力争进入世界 500 强。这种愿景今天看来像是一种奢望，但对这个企业而言却是一种十分宝贵的精神力量。它虽不是企业发展规划中的战略目标，但它是同战略目标相衔接的，它是超越现实目标的大目标，是牵引企业目标实现的强大动力。

3. 战略主线

战略主线可以理解为是一种战略重点，但它又不等同于战略重点。它比战略重点还要集中，更具有关键性和全局性，可以说它是"重点的重点"。《中华人民共和国国民经济和社会发展第十二个五年规划纲要》中提出："以加快转变经济发展方式为主线，是推动科学发展的必由之路，是我国经济社会领域的一场深刻变革，是综合性、系统性、战略性的转变，必须贯穿经济社会发展全过程和各领域"①。上述"以加快转变经济发展方式为主线"，就是我国"十二五"期间的战略主线。我们把"十二五"期间发展的主线找准了，就可以靠抓主线牵动全局、提升全局，获得全局胜利。

我们要求抓好战略主线就是要求在战略决策和研制战略规划中，善于发现和抓住主要矛盾。毛泽东说过："研究任何过程，如果是存在着两个以上矛盾的复杂过程的话，就要用全力找出它的主要矛盾。抓住了这个主要矛盾，一切问题就迎刃而解了。"② 例如，一个企业由于人员专业素质和思想素质低下，而使各方面的工作都难以开拓前进，甚至连日常管理也难以规范。同时，这个企业由于设备陈旧，生产的产品功能低下、质量不高，在市场竞争中长期处于劣势。经过分析以后，认为企业设备旧、产品功能低下、质量差，归根到底还是由于人员素质差、思想水平与专业水平不高，所以就应把人力资源开发与提升作为主要矛盾来抓。抓住了这个主要矛盾，即找到了企业发展的战略主线。抓住这个主线不放，就可以逐步改变企业全局的面貌。

某些地方政府的领导日夜繁忙，累得不可开交，但是经济社会发展中仍然存在许多问题得不到解决，发展水平长期滞后于其他地方。原因可能是多方面的，但重要的原因常常就在于战略主线不明确。领导的精力大多不在主线方面，做了许多不该领导者去做的事情。所以，明确战略主线非常重要。

上述战略定位、战略愿景和战略主线三项要点，是我们目前初步认识到的有关战略内核的要义，今后随着实践的发展，对战略内核的认识以及对战略框架的见解还将不断深化，并可能探索到新的理论增长点。

---

① 《中华人民共和国国民经济和社会发展第十二个五年规划纲要》，人民出版社2011年版，第6页。

② 《毛泽东选集》第1卷，人民出版社1991年版，第322页。

三　研究战略内核的意义

战略内核概念的提出和运用，使战略理论与实践都提升了一步。其主要意义如下：

（一）深化了人们的战略意识

战略概念在东西方都已出现两千多年，人们或多或少、或深或浅地具有了一定的战略意识。多少年来积淀起来的表现在文献资料里或存在于人们的头脑中，主要有三方面的战略意识：一是全局意识，因为战略是统揽全局的，是要就全局发展作出抉择的，而战术则是处置局部的、个别的具体问题。二是长远意识，因为战略是面向未来的，是超现实的，而战术则是处置当前的、现实问题的。所以，长远意识也称作超前意识。三是主导意识，因为战略是解决关键问题的，是引导和统领各种战术问题的。总之，全局意识、长远意识和主导意识构成了基本的、主要的、常见的战略意识或战略观念。人们利用和发挥这些战略意识演绎出了无数的战略决策、战略构想和战略规划，在一定程度上促进了社会的进步。

但是，战略内核概念的形成突破了传统的战略意识，把战略意识引向深层。战略定位提出之后，战略主体就有了明确的边界，战略主体的发展就有了规范的起点。战略愿景概念提出之后，长远意识就有了富有魅力的内涵。它使人们不仅看得长远，而且想得美好、求得急切。战略主线概念提出之后，就把原有的战略重点的概念引申了、强化了。它横贯全局、纵穿全程，居于重中之重的地位。总之，战略内核概念的提出深化和提升了人们的战略意识。

（二）强化了人们的战略实践

具体而言，战略内核的确定在以下几个方面能够强化人们的战略实践：首先，由于明确了战略定位，就能够使战略主体避免四面出击、盲目发展，作不应有的消耗，从而有利于集中力量经营自己的"领地"。其次，由于有了战略愿景，人们对战略目标的实现就有了更多的追求，从而就增加了实现战略目标的动力。再次，战略主线确定了，人们就可以集中精力抓主线，抓住主线带全局，更有效地实现战略目标，把战略意图变为现实。所以，战略内核并非一组简单的学术名词，而有着重要的实践价值，它有利于战略决策的推出、战略规划的研制和经济发展的战略性推进等实践活动。

（三）丰富了经济发展战略学的学科内涵

经济发展战略学还是一个年轻的学科。第一部《经济发展战略学》的专著于 1989 年才问世[①]。所以，经济发展战略学尚处于起步阶段，目前还在建设之中。经济发展战略学已有自己明确的研究对象，并已初步形成了自己的学科体系，但是它的学科广度和深度都远未到位。原因之一就在于它还没有在实践中寻找到足够的对本学科的需求，而这种来自实践的学术需求正是推进学科发展的动力。另一原因就在于它还没有来得及从相关成熟的学科中吸收到足够的滋养，以启迪、延伸和补充自己的学科内涵。本文首次提出战略内核，虽然只是一组概念，但它是新的、是本学科所特有的东西，而这一概念又是已有的经济发展战略理论中所缺少的，因而是宝贵的。

我国是世界上最大的发展中国家，国土辽阔、人口众多，工业化、城镇化和农业现代化正在快速推进之中，并且正在走向世界，成为支撑全球经济发展的一个重要力量，这就为经济发展战略学的成长和完善提供了肥沃的土壤。我们相信，经济发展战略学这一新学科经过大家的共同努力将日益走向成熟。

（原载《管理学刊》2012 年第 2 期）

---

① 参见李成勋《社会主义发展战略学》，江西人民出版社 1989 年版。1999 年由北京出版社再版时更名为《经济发展战略学》。2009 年由知识产权出版社出版第三版时，书名仍用《经济发展战略学》。

资本主义总危机进入喷发期

2012 年 1 月，达沃斯世界经济论坛在瑞士召开。在这个被称为"全球资本家俱乐部"的论坛中，第一项议程就是"资本主义大辩论"。对在座的几百位代表进行举手调查的结果：有将近一半人认为，资本主义无法应对 21 世纪。论坛主持人施瓦布曾公开表示："目前形式的资本主义不再适于我们所处的世界。"凯雷集团常务董事戴维·鲁本斯坦说："如果我们不在三到四年内马上改变经济模式，我们一生所经历并认为最佳形式的资本主义就玩完了。"① 一个时期内，质疑资本主义的声音在西方集中爆发。这是为什么？笔者认为，这是因为资本主义总危机进入了喷发期。

一 资本主义总危机的产生及其特征

资本主义社会在它长达三百多年的历史中，可以划分为三个阶段：1871 年以前为第一阶段。这是资本主义上升时期，社会生产力获得了巨大发展。1871 年到 1914 年为第二阶段，是资本主义走向衰落的阶段，也是自由资本主义走向垄断资本主义的阶段。1914 年以后是资本主义发展的第三阶段。

资本主义发展的第三个阶段是资本主义总危机时期。资本主义总危机是世界资本主义体系的总危机，是既包括经济、社会也包括政治的全面危机。世界资本主义体系总危机，是在第一次世界大战

---

① http：//news. sina. com. cn/w/2012 - 01 - 31/074423859215. shtml.

爆发，特别是在 1917 年十月社会主义革命胜利、俄国脱离资本主义体系之后开始的。因为第一次世界大战是资本主义第一次最严重的历史性危机，它大大削弱了帝国主义战线，导致了社会主义革命的胜利和资本主义体系的破裂。

资本主义总危机的特征是：（一）它是资本主义发展的最后阶段即帝国主义阶段，预示着经过这一阶段资本主义将退出历史舞台；（二）资本主义总危机不是一次或几次危机过程，而是一个历史时期；（三）资本主义总危机不是只发生某一种危机，而是各种危机同时或接连爆发。

资本主义总危机的根源是资本主义世界固有的三大基本矛盾的尖锐化：（一）资本主义国家内广大人民群众同垄断资产阶级的矛盾；（二）殖民地、附属国即今日的发展中国家同宗主国即今日西方发达国家之间的矛盾；（三）列强之间即帝国主义国家之间的矛盾。

二 资本主义总危机的发展曾长期处于停滞状态

资本主义进入总危机阶段以后，爆发了第一次世界大战，并产生了第一个社会主义国家苏联；20 年之后，又爆发了第二次世界大战，随后又出现了中国等一批社会主义国家。资本主义走向没落的趋势日益明显。但是，自 20 世纪 50 年代以后，资本主义总危机不但没有加深，反而资本主义经济有半个世纪的稳定增长。资本主义总危机这一概念也日益淡出。这是为什么？我们认为，造成这一现象的主要原因是：

第一，第二次世界大战后，除美国外各个国家为了医治战争创伤，在政府主导下，大力推动经济的恢复和发展，促进了社会生产力的进步。

第二，新技术革命的发生加快了经济社会的发展。从 20 世纪 40 年代后期开始，发生了以原子能技术、电子技术和空间技术的应用和发展为标志的第三次技术革命。从 20 世纪 70 年代后期到 80 年代，又发生了以微电子、生物工程和新材料特别是信息技术的应用和普及为标志的第四次技术革命。新技术革命的接连发生，催生了一大批新兴产业，不仅促进了技术进步，而且推动了经济社会的全面发展。

第三，福利制度的建立缓和了社会矛盾。第二次世界大战后，首先是英国通过调整税收、实施社会保障、充分就业和国民救助，成为"从摇篮到坟墓"的福利国家，瑞典、挪威、芬兰等北欧国家先后效仿，成为所谓"高福利国家"。虽然福利制度也造成了一些负面效果，而且近些年来由于有关国家经济下滑，使高福利陷入困境，但是福利制度的长期推行，确实有利于弱化资本主义国家的社会矛盾和阶级冲突。

第四，20世纪最后十年，苏联解体，东欧剧变，国际垄断资产阶级"和平演变"的阴谋局部得逞，也在一定程度上阻滞了资本主义总危机的扩展。

但是，我们认为一定时期内资本主义总危机的弱化，只是历史的暂时现象，并不代表历史的长远走势。

三 从新世纪开始，资本主义总危机进入了喷发期

2001年，美国"9·11"事件的发生标志着世界资本主义总危机进入了喷发期。主要表现在以下几方面。

（一）金融与经济危机和债务危机接连发生

以2008年9月15日美国雷曼兄弟投资银行倒闭为标志的国际金融危机，是自20世纪30年代资本主义大危机以来世界上发生的最严重的金融与经济危机。这场危机给人类带来了灾难，它造成许多国家金融体系混乱，银行倒闭、股市下跌、房市不振；造成全球大批企业关门和数千万工人失业，并使经济大幅下行。美国、德国、法国、英国、意大利、加拿大、西班牙、澳大利亚、荷兰、韩国、巴西、墨西哥和俄罗斯等一系列主要国家2009年的GDP均较2008

年明显下降。

在 2010 年和 2011 年欧美经济恢复尚未明显见效的情况下，又发生了历史上罕见的债务危机。目前，美国国债总额已达 16.4 万亿美元，占 GDP 的比例已从 2007 年的 62.2% 上升到 112%。美国政府、公司和私人累计欠债总额已高达 200 万亿美元，人均欠债约为 70 万美元。欧盟各成员国 2010 年政府债务占 GDP 的比例高达 79.6%，2011年约达 83.8%。欧元区中有 12 个国家到 2011 年政府债务占 GDP 的比例将超过 60% 的红线，其中希腊、意大利和比利时则高达 100% 以上[1]。不仅欧美各国债台高筑，亚洲的日本截至 2011 年 6 月，中央政府债务余额高达 943.81 万亿日元（约合 12.3 万亿美元），是 GDP 的两倍多。美国标准普尔公司于 2011 年 1 月将日本国债信用评级从 AA 下调至 AA‾，美国穆迪公司 8 月也将日本国债信用评级从 Aa2 下调至 Aa3[2]。更值得关注的是，西方国家的金融与债务危机还远未看到尽头。

（二）霸权主义与恐怖主义到处肆虐

美国是当今世界上唯一的霸权主义国家，进入新世纪以来，在它先后侵占阿富汗、伊拉克之后，又无视他国领土主权，派遣武装力量潜入巴基斯坦击毙本·拉登，充分暴露了它的霸权主义行径。现在美国全球战略的重心正在向东转移，实际上是要把中国作为它的"战略竞争对手"。自小布什上台以来，美国就开始实施"海外驻军重新部署计划"，奥巴马政府加快了这一步伐。奥巴马曾经扬言："如果十多亿中国人口也过上与美国和澳大利亚一样的生活，那将是人类的悲剧和灾难，地球根本承受不了，全世界将陷入非常悲惨的境地。"于是美国正寻找各种各样的借口、采取不排斥武力的各种各样的手段实施遏制中国的策略。为此，美国军费开支逐年增多，2010 年已高达 6980 亿美元。占全球军费的 43%，占美国国家财政支出的 22%。

---

[1] 李慎明、张宇燕主编：《全球政治与安全报告（2012）》，社会科学文献出版社 2012年版，第 22 页。

[2] 王洛林、张宇燕主编：《2012 年世界经济形势分析与预测》，社会科学文献出版社2012 年版，第 12 页。

引人注目的是，兰德公司已经向美国国防部提交了一份评估报告，认为用 7000 亿美元救市不如用 7000 亿美元发动一场战争来得成效快、效果好。① 可见，在美国的某些人看来，打仗等于赚钱。

在霸权主义的胁迫下，某些弱势国家中的一些组织被迫采用恐怖主义的手段来应对霸权主义。虽然这绝不是反霸斗争的正常途径，但近些年来恐怖主义活动愈演愈烈。2010 年在 72 个国家共发生了 11604 次恐怖袭击，比上年增加约 5%，受害人数为 49901 人，其中 13186 人死亡。2011 年上半年，全球共发生 5420 次恐怖袭击，死亡 6400 人。世界上在恐怖活动中受害与死亡人数最多的是伊拉克、阿富汗和巴基斯坦等不发达国家。②

世界上只要霸权主义横行一天，恐怖主义就会活动一天；而只要恐怖主义在活动，霸权主义就有称霸的空间。善良的世界人民在期待着它们同归于尽。

（三）街头行动多发、社会动荡不安

金融、经济与债务危机接连发生，威胁到人民的收入与生活；霸权主义和恐怖主义活动威胁到人们的安全与生命。即使在资本主义标榜为"自由与民主的乐园"里，社会依然动荡不安。2011 年 9 月 17 日，上千人在纽约街头示威，开展"占领华尔街"行动，高喊"现在就革命""美国 99% 是穷人，1% 是富人""政府应当由人民管理，而不是富人"等口号③，而且几个月来不管风吹雨打，人们露宿公园，警察驱而不散。继美国"占领华尔街"运动之后，不少德国民众也走上街头，打出"占领法兰克福"等旗号，声言"我们是那 99% 的大众"，公开反对资本主义制度。④ 此外在英国、以色列等比较稳定的国家和北欧所谓"福利国家"，也发生了大规模的游行和骚乱。

值得重视的是，在欧美社会动荡中，民众在街头发出了"读读

---

① 李慎明、张宇燕主编：《全球政治与安全报告（2012）》，社会科学文献出版社 2012 年版，第 23 页。

② 同上书，第 121、8 页。

③ 同上书，第 20 页。

④ http：//style. sina. com. cn/news/p/2012 – 02 – 15/093091573. shtml.

马克思吧"的呼唤。早在 2006 年在德国埃森就成立了"马克思夜校",专门学习和宣传马克思主义。在韩国举办了"《资本论》讲座"。《青年们,读马克思吧》这本书,在日本已销售 30 万册。① 资本主义总危机进入喷发期的现实,证明了著名英国作家弗朗西斯·惠恩在他的《马克思〈资本论〉传》中所说:"马克思并未被埋葬在柏林墙的瓦砾之下,他真正的重要性也许现在才刚开始。他可能会成为 21 世纪最具影响力的思想家。"②

四　资本主义总危机进入喷发期的根源

资本主义总危机进入喷发期的原因是多方面的:

(一) 从经济上说,危机喷发在于资本主义基本矛盾的尖锐化

生产无限扩张的趋势和社会大众有支付能力需求的相对不足这一资本主义生产方式的基本矛盾日益尖锐,是资本主义经济社会危机的根源。这一基本矛盾造成了资本主义社会严重的贫富差别。现在世界上最富有的 225 人的收入竟占全世界所有人收入的 40%,约等于世界上 27 亿穷人收入之和。比尔·盖茨、沃伦·巴菲特、保罗·艾伦三人拥有的资产比世界上最不发达的 43 个国家的 GDP 总和还要多③。美国 2010 年家庭平均收入比 2007 年下降了 6.4%,贫困人口有 4620 万之多,占总人口的比例高达 15.1%。美国的失业率居高不下,特别是 20—24 岁的青年工人失业率竟攀升到 14.8%。④

美国大企业 CEO 的年平均收入 2010 年为 1080 万美元,比雇员高出 325 倍。里昂证券公司分析师迈克·梅奥说,"资本家成了自己最可怕的敌人。与外面的抗议者相比,大银行的 CEO 对资本主义的

---

① http://style.sina.com.cn/news/p/2012-02-15/093091573.shtml.

② [英] 弗朗西斯·惠恩:《马克思〈资本论〉传》,中央编译出版社 2009 年版,第 188 页。

③ 李慎明、张宇燕主编:《全球政治与安全报告 (2012)》,社会科学文献出版社 2012 年版,第 20 页。

④ 《经济困境让美国人感觉"很脆弱"》,《参考消息》2011 年 9 月 21 日。

威胁更大。"①

（二）从理论上说，危机喷发在于新自由主义的误导

法国经济学家热拉尔·迪梅尼尔最近指出，"当前的危机不是简单的金融危机，而是新自由主义这一不可持续的社会秩序的危机。"②在新自由主义理论的误导下，许多国家的虚拟经济即金融资本主义与实体经济之间矛盾加剧。本来金融业是为实体经济融资的，而现在更多的是为自己融资，它用钱来套取更多的钱，越来越虚拟化。当今，虽然实体经济仍需依赖金融经济，而金融经济则不必依赖实体经济。不仅如此，金融资本还挟持政府，政府不得不救济金融机构。金融危机以及由此引起的政府困境都与此相关。

（三）从政治上说，危机喷发还在于资本主义国家的两党制

起源于17世纪英国的两党制现在流行于西方各国。长期以来，两党制被认为是实现民主政治的必由之路。其实不然，执政党和在野党都以各自的党派利益为最高利益，以争取大选获胜为奋斗目标。两党根本无法客观公正地判断是非，国家民族利益退居次要地位。由于两党无休止的争论，常常导致重要决策延误。2008年国际金融危机爆发后，美国的救市对策就比中国晚出台半年之久，以致美国迟迟不能走出危机的阴影。还有，为了争取选票，两党竞相对选民作出福利承诺，上台后为兑现承诺就不得不扩大财政支出，这就导致主权债务危机。

由上可知，只要资本主义制度还存在，广大劳动人民的购买力就不可能走强，工人和中等收入者的大量失业就不可能避免，企业和金融机构的破产就必然存在，国家的主权债务危机就难以消除，这一切发展到一定程度，总危机喷发期的到来就不可避免。矛盾尖锐到各方面都无法承受之时，资本主义总危机的喷发期就会进入崩溃期。所以，只有结束资本主义制度，才能结束资本主义总危机。

（原载《毛泽东邓小平理论研究》2012年第4期）

---

① 转引自［美］迈克尔·舒曼《如何拯救资本主义》，《参考消息》2012年1月30日。
② 《世界已进入危机第二阶段》，《参考消息》2012年1月29日。

论虚拟资本的二重性

——读《资本论》第三卷第二十五章《信用和虚拟资本》

马克思的《资本论》是一座有着丰富理论和智慧资源的宝藏，以至在它问世一百多年后的今天，现实经济生活中遇到的问题，仍需要到其中去寻找导向。本文要探讨的"虚拟资本"问题就是一例。关于"虚拟资本"，马克思在《资本论》中最大的一篇即第三卷第六篇有专门的阐述，主要集中在这一篇中的第二十五章《信用和虚拟资本》。其后几章的论述也与这一主题有关。这里将联系现实生活中实体经济和虚拟经济的关系来撰写学习这一章的体会。

一 虚拟资本是信用关系发展的必然结果

虚拟资本是能给持有者带来定期收入的以有价证券形式存在的资本，它是独立于真实资本之外的一种资本形式。它最初表现为各种商业票据、股份公司的股票、企业或国家发行的债券、不动产抵押单等。这些证券是资本所有权的证书，有了这个证书，在法律上就有权索取这个资本应得的一部分剩余价值。

可见，虚拟资本和其他形式的资本一样是能自行增值的价值；但它又和以货币资本、生产资本、商品资本形式存在的职能资本不同，和以货币形式存在的借贷资本也不同。构成虚拟资本的有价证券"自身没有任何价值"，"它们只是代表取得收益的权利"①。它们

---

① 《资本论》第三卷，人民出版社1975年版，第532页。

二　虚拟资本的特征

（一）　虚拟资本不是现实资本，只是资本所有权的证书

购买者以货币形式购买有价证券时，货币归证券出售者所掌握和使用，购买者只持有证券，对支付出去的货币所转化成的真实资本，如货币资本、生产资本和商品资本等，既不能支配，也不能提取。但是，有价证券证明一定数额的资本价值为证券持有者所有并可定期取得收入。他还有权将有价证券卖掉，从而把资本价值从有价证券还原为一笔货币。可见，作为虚拟资本只是一种资本所有权的证书，有了这个证书，在法律上就有权索取这个资本应该得到的一部分剩余价值。例如，股票是持有人投资入股和取得未来收益的凭证；国家债券是持有人对收益的可靠支取凭证；土地的不动产抵押单是持有人有权获得未来地租的凭据，等等。

（二）　虚拟资本没有价值，只是现实资本的纸制复本

由于虚拟资本没有价值，作为它的存在形式的有价证券不过是现实资本的纸制复本。马克思指出，国家的公债券只不过是"已经消灭的资本的纸制复本"[①]。又说，股票是"现实资本的纸制复本"。马克思还深刻地指出，在资本主义市场经济里，"一切都以颠倒的形式表现出来，因为在这个纸券的世界里，现实价格和它的现实要素不会在任何地方表现出来"[②]。

（三）　作为虚拟资本的有价证券的价格只是收入的资本化

生息资本是通过暂时让渡资本的使用权，仅仅凭借资本的所有权而获得利息收入的，这就使得人们把任何凭借所有权而能得到的定期收入，看成是一种利息收入，从而把能带来收入的所有权凭证（有价证券）看成是一种资本。

本身没有价值的有价证券的买卖价格，不是依据其面值，而是

①　《资本论》第三卷，人民出版社 1975 年版，第 540 页。
②　同上书，第 555 页。

其定期收益的资本化。也就是把凭借所有权带来的定期收益按平均利息率计量，把收入当作按这个利息率存入银行或贷出去的货币资本所提供的利息收入，从而使能带来这一收益的有价证券变成了或者成了能带来等额利息收入的资产。例如，在平均年利息率为 5% 的情况下，一张每年能带来 50 元收入的有价证券，就会被看成是一年1000 元的资本，其 50 元年收入就成了这 1000 元资本的利息。这样，由定期收入的存在而虚幻出来的资本物化在有价证券上，使有价证券成了虚拟资本。

（四）虚拟资本价值额的变动是脱离现实资本的独立的运动

作为虚拟资本的有价证券并不能在资本主义生产过程中发挥作用，它与厂房、机器、原材料等实际存在的资本不同，后者都是在资本主义生产过程中发挥职能的资本，是直接从工人身上榨取剩余价值的物质手段，而虚拟资本则是独立于实际资本之外的一种资本存在形式。

虚拟资本同真实资本不仅有质上的区别，而且在数量及其变动上也不一样。真实资本的数量等于组成资本的商品价值和货币所代表的价值总量，最终是由生产商品的劳动生产率决定的。虚拟资本的数量等于有价证券的价格总额，在一般情况下，虚拟资本的价格总额，总是大于实际资本额。它会随证券所带来的收益和平均利息率的变动而变动，与证券收入成正比，与平均利息率成反比，与真实资本的价值变动并无直接关系。虚拟资本的价值变动是独立运动。例如，股票价格可以暴涨暴跌，使虚拟资本的数量发生很大的增减变化，但商品的价值并没有变化，企业中的现实资本价值数量仍然和过去一样多。

但是，虚拟资本的运动和现实资本也有一定的间接联系，随着资本主义生产的发展，利润率和利息率有下降趋势，这就会引起股票价格的上涨，导致虚拟资本数量迅速增长。

三　虚拟资本具有二重性

虚拟资本同资本主义商品经济中许多经济现象一样具有二重性，它既有促进经济社会发展的积极的一面，又有不利于经济社会发展的消极的一面。也可以说，虚拟资本既可以制造繁荣，也可以制造危机。我们如能充分理解虚拟资本的二重性，就既有助于更深刻地认识资本主义市场经济的本质，又有利于我们在社会主义市场经济中更好地利用和监管虚拟资本。

从虚拟资本具有促进经济社会发展的积极作用而言：

第一，它可以在没有货币支付的条件下，用开具商业票据的办法，保证商品流通，满足社会生产和消费的需要。

第二，它可以在急需货币而缺少货币的情况下，用贷款、贴现与发行企业债券和国家债券的办法取得货币资本，以满足资本周转和社会扩大再生产的需要。

第三，它可以通过银行把社会上分散的零星的和暂时闲置的货币资本集中起来，投入到扩大再生产过程中。

第四，可以用组建股份公司、大量发行股票的办法，集中必要的资本，投入到像修建铁路等这样的巨大工程中。马克思说："假如必须等待积累去使某些单个资本增长到能够修建铁路的程度，那末恐怕直到今天世界上还没有铁路。但是，集中通过股份公司转瞬之间就把这件事完成了。"①

由上可见，虚拟资本的存在和发展对于加速资本循环和周转，实现资本转移，促进资本集中和广泛吸收社会闲散货币资本，满足资本主义扩大再生产需要，发展和深化资本主义生产关系有着不可替代的重要作用。

从虚拟资本对于社会再生产的消极作用来看：

---

① 《资本论》第一卷，人民出版社1975年版，第688页。

第一，票据、证券是资本主义信用投机的工具，它会造成虚假繁荣，加剧生产过剩，导致经济危机的爆发，从而加深资本主义的基本矛盾。

第二，由于有价证券的涨价趋势，股份公司的普遍发展，以及公债数量的日益增加，有价证券投机活动的盛行，加上平均利息率趋于下降，致使虚拟资本的膨胀比实际资本的增长要快得多。这表明资本的所有者与资本的职能进一步分离，表明食利者阶层的增多，从而加深资本主义的社会矛盾。

第三，由于虚拟资本的价格既决定于有价证券的实际收益和当前的利息率，又受人们对收益和利息率的预期变动的影响，以致进一步使虚拟资本成为信用投机的工具，从而使大量社会资金滞留在证券交易领域，影响社会资源的合理分配。

第四，虚拟资本一旦失去信用制度的有效控制和必要监管，任其自由发展和过度膨胀，就必然出现泡沫经济，不仅会对实体经济产生严重的负面作用，而且会产生各种连锁反应，冲击整个国民经济甚至国际经济，爆发经济危机和金融危机。当前，由美国次贷危机引发的国际金融危机就是一个典型的例证。

由上可见，虚拟资本的消极方面是不可避免的，更值得注意的是，虚拟资本的消极作用和其积极作用是内在地联系在一起的，也就是说，在人们企图利用其积极作用的同时，就要准备承受其消极作用的冲击和破坏。对虚拟资本，要真正做到充分发挥其积极作用而又最大限度地抑制其消极作用，就只有在社会主义市场经济条件下，由国家进行有效的宏观调控才有可能。

四　要正确处理社会主义市场经济条件下虚拟经济和实体经济的关系

（一）在社会主义市场经济条件下虚拟资本转化为虚拟经济

由于虚拟资本首先存在于商品、货币、信用关系高度发达的资本主义社会，并反映了资本主义的社会经济关系，加深了资本主义所固有的内在矛盾，所以长期以来人们把虚拟资本当成是资本主义所特有的产物。现在，我们应该认识到，正如市场经济不等于资本主义经济一样，商业信用、银行信用、股份公司、股票、企业和国家证券、从而虚拟资本也不是资本主义所特有的，在社会主义市场经济条件下，同样存在着虚拟经济现象，不过不宜称为虚拟资本，而是转化为虚拟经济。

在社会主义市场经济中，由各种有价证券的产生、交易和流通所形成的经济系统，称为虚拟经济。虚拟经济也被人们称作符号经济，二者基本上是指相同的对象。表现为各种有价证券的经济符号，被人们定义为："能够变现的对未来收入的索取凭证"[1]。这同虚拟资本的定义在形式上是完全一致的，只是到期获得的"未来收入"的性质有所不同。在资本主义市场经济条件下，这个"未来收入"表现为利息或股息等形式，它们是剩余价值的转化形式，直接或间接地反映有价证券持有人和雇佣工人之间剥削与被剥削的关系；而在社会主义市场经济条件下，除外资企业和私有企业发行的有价证券外，其他凭有价证券获得的"未来收入"，则不是剩余价值的转化形式，不反映剥削和被剥削关系。

迄今为止，虚拟经济的发展大约经历了以下三个阶段：

1. 虚拟经济的初始阶段

在资本主义市场经济初期就已经出现了以商业信用特别是银行信用为基础的、包括股份公司的股票在内的以有价证券为表现形式的虚拟经济。

2. 虚拟经济的成长阶段

近20年来，金融衍生工具的出现，使虚拟经济进入成长阶段。其间，金融工具的推出以及金融市场的建立有了较快的发展。这时，虚拟经济不仅独立于实体经济活动，而且呈现虚拟经济活动的双重

---

[1]　中国社会科学院经济研究所编：《现代经济辞典》，凤凰出版社、江苏人民出版社2004年版，第1122页。

虚拟性，即新的金融工具可以是对某种虚拟资本（如股票）所有权的收益进行再分配，如期货、期权、期货的期权等工具。而更高级的经济符号，如期货合约、股指等金融衍生工具可称为"符号的符号"。符号经济的发展越来越取得独立的运动形式，而且在现代经济生活中占有越来越重要的地位。

3. 虚拟经济的成熟阶段

这一阶段开始于20世纪90年代中期，互联网的发展，网络超市的出现，虚拟空间的扩大，加上数字化存储技术的采用，传统的时空观念正在经历一场深刻的革命。当人类进入21世纪，这种虚拟化的空间和市场形式在经济活动中的作用与日俱增。此时，虚拟经济的特点及其功能发生了质变，人类的生存空间也相应得到了扩充。虚拟经济在其活动的时间方面有了很大发展，使得网上银行、网上股市、网上交易先后出现。在这一阶段，办公楼、交易厅、柜台都已成为历史，网页就是营业厅，所有的交易和清算都是通过互联网自动进行的。先进的网络技术造成了虚拟空间，使得虚拟经济走上无形化道路，其假想的程度更高。

（二）坚持以实体经济为基础、虚拟经济为实体经济服务的导向

这次国际金融危机留下的一个严重教训，就是必须始终重视实体经济的稳定和发展，虚拟经济要与实体经济相协调，更好地为实体经济服务。

所谓实体经济是指物质和精神产品的生产、流通、服务等经济活动，包括农业、工业、建筑业、交通运输业、商业服务业等物质生产和服务部门，还包括教育、文化、科技、知识、信息、艺术、体育等精神产品的生产和服务部门。

虚拟经济产生于实体经济，又应服务并推动实体经济的发展。它加速资金流动、扩大生产规模、促进资源配置和提高经济效益；它还促进企业组织制度的完善，并通过提供金融工具，使实体经济运作风险分散化。总之，没有虚拟经济就没有现代市场经济。但是，虚拟经济又是一把"双刃剑"：它既有适应实体经济的需要而产生、

《资本论》论中国

　　学习和研究《资本论》的人都认同:《资本论》的基本内容是"论资本"。全部《资本论》数百万言都是围绕"资本"这一经济范畴展开分析的。马克思以当时资本主义经济最发达的英国为背景,首先阐明了货币如何转化为资本,继而分析了资本的生产过程、流通过程和资本主义生产总过程。并系统地揭示了包含其中的剩余价值规律,深刻地揭露了资本主义制度的对抗性矛盾,历史性地得出了"剥夺者被剥夺"的科学结论,从而使《资本论》成为全世界工人阶级的"圣经"。工人阶级则是资本主义制度的掘墓人。

　　在马克思于19世纪40至80年代创作《资本论》的时期,中国正处于半殖民地半封建社会中,封建主义的经济关系还根深蒂固。那么,《资本论》和中国能有什么关联吗?马克思在撰写《资本论》时关注到了中国吗?为此,笔者重温《资本论》雄文四卷,发现:中国虽然不是马克思创作《资本论》的主要研究对象,也未在《资本论》中系统地阐述中国的经济制度和经济发展,但中国一直在马克思《资本论》研究的视野之中,他把中国作为研究典型资本主义经济关系的参照物。在马克思看来,关注中国在《资本论》研究中是不可缺少的。

　　经笔者仔细核查,马克思在《资本论》中论及中国的地方有33处之多。这是以论题为单位统计的,如果以出现"中国"字样为单位来统计那将更多。33处中第一卷中有14处;第二卷中有5处;第三卷中有12处;第四卷(《剩余价值理论》)中有2处。在《资本论》全部33处论到中国的地方,其中在正文中论及的有8处;在引文中论及的有 15 处；在马克思写的注释中论及的有 10 处。

此外，马克思在《资本论》第四卷中还有 3 处不是正面论及中国，而是在假设推论中提到中国的。例如，马克思在第四卷第一册分析劳动性质时写道："还有这样的产业劳动部门，在那里，劳动的目的决不是改变物的形式，而仅仅是改变物的位置。例如，把商品从中国运到英国等等。"① 在这里，马克思虽不是确切指认"中国"，而只是假设列举"中国"，但也证明马克思在撰写《资本论》时想到了"中国"。所以也可以把诸如此类的 3 处列入统计范围。这 3 处中有 2 处是在正文中出现的；有 1 处是在引文中出现的。如果将这 3 处列入统计范围，马克思在《资本论》中提到和论述到中国的地方就有 36 处。

那么，马克思在《资本论》中论及了中国的哪些问题，我们又应该如何分析认识这些问题，本文将作出概略的表达。

一　小农业与家庭手工业相结合稳固了中国传统的生产方式

在中国，个体农业和家庭手工业的紧密结合，使农村传统的生产方式得以持续稳固。这种生产方式以个体私有制为基础、以家庭经营为特征、以自给自足为目标。它抵御了以资本主义私有制为基础、以雇佣劳动制度为特征、以商品经济和市场经济为运营轨道的资本主义经济的冲击。

马克思在《资本论》第三卷第二十章"关于商人资本的历史考察"中说："资本主义以前的、民族的生产方式具有的内部的坚固性和结构，对于商业的解体作用造成了多大的障碍，这从英国同印度和中国的通商上可以明显地看出来。在印度和中国，小农业和家庭工业的统一形成了生产方式的广阔基础。"② 马克思还指出，英国人

---

① 《资本论》第四卷第一册，人民出版社 1975 年版，第 164 页。
② 《资本论》第三卷，人民出版社 1975 年版，第 372—373 页。

靠他们在印度拥有的直接的政治权力和经济权力，通过他们的低廉的商品价格破坏了印度的经济公社，但是这种解体工作进行得是极其缓慢的。"在中国，那就更缓慢了，因为在这里直接的政治权力没有给予帮助。因农业和手工制造业的直接结合而造成的巨大的节约和时间的节省，在这里对大工业产品进行了最顽强的抵抗；因为在大工业产品的价格中，会加进大工业产品到处都要经历的流通过程的各种非生产费用。"① 中国的个体农业和家庭手工业的生产成本特别是流通成本则是非常低微的。

中国传统的小农业与手工业相结合的生产方式为什么能顽强地抵御资本主义商业的冲击？除了别的原因以外，同广大手工业者迫于生存而形成的吃苦耐劳的韧性和主动服务的工作方式是分不开的。马克思通过在中国的传教士提供的考察资料掌握了最具体的第一手信息。他在《剩余价值理论》（《资本论》第四卷第三册）中引述道："最早的传教士在中国看到过这样的情况：'那里的手工业者从早到晚在城里到处奔走，寻找主顾。大部分中国工人都是在私人家里劳动。例如，你需要衣服吗？裁缝便从早上到你家里来，到晚上才回家。其他一切手工业者的情况也是这样。他们经常为了寻找工作而走街串巷，甚至铁匠也担着他的锤子和炉子沿街寻找普通的零活。理发匠也是——肩上挑着靠椅，手里提着盆子和烧热水的小炉子走街串巷。'这种情况至今在整个东方仍然是常见的现象，在西方世界也有一部分是这样。"②

当然，马克思并不认为单纯依靠手工业者和个体农民的吃苦耐劳精神就可以抵御资本主义商品经济的浪潮，特别是资本主义商品经济在科学与技术不断进步的条件下所具有的那种强劲竞争力。

马克思在《资本论》第一卷分析"价值产品"和"产品价值"的区别和联系时曾经说过："虽然同量的劳动始终只是给自己的产品增加同量的新价值，但是，随着劳动生产率的提高，同时由劳动转

---

① 《资本论》第三卷，人民出版社 1975 年版，第 373 页。

② 《资本论》第四卷第三册，人民出版社 1975 年版，第 477 页。

移到产品上的旧资本的价值仍会增加。例如，一个英国的纺纱工人和一个中国的纺纱工人以同样的强度劳动同样多的小时，那末在一周当中他们会创造出相等的价值。但是，尽管有这种相等，使用一架强有力的自动机劳动的英国人一周的产品的价值和只使用一架手摇纺车的中国人一周的产品的价值，仍有大得惊人的差别。在同一个时间内，中国人纺一磅棉花，英国人可以纺好几百磅。一个几百倍大的旧价值总额使英国人的产品的价值膨胀了，这些旧价值以新的有用形式保存在产品中，因而又可以重新执行资本的职能。"① 由上可知，中英两国工人尽管在相同的时间内，投入同样多的活劳动，可以创造出同样多的价值或者说价值产品；而在同样多的时间内，中英两国工人花费同样多的劳动所能获得的产品价值却大不相同，因为产品价值中除包括工人新创造的价值外，还包括工人在创造新价值的同时通过具体劳动从生产设备和原材料中转移到新产品中的旧价值，而转移过去的旧价值能有多少，要看工人使用什么样的装备和工具：装备和工具先进，能够转移的旧价值就多；装备和工具落后，能够转移的旧价值就少。但装备和工具是否先进以及先进的程度如何，是由科学技术水平决定的。所以，在市场竞争中，科学技术力量具有重大的作用。中国近代以来由于科学技术落后，所以在世界市场竞争中就要受制于人、长期被人盘剥。

二　鸦片战争打开了进入中国的门户，中国成为资本主义国家商品销售的市场

资本家为了占有更多的剩余价值就必须让工人生产更多的商品，而要生产更多的商品，就必须不断地把已经生产的商品销售出去，但要销售出去，就必须有市场。所以，开发商品销售市场就成为资本主义经济发展的关键性条件。中国自古以来就是世界人口第一大

① 《资本论》第一卷，人民出版社 1975 年版，第 665 页。

国，生活消费和生产消费的潜力都十分巨大。所以，开发中国市场就成为 19 世纪以来以英国为首的西方资本主义国家的梦想。马克思在《资本论》第三卷分析对信用的需求时指出："1843 年的鸦片战争，为英国商业打开了中国的门户。新开辟的市场，给予当时已经存在的蓬勃发展，特别是棉纺织业的发展以新的推动。"① 马克思还引用当时曼彻斯特一位工厂主的话说："我们怎么会有生产过多的时候呢？我们要为三亿人提供衣服。" 也就是说，他们要满足中国市场的巨大需求，不可能出现生产过剩。马克思接着说："但是，一切新建的厂房、蒸汽机、纺织机，都不足以吸纳从朗卡郡大量涌来的剩余价值。人们怀着扩充生产时具有的那种热情，投身于铁路的建筑；在这里，工厂主和商人的投机欲望第一次得到满足，并且从 1844 年夏季以来已经如此。人们尽可能多地认股，这就是说，只要有钱足够应付第一次缴款，就把股份认下来；至于以后各期股款的缴付，总会有办法可想！当以后付款的期限来到时……人们不得不求助于信用。"② 也就是说，信用的出现是资本主义商品经济发展的必然产物，或者说信用是资本主义制度下货币流通和资本流通的客观需要。

马克思在《资本论》第三卷还引用了名叫罗·加德纳的工厂主的话说："中国条约（指 1842 年鸦片战争后清政府被迫签订的《南京条约》——引者）签订后，国内立即出现竭力扩大对华贸易的广阔前景，因此，除了现有的全部工厂外，又有许多大工厂专门为了做这种生意而建立起来，以便制造那种主要是销往中国市场的棉织品。"③ 据统计，鸦片战争以后，英国的棉纺织品充斥中国市场。1867 年中国从英国进口的棉纱为 360 万磅，比 1855 年的 290 万磅，增加了 70 万磅；1867 年中国从英国进口的棉布为 420 万匹，比 1855

---

① 《资本论》第三卷，人民出版社 1975 年版，第 458 页。
② 同上书，第 458—459 页。
③ 同上书，第 551 页。

年的 200 万匹增加了 220 万匹。它们分别增长了 20% 和 110%。^① 与此同时中国的大量白银或直接或换成茶叶不断地流往英国。

三　为了垄断中国市场在中国实施委托销售制度

为了大量倾销商品，英国垄断了同中国的贸易。马克思在《资本论》第一卷分析"所谓原始积累"时说："大家知道，英国东印度公司除了在东印度拥有政治统治权外，还拥有茶叶贸易、同中国的贸易和对欧洲往来的货运的垄断权。"^② 东印度公司是存在于 1600 年至 1858 年的英国贸易公司，它是英国在印度、中国及其他亚洲国家推行殖民主义掠夺政策的工具。从 18 世纪中叶起，公司拥有军队和舰队，成为巨大的军事力量。在公司的名义下，英国殖民主义者完成了对印度的占领。公司长期垄断了对印度的贸易，并且操纵了这个国家最重要的管理职能。

马克思在《资本论》第一卷中根据英国工厂视察员的报告指出："棉花危机时期机器的迅速改良，使英国工厂主能在美国南北战争结束后立即又使商品充斥世界市场。到 1866 年下半年，布匹几乎就卖不出去了。于是商品开始运往中国和印度委托销售，这自然使商品充斥更加严重。1867 年初，工厂主采取了他们惯用的摆脱困境的手段，把工资降低 5%。工人起来反抗，并且宣称，唯一的出路是缩短劳动时间。"^③

英国工厂主为什么自己不直接在中国出售纱和布，并在英国出售从中国换回的货物来获取双重利益呢？马克思在《资本论》第三卷中分析"信用和虚拟资本"时回答了这个问题。他说：工厂主"为换取贷款而对印度和中国实行大量委托销售的制度。这种制度……很快就发展成为一种专门为获得贷款而实行委托销售的制度。结果就必然造

① 参见王志毅《〈资本论〉中的中国事典》，《党史文汇》1995 年第 2 期。
② 《资本论》第一卷，人民出版社 1975 年版，第 820—821 页。
③ 同上书，第 475 页（207）注。

成市场商品大量过剩和崩溃。"①

　　所谓委托销售（consignation），从字面上讲，是签字、书面证明的意思；从市场营销的意义上讲，就是在国外请相关机构代销自己商品的一种形式。具体运作是：出口商作为委托人把商品运往国外，交给作为代销人的外国商行的货栈，委托后者依照一定的条件代为销售。这就可以加快商品流通，扩大商品销售。但是，代销人为了保证商品持续供应，总是要在货栈里存些货。如果每个货栈都这样做，就会造成一种虚假需求，从而加剧了商品供应过剩，使社会再生产发生中断，导致大批工人失业。马克思在《资本论》第一卷小注（100）中指出："1867 年 3 月，印度和中国的市场由于英国棉纺织厂主的委托销售，又已经商品过剩了。1866 年棉纺织业工人的工资开始下降5%，1867 年由于类似的过程，普雷斯顿发生了 2 万工人的罢工。"②恩格斯在这个注中补充道："这是接踵而来的危机的序幕。"

四　中国的小商品经济也加入到资本的循环和周转中

　　小商品生产和资本主义商品生产是两种不同性质、不同档次、不同历史进程中的经济形态。小商品经济脱胎于封建主义的自给自足的自然经济的解体，它是为买而卖，目的在于满足自身的需求，最终将通过竞争分化而为资本主义生产方式所替代。资本主义商品经济发源于小商品经济的分化，它是为卖而买，目的在于攫取更多的剩余价值，其最终结局是走向自我否定，走向灭亡，为社会主义公有制经济所代替。

　　上述两种不同性质的商品经济看来是难以相容的，但是，由于二者又有一些共同之处：一是由于社会经济发展水平不同，反映不同时代要求的各种经济形式可能同时并存，因而两者有交往的共同空间；二是两者都要生产商品，甚至是生产同一种商品，因而在技

---

① 《资本论》第三卷，人民出版社 1975 年版，第 459 页。
② 《资本论》第一卷，人民出版社 1975 年版，第 714 页。

术上有协作交流的要求；三是两种商品经济都要流通，因而商品、货币在流通中就会交叉重合。

由上文不难理解，中国的小商品经济会加入到发达国家的资本主义商品经济的循环周转之中。马克思在《资本论》第二卷阐述"循环过程的三个公式"时指出："在产业资本或者作为货币或者作为商品执行职能的流通过程内，产业资本不论作为货币资本还是作为商品资本的循环，是和各种不同的社会生产方式的商品流通交错在一起的，只要这些生产方式同时是商品生产。不论商品是建立在奴隶制基础上生产的产品，还是农民的产品（中国人，印度的农奴），还是公社的产品（荷属东印度），还是国家生产的产品（如从前在俄罗斯历史上出现的以农奴制为基础的国家生产），还是半开化的狩猎民族的产品等等，它们总是作为商品和货币，同表现产业资本的货币和商品相对立，既进入产业资本的循环，在剩余价值作为收入花掉时，也进入商品资本所包含的剩余价值的循环，也就是说，进入商品资本的两个流通部门。作为它们来源的生产过程的性质如何是没有关系的；……因此，商品来源的全面性，市场作为世界市场而存在，是产业资本流通过程的特点。"[①] 也就是说，小商品生产者的商品和货币想不加入资本的循环和周转也是不可能的，它的加入是产业资本流通过程的固有特征。

但是，小商品生产以及前资本主义的各种社会生产方式，并不会永久地同资本主义商品生产"和平共处、相安无事"。作为相对先进的资本主义商品生产总是要排斥甚至摧毁一切落后的前资本主义的生产方式。马克思在《资本论》第二卷分析"货币资本的循环"时写道："资本主义的商品生产越发展，它对主要是直接满足自己需要而只把多余产品转化为商品的任何一种旧生产形式，就越发生破坏和解体的作用。它使产品的出售成为人们关心的主要事情，它起初并没有显著地侵袭到生产方式本身，例如，资本主义的世界

[①]　《资本论》第二卷，人民出版社 1975 年版，第 126—127 页。

贸易对中国、印度、阿拉伯等国人民最初发生的影响就是如此。但是接着，在它已经扎根的地方，它就会把一切以生产者本人劳动为基础或只把多余产品当作商品出售的商品生产形式尽行破坏。它首先是使商品生产普遍化，然后使一切商品生产逐步转化为资本主义的商品生产。"①

但是，影响经济发展的因素是复杂的，因而历史前进的道路也是曲折的，中国的小商品经济并没有也不可能完全转化为资本主义商品经济，而是走向以公有制经济为主导的社会主义商品经济。

五　外国银行在中国汇票买卖中的斗争

马克思在《资本论》第二卷分析资本的"流通时间"时引用英国《经济学家》期刊上的有关文字写道："1847年的危机，使当时的银行业和商业能够把印度和中国的汇兑习惯（这两国和欧洲之间的汇兑期限）由发票后十个月，减为见票后六个月；二十年来，由于航运的加速和电报的设置，现在有必要再把见票后六个月减为发票后四个月，或者作为第一步先减为见票后四个月。"②

1870年苏伊士运河的正式通航，使欧洲与中国的航距大为缩短，从而使航运时间也大为减少。与此同时，1871年，由英国伦敦到中国上海的海底电缆也铺设完成。由于海运及通信的改善，使贸易周转时间大为缩短，从而为外国银行在中国控制金融市场提供了有利条件。由此，英法等西方发达国家纷纷在中国设立银行，展开了金融市场的竞争。

1865年4月，英国在香港设立了汇丰银行，这是在中国建立的第一家外国银行。同年，它除了在上海设立的分行外，还在福州、宁波、汉口、汕头设立代理处，继而又建分行。之前，1845年，伦敦的丽如银行在香港和广州设立了分支机构。1851年，汇隆银行在

---

① 《资本论》第二卷，人民出版社1975年版，第43—44页。
② 同上书，第280页。

广州设立了分行，接着又在上海等地设立了代理处开展业务，法国的法兰西银行想在巴黎和上海之间建立直接的商业和金融联系，以期改变中法贸易须通过伦敦的被动局面。但在中国金融市场上法国银行实难同在中国拥有星罗棋布的分支机构的英国银行相抗衡。①

马克思引用上述《经济学家》期刊上的有关文字还写道："1866年7月2日，主要同印度和中国做生意的伦敦五家大银行和巴黎贴现银行发出通告说，自1867年1月1日起，它们在东方的分行和代办所只买卖见票后不超过四个月的票据。"② 具体说来，就是包括倡议者丽如银行和加入者麦加利、有利、汇隆、呵加剌、伦敦五家大银行及法国巴黎的法兰西银行达成共同协议，把中国和印度与欧洲过去习惯沿用的六个月到期的汇票缩短为四个月，它们不再买卖六个月到期的汇票，以减少银行的风险。但是，英国的汇丰银行抵制这一协议，它照旧大量收购六个月到期的汇票，同时又高价售出四个月到期的汇票，并由此获得了巨额利润，致使其他银行难以为继。所以，马克思说，"这种缩减的办法失败了，不得不再取消"③ 六家银行原来达成的协议。显然，设在中国的汇丰银行在这场围绕买卖不同期限汇票的斗争中取得了胜利。

《资本论》论中国的内容是比较丰富的，上边论及的若干方面只是其中的一部分。此外，对中国工人工资的低下、中国造纸业中的古亚细亚生产方式、中国市场的营业欺诈、中国为西方国家工业生产提供原料，以及中国清朝官员为货币流通问题向皇帝呈送奏折等问题均曾论及。这一切再次证明了中国的商品、货币、资本、汇票以及工人和手工业者的状况为《资本论》的研究提供了一定的佐证信息和某些思想材料。中国的经济社会问题决不在马克思创作《资本论》时的视野之外，因此，学习和研究马克思的《资本论》不能不了解中国的社会历史；也决不能不认真研读马克思在《资本论》

---

① 参见王志毅《英法银行在中国的汇票买卖》，《党史文汇》1994年第9期。
② 《资本论》第二卷，人民出版社1975年版，第280页。
③ 同上。

中有关中国问题的论述。当然，这决不意味着可以忽视《资本论》的主线是论资本，《资本论》的立论背景是当时的西欧发达资本主义国家特别是英国，而只是说我们应该更全面地学习和研究《资本论》，不可忽略《资本论》中的中国因素。

（原载《当代经济研究》2013 年第 8 期）

探寻贵金属国际流动规律

——读《资本论》第三卷第三十五章笔记

贵金属包括黄金、白银和铂，其中主要是黄金，它一直被人们视为最珍贵的财富的象征，它具有商品属性、货币属性和金融属性等多种功能。早在四五千年前新石器时代人们开始发现黄金时，由于它的稀有性、稳定性和可观赏性，希腊人和埃及人就把它称之为"闪烁的黄昏"和"可以触摸的太阳"。马克思在《资本论》中对黄金的研究给予了高度重视，论述集中在第一卷第一章和第三章以及第三卷第三十五章中。本文是第 3 卷第 35 章的读书笔记。

《资本论》第三卷第三十三、第三十四、第三十五三章都是研究信用制度与货币流通问题的。其中第三十三、第三十四两章是研究信用制度和国内的货币流通问题；第三十五章是研究信用制度和各国之间的货币流通问题。而国际货币流通不可能是纸币的流通，而必然是贵金属的流通。同时，由于贵金属在各国之间的流动主要是以外汇行市为转移，所以本章的标题就是《贵金属和汇兑率》。当今，我国已是世界第一黄金生产大国和加工大国，又是世界第一消费大国，外汇储备也居世界首位。因此，我们重温马克思在《资本论》中有关贵金属的论述甚为必要。

一 贵金属在各国之间的流入流出

（一）贵金属流动的范围

为了研究的方便，马克思首先划定了贵金属流动的范围有两个方面：一方面是金银从它们的产地流往其他国家。这样输出的黄金在俄国、美国和澳大利亚的新金矿发现以后大大增加了，这是因为：其一，国内货币流通增加；其二，中央银行即国家银行金属准备金增加；其三，用于奢侈品的贵金属消费增加。另一方面是金银在非产地各国之间流出和流入。首先要弄清"流出"不等于"输出"，只有"输出"超过"输入"的部分才是"流出"。同样，"流入"不等于"输入"，只有"输入"超过"输出"的部分才是"流入"。马克思还指出："人们总是这样理解，好象贵金属的输入过多和输出过多，只是商品输入和输出比例的结果和表现"①，其实，贵金属的流动同商品交易确有较大关系。马克思说："金属的流出，在大多数情况下总是对外贸易状况变化的象征"②；但是也不尽然，还可能是"和商品交易无关的贵金属本身输入和输出比例的表现"③。例如，向国外投资、借款给国外、战争支出等，便都同商品交易无关。

（二）贵金属流动的测量

关于贵金属流入流出的衡量大体上可以用中央银行即国家银行黄金储备的增减来测量。不过这种测量能准确到什么程度，要看银行业务的集中程度。因为贵金属储藏并非都集中在国家银行手里，这就要看国家银行的贵金属在多大程度上能代表一国的储藏。此外，还有以下一些影响测量精确度的情况：一是输入的贵金属可能被用作流通手段和制造奢侈品，这样国家银行的黄金储备不仅未增加甚至会减少。二是在贵金属既无流出也无流入的情况下，如果为了满足国内流通的需要而取出部分黄金铸币，则黄金储备还会减少；等等。这说明，国家银行的黄金储备量不能准确测量一国贵金属的流动情况。但是，在国内流通需要的货币量比较稳定的情况下，国家银行黄金储备的变化就可以大体反映贵金属流出和流入的状态。

如果国家银行的贵金属储备持续减少以至降到中等水平以下，

---

① 《资本论》第三卷，人民出版社1975年版，第642页。
② 同上书，第645页。
③ 同上书，第642页。

这时就会引起贵金属的流出，并造成人们的恐慌，致使人们纷纷持银行券或钞票到银行兑换黄金，储存起来，以防受损。

（三）贵金属流动与经济危机的关系

对这个问题，马克思讲了三点：

一是现实的危机总是在汇兑率发生转变之后，在贵金属的输入又超过它的输出即出现顺差时爆发。这已经为多次危机所证实。

二是经济危机一旦结束，撇开新开采的贵金属从产地流入各国不说，贵金属就会按照正常情况下在各国形成的储藏比例再行分配。在其他条件不变的情况下，各国的相对储藏量，是由它们在世界市场上所起的作用决定的。贵金属将从存额超过正常水平的国家流到其他国家去，这种流出流入，不过是恢复贵金属原来在各国之间的比例。"一旦恢复正常的分配，从这时起，先是会出现增长，然后又会流出。"①

三是贵金属的流出，在大多数情况下，总是对外贸易状况变化的象征，"而这种变化又是情况再次接近危机的预兆"②。贵金属的流出为什么会是经济危机的预兆呢？这是因为此时已经生产过剩，本国商品不仅在国内市场而且在国外市场上销售都很困难，所以出口贸易在缩减；但国内生产还在加紧进行，需要进口大量的原材料和农产品，以供国内生产和消费的需求。在此情况下，生产过剩只会加剧，因而发生的贸易逆差和贵金属外流就使经济危机日益逼近。

二　贵金属流动和资本主义生产周期的关系

马克思指出："贵金属的输入主要发生在两个时期。首先是利息率低微的第一阶段，这个阶段尾随危机之后，并且反映生产的缩小；然后是在利息率提高但尚未达到平均水平的第二阶段。"③ 由此可知，

---

① 《资本论》第三卷，人民出版社 1975 年版，第 645 页。
② 同上。
③ 同上书，第 646 页。

从产业循环的周期看，贵金属的输入主要发生在"萧条"和"复苏"这两个阶段，而大量不断的流出则发生在危机前夕，因为在危机前夕，只要资本回流不畅，市场商品过剩，对借贷资本已有强烈的需要，利息率至少已达到平均水平，这时贵金属的流出就不可避免。在贵金属大量流出的情况下，对借贷资本的强烈需求，就会促使利息率和贴现率的提高。贵金属的外流还会加速危机的爆发。

贵金属的流动之所以会产生这样大的影响，一是因为贵金属作为货币形式的资本，有其特殊的性质，它是财富的普遍的绝对的形式；二是它的作用像加在天平上的一根羽毛一样，虽然重量很轻，但它足以决定天平最终向何方下坠。马克思指出："正是这种发达的信用制度和银行制度，引起了整体机体的这种过敏现象。"①

三　贵金属流动和汇兑率的关系

汇兑率就是两国货币之间的兑换比例或比价。汇兑率与黄金的国际流动关系极大。恩格斯说过："众所周知，汇兑率是货币金属的国际运动的晴雨计。"② 在世界市场上，只有贵金属才是真正的货币，即世界货币。实际上由于国际信用关系的发展，国与国之间的债务往往具有相互的性质，所以它们之间的收支差额，也可以通过信用货币如商业汇票、银行证券等进行结算。这些由外国公民或企业签发的以外国货币表示的债权或债务凭证，称为外汇。于是就产生了本国货币同外国货币的兑换比例即汇兑率问题。

例如，英国的英镑和德国的马克都有一定的含金量，如果它们之间的比价用含金量来换算，那就是所谓的货币比价。但是，这种货币比价会随着两国国际收入状况的变化而变化。如果英国对德国的支付出现了逆差，那么，在英国，用英镑表示马克的价格就会上涨，而在德国，用马克表示的英镑的价格就会下跌。对英国来说，

---

① 《资本论》第三卷，人民出版社 1975 年版，第 647—648 页。
② 同上书，第 650 页。

这样的汇兑率是不利的。如果这种货币比价使英国用马克等汇票、银行券对德国的支付所带来的损失，竟超过英国把贵金属运往德国所需运费的数量时，英国就不再用马克、汇票等来支付，而直接向德国运送贵金属来支付了。

马克思在《资本论》中还详细分析了，在汇兑率对本国不利的情况下，如何采取提高利息率和贴现率等办法，来保护本国的利益。

为了把握好贵金属流动的规律，我们还应该了解马克思是怎样论述汇兑率变化原因的。马克思认为汇兑率变化有以下三方面的原因：

1. 一时的支付差额。不管造成这种差额的是什么原因——纯粹商业的原因，国外投资，或国家支出，如战时的支出等等，只要由此会引起对外的现金支付。

2. 一国货币的贬值。不管是金属货币还是纸币都一样。在这里汇兑率的变化纯粹是名义上的。如果现在 1 镑只代表从前代表的货币的一半，那它就自然不会算作 25 法郎，而只算作 12.5 法郎了。

3. 如果一国用银，一国用金作"货币"，那末，在谈到这两国之间的汇兑率时，这种汇兑率就取决于这两种金属价值的相对变动，因为这种变动显然影响这两种金属的平价。①

马克思在《资本论》第三卷第三十五章中对"贵金属和汇兑率"的论述并不限于上述，还包括银行金储备的用途、国际支付差额等问题，特别是还有对资产阶级学者威尔逊等的错误观点的深刻批判。但是，这一切都是围绕在资本主义信用制度下贵金属在国与国之间的流动这一主线展开的。马克思对这条主线的分析，对我们社会主义市场经济条件下黄金业的发展也具有重要启迪。

---

① 《资本论》第三卷，人民出版社 1975 年版，第 668—669 页。

四　启迪与建议

我从《资本论》第三卷第三十五章得到的启迪主要不在于贵金属流动的具体轨迹，也不在于相关具体理论的阐释，而在于下述战略考量和宏观掌控方面。

（一）我们要提升黄金的战略定位

尽管自从人类发现黄金几千年以来，没有谁敢于轻视黄金，也没有谁无缘无故地拒绝黄金，还没有谁会轻易地放弃黄金，但是在人类已经进入 21 世纪的今天，在高科技不断突飞猛进的时代，又当经济全球化正充分展现的条件下，特别是当人类的人文意识普遍提升的时刻，像以往那样仅仅把黄金看作宝贵的物质财富，或仅仅看作保值避险的重要手段，再或只把它当作显示富贵的豪华的高档装饰品是远远不够的。我们在新的时代必须给黄金以新的战略定位。

我们应该认识到，黄金是全球性的战略资源，是一国综合国力的组成部分，是保障国家安全的不可替代的物质力量，是防范重大风险的"最后的卫兵"。一个国家有了充足的黄金，就可以保障大局稳定，就可以提升国际地位，就可以充分兑现对人民的承诺。所以，黄金关系到国家的兴衰、社会的发展和人民的福祉。只有把黄金放在这样的战略位置上，才能办好黄金的事情。

（二）政府要加强对黄金发展的宏观调控

在社会主义市场经济条件下，要"使市场在资源配置中起决定性作用和更好发挥政府作用。市场决定资源配置是市场经济一般规律"，但"科学的宏观调控，有效的政府治理，是发挥社会主义市场经济体制优势的内在要求"。① 这就是说，在通常的情况下，在发挥市场配置资源决定性作用的同时，既要发挥"看不见的手"的市场

---

① 《中共中央关于全面深化改革若干重大问题的决定》，人民出版社 2013 年版，第 5、16 页。

作用，又要发挥"看得见的手"的政府作用，使二者互促互补、各扬其长，在精当配合中共同保证市场经济健康发展。

但是，社会资源多种多样、错综复杂，不能一概而论。在资源配置中不能搞"一刀切"。因此，对黄金这种特殊战略资源的配置，必须从大局出发，强化和优化政府的宏观调控作用。这是完全可以理解的。为此，政府就要掌握全国和全球黄金资源分布以及黄金生产、流通和研发的全貌，探寻黄金流动的规律。然后在这个基础上，制定全国黄金发展战略，更好地发挥国家赋予黄金管理部门的"对黄金资源的勘探、开发和生产建设实行统一管理"的职能。

（三）增强黄金储备

黄金储备（gold reserve）是指一国货币当局持有的，用以平衡国际收支，维持或影响汇率水平，作为金融资产和战略资源所持有的黄金。它对于稳定国民经济、抑制通货膨胀、提高国际资信、保障国家安全等方面有着特殊的作用和意义。

我国黄金产量 2007 年达 270.49 吨，首次超过雄居全球产金第一大国达 109 年之久的南非，成为世界第一黄金生产大国。2013 年，我国黄金产量达 428.16 吨，已连续 7 年保持世界第一。这一年，我国黄金消费量达 1176.40 吨，首次超过印度，成为世界第一黄金消费大国[①]。但据世界黄金委员会（WCC）截至 2012 年 7 月的统计，全球黄金储备最多的十个国家，美国居第一位，我国居第五位。美国的官方储备为 8133.5 吨，而我国官方储备量仅为 1054.1 吨，与美国相去甚远。而且我国黄金储备占外汇储备总额之比仅为 1.8%，与世界平均 10% 的水平相比差距甚大。因而，我国在世界黄金定价方面仍然没有话语权。[②] 还应引起国人重视的是

---

① 《2013 年中国黄金消费量超过印度成为世界第一》，http：//finance. chnanews. com/ 2014/02 – 16/5842400. shtml。

② 《全球黄金储备最多的十个国家：美国第一中国第五》，http：//finance. ifeng. com/ gold/jskxqb/20120823/6932799. shtml。

我国黄金储藏量虽居世界前列，但绝对量并不丰富，截至 2012 年年底仅为 8196 吨。[①]

黄金是国家战略储备的主体，为了经济持续较快发展，为了社会的稳定和国家的安全，也为了将人民币打造成储备货币，我们必须坚持勘探开发和海外购进并举，积极增加黄金储备。

鉴于上述分析，我认为我们以往对黄金问题的研究，不论从金融角度、产业角度、对外经济贸易角度来说，还是从国家安全角度来说，都是很薄弱的；不论是经济学界的研究，还是金融界的研究，都是不够的，同我们长远利益的需要相比是极不相称的。

（原载《当代经济研究》2014 年第 7 期）

---

① 《2013 年中国国土资源公报》，http：//www. mnr. gov. cn/sj/tjgb/201807/t20180704_1997943. html。

不可漠视国民经济按比例发展规律

十二届全国人大第四次会议通过并公布了《中华人民共和国国民经济和社会发展第十三个五年规划纲要》。这是一项关系全面建设小康社会决胜成败的历史性决策，是全党全国人民今后五年共同奋斗的纲领。支持这项重大决策的"四个全面"战略部署、作为新动力源的创新驱动战略、保障区域协调发展的"一带一路"倡议、长江经济带发展战略和京津冀协同发展战略等均已敲定。但是，计划也好，战略也好，其实施都必须以客观经济规律为依据，必须切实贯彻落实客观经济规律的要求。在社会主义经济中，国民经济按比例发展规律就是一条极为重要的不可漠视的客观经济规律。在我国当前经济发展中，落后产能过剩特别是钢铁、煤炭落后产能过剩的严重存在，"去产能""去库存"成为当前的主要经济任务，以至"十三五"的实施不得不以供给侧结构性改革为主线。这一切都说明国民经济按比例发展的重要性和紧迫性。所以，本文想就国民经济按比例发展规律的内涵、客观要求和实施路径等作一简要阐述。

一 国民经济按比例发展是一条客观经济规律

所谓经济规律就是客观经济现象的内在的、本质的、必然的联系。它是不以人的意志为转移的客观趋势。还可以说，在客观经济过程中，一定条件下反复出现的现象就是规律。经济规律无处不在、无时不在，但在不同的经济现象中有不同的规律。粗略而论经济规律有以下几类：一是在人类社会中普遍存在的共同规律，如生产关系一定要适合生产力性质规律。二是在几个社会中共同存在的经济规律，如在商品社会中都有的价值规律、竞争规律等。三是在特定社会里特有的经济规律，如在资本主义社会特有的剩余价值规律，又如在社会主义社会特有的按劳分配规律等。国民经济按比例发展规律是以科学技术发展为基础的社会化大生产条件下共有的客观经济规律。

在社会化大生产条件下，随着科学技术的发展，社会分工越来越细化，致使各个部门之间的联系越来越紧密，其相互联系、相互依赖性不断走强，因而国民经济各部门之间就要求形成一定的比例关系。例如，满足人们物质文化生活需要的最终产品生产的发展，就要求相关的原材料生产部门的相应增长；原材料生产部门的发展，就要求相关的采掘业和冶金业等基础工业的增长；基础工业的发展，又要求相关燃料和动力部门的增长；原材料工业和加工工业的发展，就要求装备制造业相应增长；而工业越发达，越要求农业的相应增长，以便为社会提供足够的粮食和为轻工业发展提供所需的原料；生产物质资料的工农业生产部门的发展，就要求商贸业等流通产业相应的成长。进一步说，国民经济各部门的发展，还需要金融业、信息业的相应服务，以及文化教育医疗卫生业的积极配合，以便能够为各行各业培养合格的人才及提供精神产品和保护社会成员的健康。由上述可见，在社会化大生产条件下，国民经济各部门都是相互依存、相互促进的。如果我们把国民经济各部门这种相互联系、相互促进的关系加以量化，就可以得出它们发展中应有的比例关系。比例协调就有利于国民经济的持续发展，比例失调就不利于国民经济的持续发展，甚至会周期性地爆发经济危机。

随着在科学技术基础上新需求的不断出现和新的供给能力的不断增强，新的产业部门还将生生不息、不断涌现，相应的国民经济各部门之间的比例关系也将不断演化、日新月异。例如，随着信息技术的进步，网购业和快递业就出现了。又如，随着人们收入水平的提高和汽车拥有量的大幅度增加，存车业也应运而生了。

　　对于在社会化大生产条件下，国民经济按比例发展的必然性，马克思早在 1868 年致路·库格曼的信中就指出：“要想得到和各种不同的需要量相适应的产品量，就要付出各种不同的和一定数量的社会总劳动量。这种按一定比例分配社会劳动的必要性，决不可能被社会生产的一定形式所取消，而可能改变的只是它的表现形式。”①这就是说，在国民经济各部门按一定比例分配作为活劳动的劳动力和作为物化劳动的生产资料，并不因为是资本主义的生产还是社会主义的生产而改变，但它的表现形式是会改变的，也就是说，资本主义生产和社会主义生产是各不相同的。

　　在资本主义私有制经济条件下，经济的运行，通常表现为竞争和生产的无政府状态，国民经济中的比例关系经常被打乱，不可能自觉地维持平衡。列宁指出：“资本主义必须经过危机来建立经常被破坏的平衡。”②马克思也曾经说过：“在资本主义社会，社会的理智总是事后才起作用，因此可能并且必然会不断发生巨大的紊乱。”③相反，在社会主义公有制经济条件下，生产资料公有制与生产的社会化相适应，摆脱了资本主义经济的盲目发展和无政府状态，这时正像恩格斯指出的：“按照预定计划进行社会生产就成为可能的了。”④ 马克思在《资本论》1857—1858 年手稿中还指出：“时间的节约，以及劳动时间在不同的生产部门之间有计划的分配，在共同生产的基础上仍然是首要的经济规律。”⑤

　　在我国还处于多种所有制经济同时并存的社会主义初级阶段的条件下，是否存在国民经济按比例发展的客观必然性和可能性？我们的回答是肯定的。因为建立在机器大工业基础上的社会化大生产在我国已经存在，国民经济按比例发展已成为客观要求，虽然在较长时期内我国还将存在包括私有制经济在内的多种经济成分，并且

　　① 《马克思恩格斯选集》第 4 卷，人民出版社 1972 年版，第 368 页。

　　② 《列宁全集》第 3 卷，人民出版社 1959 年版，第 566 页。

　　③ 《资本论》第二卷，人民出版社 1975 年版，第 350 页。

　　④ 《马克思恩格斯全集》第 20 卷，人民出版社 1971 年版，第 710 页。

　　⑤ 《马克思恩格斯全集》第 46 卷（上），人民出版社 1979 年版，第 120 页。

市场在资源配置方面发挥决定性作用，但我国社会主义的基本经济制度是以公有制经济为主体，国有经济成分在社会经济发展和运行中发挥主导作用，特别是我们社会主义国家具有组织社会经济的职能，政府对市场经济具有进行宏观调控的作用，能够有组织、有计划地管控国民经济的发展和运行。所以，国民经济按比例发展在处于社会主义初级阶段的我国不仅具有必要性，而且具有可能性。所以，我们不能漠视国民经济按比例发展规律的存在和作用。

二 国民经济中的主要比例关系

国民经济中的比例关系是个极为复杂的体系。可以从国民经济各部门的功能来确立比例关系，可以从各产业部门的分工来划分比例关系，也可以从国民收入分配各部门的关系来认定比例关系，还可以从人和自然的关系来确立比例关系，等等。而且这些比例关系并不是一成不变的，随着科学技术的发展和社会需求的变化，国民经济中的比例关系将不断更新、不断变化。这里将当代国民经济中主要比例关系列举如下：

（一）两大部类的比例关系

马克思在《资本论》第二卷中分析社会资本再生产时，将全社会的生产分为两大部类：一类是生产资料生产；一类是生活资料生产。相应的社会总产品按实物形态分为生产资料和生活资料两类；按价值形态分为 c（不变资本）、v（可变资本）、m（剩余价值）三部分。社会总资本再生产的核心问题是社会总产品的实现，即社会总产品的价值补偿和物质替换问题。社会总产品在简单再生产条件下的基本实现条件是：$I(v+m) = IIc$；在扩大再生产条件下的基本实现条件是：$I(V + \Delta v + m/x + m) = II(C + \Delta c)$。上述两种基本实现条件就是简单再生产和扩大再生产条件下两大部类的比例关系。马克思关于社会资本再生产的上述理论体现了以社会化大生产为基础的商品经济条件下的共同规律，同样适用于社会主义国民经济按比例发展的要求。

（二）产业部门之间的比例关系

两大部类的划分是以产品最终用途为依据对社会生产所作的理论上的划分，这种划分在产业部门中表现为农业、轻工业和重工业三个部门的比例。这三个产业部门的并列划分，首先是列宁在1922年提出来的，在我国社会主义经济发展中，对这三个部分的关系在理论上和实践中进行了长期的探索。

农业是国民经济的基础，是唯一能够为人们提供粮食的产业部门，所以只有农业的发展达到除了满足农业人口自身需要还有或多或少的剩余时，国民经济其他部门才能独立存在和发展。此外，农业还为轻工业的发展提供棉花、油料、糖料、茶叶等原材料。

轻工业为人民生活提供日用消费品，相当一部分农产品只有经过轻工业加工以后才能满足人们的需要。轻工业建设周期短、资金周转快，所以它还是社会资金积累的重要源泉。不可忽视的是农业、轻工业还是重工业产品的重要市场。

重工业是为整个国民经济提供生产资料的部门，农业和轻工业的设备更新与扩充以及技术的不断进步，要靠重工业来支持。所以，不仅农业、轻工业要为重工业服务，重工业的发展也为农业和轻工业服务。重工业必须建立在农业和轻工业的基础上。

由上述可见，农业、轻工业、重工业在国民经济中的关系是相互依存、相互促进的，其发展必须步调一致、比例协调，不可畸轻畸重。正确处理三个产业部门的关系应依据以农业为基础、以工业主要是重工业为主导的原则。

（三）产业部门内部的比例关系

国民经济各产业部门内部还存在着相互联系、相互依存的各种行业，所以它们之间也必须保持一定的比例关系。而且部门内的行业还各有多层次的小行业。就农业内的部门而言，有种植业和畜牧业的比例关系；在畜牧业内还有肉类畜牧业和乳类畜牧业的比例关系，等等。就轻工业内部而言，有纺织工业和食品工业的比例关系；

在纺织工业中还有织布、纺纱和印染行业的比例关系，等等。就重工业内部而言，有加工工业、装备工业和冶金工业的比例关系；在装备工业中还有轻工装备和制造业装备行业的比例关系，等等。产业部门内部的比例关系将随着科学技术的进步和社会分工的发展而日益精细化。

（四）第一、第二产业和第三产业的比例关系

三次产业的划分是西方经济学者提出的一种国民经济产业分类的理论和方法，近年来我国也使用这种分类方法并在使用中有所调整和完善。第一、第二产业包括农业、轻工业和重工业，也就是社会所有的物质生产部门。第一、第二产业之外的产业就都归为第三产业。在我国，第三产业包括交通运输业、批发和零售商业、物流业、邮政业、旅游业、住宿和餐饮业、金融业、房地产业、租赁业、信息传输、计算机服务和软件业以及市场中介业。此外，还包括科学研究、技术服务和地质勘查业，水利、环境和公共设施管理业、居民服务、保健养老和其他服务业，教育卫生、文化、体育和娱乐业、公共管理和社会组织及国际组织运作，等等。第三产业虽然门类众多，但可以归纳为两大类，即为社会生产服务的产业和为人民生活服务的产业。所以，第三产业也可以统称为服务业。

在国民经济发展中，第一、第二产业提供的物质产品种类越多、数量越大，人民收入和生活水平越高，对第三产业的需求就越大；而第三产业越发达、效率越高，就越能促进第一、第二产业的发展和人民生活的改善。所以，第一、第二产业和第三产业必须按比例协调发展。当然科学技术越进步、人民收入和生活水平越高，第三产业在国民经济中的比重将越大。

（五）军工生产和民用生产的比例关系

只要世界上还有国家存在，还有帝国主义和霸权主义，就一定要有国防建设，而要建设国防就必须要有军工生产，于是就有一个军工生产和民用生产的关系问题。

军工生产是民用生产的重要保障，而民用生产又是军工生产的

物质基础。强大的国防建设和军工生产，可以使经济建设和民用生产得到一个和平、安定、良好的社会环境，而现代化的国防建设和军工生产，又必须有强大的基础工业和先进的高科技产业做支撑。所以，必须从财政上、技术上和空间上统筹组织军工生产和民用生产，使它们按比例协调发展，不能顾此失彼。当然在不同的国际环境和不同的敌我力量对比下，会有所侧重。但不论怎样，我们都必须既有居于世界前列的经济实力，又必须有战无不胜的强军战略。毛泽东在 20 世纪 50 年代曾经说过："我们一定要加强国防，因此，一定要首先加强经济建设。"① 说明了二者之间相互依存的关系。

为了更好地处理二者的关系，可以实行军民结合的模式。在不妨碍国防建设的同时，军工部门也可以从事民品生产；同样，有些民用工业部门，也可以为国防部门提供军工产品。部队还可以培养军地两用人才，既会打仗和研制兵器，又会从事经济建设。

（六）积累和消费的比例关系

以上是国民经济生产和流通领域内各部门的比例关系。这里讲的是分配领域中的比例关系。国民经济中的分配关系也是很复杂的，有初次分配和再分配过程，还有微观经济中的分配和宏观经济中的分配等，但对每年新创造的价值即国民收入的分配，最终就表现为积累和消费两部分。积累是国民收入中用于扩大再生产的部分。它来源于每年新创造的剩余产品。在不同的社会制度下，积累的性质是不同的。在资本主义制度下，积累是剩余价值的资本化，是资产阶级为榨取更多的剩余价值而扩大再生产的源泉。在社会主义制度下，积累是在国家、集体、个人的根本利益一致的基础上形成的。它用于扩大再生产，支持社会主义现代化建设。在国民收入中，与积累相对的是消费。消费是为满足社会成员物质、文化生活需要而消耗和使用的那部分收入。根据不同的划分标准，消费可以分为个人消费和集体消费、居民消费和政府消费、商品性消费和服务性消

---

① 毛泽东：《论十大关系》，《毛泽东著作选读》下册，人民出版社 1986 年版，第 725 页。

定性作用和更好发挥政府作用。"因为"市场决定资源配置是市场经济的一般规律，健全社会主义市场经济体制必须遵循这条规律"。①但是，市场的作用主要是价值规律的作用。经济学者都认同价值规律的作用后果具有二重性，一方面，它可以激励人的经营积极性并促进技术进步；同时，它又必然导致经济发展的无政府状态和经营者的两极分化。所以，在社会主义市场经济条件下，越是发挥市场在资源配置中的决定性作用，就越需要发挥政府的宏观调控作用，以避免恶性竞争膨胀、经济无政府状况激化和贫富差距扩大。所以，只有在市场配置和宏观调控的共同作用下，也就是说，只有在"看不见的手"和"看得见的手"的共同作用下，社会主义市场经济才能健康地、持续地发展，才能更好地彰显中国特色社会主义制度的优越性。那么，政府的宏观调控如何推动国民经济按比例发展呢？

（一）树立和坚持"协调"发展理念

党的十八届五中全会提出："实现'十三五'时期发展目标，破解发展难题，厚植发展优势，必须牢固树立创新、协调、绿色、开放、共享的发展理念。""协调"是这五大发展理念之一。全会还指出："协调是持续健康发展的内在要求。必须牢牢把握中国特色社会主义事业总体布局，正确处理发展中的重大关系。"② 这些重大关系不仅包括区域关系、城乡关系、物质文明和精神文明关系，而且包括国民经济各产业之间的关系，以及经济社会发展同人口、资源、环境的关系等。所以，国民经济按比例发展，也就是要求国民经济协调发展。实现了协调发展，才能做到平衡发展和可持续发展。否则，就会出现产能过剩或短缺，产业结构不合理，各部门比例失衡，经济、社会发展和生态环境"一条腿长、一条腿短"的矛盾等。因此，培育、树立和坚持协调发展理念，是实现国民经济按比例发展规律的首要环节。

---

① 《中共中央关于全面深化改革若干重大问题的决定》，人民出版社2013年版，第5页。
② 《〈中共中央关于制定国民经济和社会发展第十三个五年规划的建议〉辅导读本》，人民出版社2015年版，第10—11页。

（二）定期制定和公布产业政策

产业政策是一国高层次的经济政策，是政府为推动技术进步、不断优化产业结构和实现长期发展战略目标所采取的投资政策、技术政策、货币政策、劳动政策、外贸政策和其他相关政策的总和。产业政策制定的主体是国家，它体现着中央政府对促进市场机制发育和引导产业发展的调控意图。产业政策的作用是促进经济协调、健康发展。产业政策是一种中长期政策，但可以每年发布产业政策的实施方案，以求长期产业政策的不断更新和落实。产业政策主要有三类：一是培育和发展新兴产业政策；二是干预个别产业的特定政策；三是对衰退产业调整和援助政策。由上可见，政府可以通过制定和实施科学的产业政策，来引导企业的市场行为，有效地推动国民经济按比例发展。

（三）坚持进行经济预测并定期公布市场供求动态

为了避免企业经营的盲目性，政府可以分行业定期对经济增长的速度、各类产品的增长状态进行预测并及时公布；还要定期公布市场供求动态，使企业能够知晓哪些产品是供过于求的，哪些产品是求过于供的，哪些产品还有较大的增长空间，哪些产品的市场供应已经饱和，以及各类产品供求差距的大小等。企业得到上述各项确切的信息，便能确定自身的经营方向、规模以及应有的增长速度。每个企业的经营自觉性都提升了，国民经济发展的盲目性就减少了，计划性就增强了，国民经济按比例发展的规律也就能够贯彻落实了。

（四）坚持和优化立项审批制度

立项审批制度是在经济社会发展中上级政府对下级政府和企事业单位申请设立建设项目的一种调控手段。它体现国家对经济社会发展的战略意图，体现政府对产业发展实施宏观管控的积极意向。所以，不是要不要立项审批制度，而是如何更好地建立和完善立项审批制度。但由于过去对项目的审批面过大，把不该审批的项目也纳入审批范围；而且审批手续过于烦琐；更有甚者，某些官员把审批权限当作谋取非法私利的手段。所以，在政府简政放权的改革中，减少了许多不需要审批的项目，简化了不必要的烦琐的审批手续，从而有利于运作效率的提高和社会生产力的解放。

但是，缩小审批范围、简化审批手续，不等于不要审批制度，而在于要使它更科学、更简便。因为完善的审批制度，可以减少重复建设，避免产能过剩；完善的审批制度，可以支持短缺产业加快发展，实现国民经济的均衡化；完善的审批制度，可以避免技术低下的缺乏竞争力的项目启动；完善的审批制度，有利于促进战略性新兴产业的迅速成长；完善的审批制度，可以避免项目设立在地域上过于集中，不利于区域协调发展；完善的审批制度，还可以避免有碍净化生态环境的项目进入，以求更好地实现可持续发展。由上可见，坚持和优化审批制度，是国民经济按比例发展的一项不可或缺的重要举措。

结束语

以上我们阐述了社会主义市场经济条件下，国民经济按比例发展的必然性、必要性和在中国特色社会主义体制下的可行性。也就是阐明了国民经济按比例发展规律的客观性。同时，还揭示了在社会主义经济中的主要比例关系，并探讨了在我国社会主义现代化建设中，如何更好地发挥政府的作用，来贯彻落实国民经济按比例发展规律。

列宁说过："经常的、自觉地保持的平衡，实际上就是计划性。"[1]这就告诉我们，通过政府的宏观调控自觉实现的国民经济按比例发展，就是计划性。可见，中国特色的社会主义市场经济应该是一种计划性的经济，即计划经济。我们不要把计划经济看作一个贬义词，只有高度集中的按官僚意志运作的计划经济，才是真正的贬义词。按比例发展的有计划地运行的市场经济，应该是我们中国特色社会

---

[1] 《列宁全集》第 3 卷，人民出版社 1959 年版，第 566 页。

主义市场经济的特征和优越性所在。试想如果我们任意违背按比例发展规律，就可能一方面出现"短缺经济"，一方面又存在大量的"过剩产能"；特别是在调整产业结构中还可能造成大量工人待业或失业，试问如此局面岂能保证社会的安定与和谐？所以，只有坚持按比例发展，实现社会主义市场经济的计划性，我们就将永远立于不败之地，中华民族的伟大复兴就一定能实现。

对国民经济按比例发展规律的揭示和运用，是马克思主义政治经济学的重要篇章，我们要以马克思主义政治经济学为指导，紧抓供给侧结构性改革这条主线，努力实现国民经济按比例发展，圆满地启动国民经济和社会发展"十三五"规划，为实现"中国梦"奠定基础！

（原载《毛泽东邓小平理论研究》2016年第3期）

马克思主义政治经济学的五大特征

　　政治经济学是一门具有久远历史的学说，早在奴隶制时期，政治经济学作为一种管理家务的学问就产生了。15 世纪末到 17 世纪中叶在欧洲流行的重商主义，最早对资本主义生产方式进行了经济学探讨。政治经济学这个术语就是由法国重商主义者蒙克莱田（1575—1621 年）于 1615 年首次提出并使用的。17 世纪下半期以后，政治经济学得到了迅速发展。英国经济学家配第（1623—1687 年）创立了资产阶级古典经济学：英国经济学家亚当·斯密（1723—1790 年）和李嘉图（1772—1823 年）将古典政治经济学发展成为完整的理论体系。19 世纪初，代表小资产阶级和其他处于无产阶级和资产阶级中间地位的群体利益的、以瑞士经济学家西斯蒙第（1773—1842 年）和法国经济学家蒲鲁东（1809—1865 年）为代表的小资产阶级政治经济学出现了。19 世纪 30 年代以后，为资本主义制度辩护的资产阶级庸俗经济学完全取代了古典经济学。19 世纪中期，资本主义在西欧和北美已占据统治地位，工业无产阶级已经壮大，资产阶级与无产阶级的矛盾日益尖锐，在此背景下，马克思和恩格斯在批判地继承古典政治经济学的学科成果的基础上，完成了政治经济学史上的伟大革命，以 1867 年马克思的《资本论》第一卷发表为标志的马克思主义政治经济学诞生了。从此，代表全世界无产阶级利益的政治经济学登上了人类历史的舞台。

　　马克思主义政治经济学是马克思主义的重要组成部分，是全世界无产阶级争取解放和建设新社会的理论武器，是我国社会主义革命和社会主义建设的行动指南，还是我国改革开放和中国特色社会主义建设的"导向仪"。在当前思想文化多元化发展、东西方经济理论交互混杂的情况下，为了更好地学习、把握和运用马克思主义政治经济学，就应当弄清楚马克思主义政治经济学究竟有哪些特征。弄清这些特征，将使我们进一步明白到底什么是马克思主义政治经济学这一重要问题。本文试图对马克思主义政治经济学的基本特征作一初步梳理，以就教于经济学界的朋友们。

一 特征之一：客观性

马克思主义政治经济学是以社会生产关系即经济关系发展规律为研究对象的科学，它具有客观性。恩格斯指出："政治经济学，从最广的意义上说，是研究人类社会中支配物质生活资料的生产和交换的规律的科学。"① 这就是说，马克思主义政治经济学是以研究经济规律为对象的。所谓经济规律就是客观经济现象中内在的、本质的、必然的联系。还可以说，在客观经济过程中，一定条件下反复出现的现象就是规律。经济规律无处不在、无时不在，但在不同的经济条件下有不同的规律。粗略而论经济规律有以下三类：一是在人类社会中普遍存在的共同规律，如生产关系一定要适合生产力发展的规律。二是在几个社会中共同存在的经济规律，如在商品社会中都有的价值规律、竞争规律等。三是在一定社会里特有的经济规律，如在资本主义制度下特有的剩余价值规律，在社会主义制度下特有的按劳分配规律，等等。

经济规律是不以人的意志为转移的客观趋势。斯大林说过："马克思主义把科学法则——无论指自然科学法则或政治经济学法则都是一样——了解为不以人们的意志为转移的客观过程的反映。人们能发现这些规律，认识它们，研究它们，在自己的行动中考虑到它

① 《马克思恩格斯选集》第 3 卷，人民出版社 1972 年版，第 186 页。

们，利用它们以利于社会，但是人们不能改变或废除这些规律，尤其不能制定或创造新的科学规律。"①

　　既然马克思主义政治经济学以研究客观经济规律为己任，它就必须从客观实际出发，准确地把握客观规律的要求、不同规律的不同功能和它们的作用范围、作用程度及作用后果，包括正面的后果和负面的后果；以及一种规律和其他规律之间的交叉效应；还有客观规律性和人的主观能动性之间的关系，尤其是人们如何有效利用客观规律使其发挥更有利于人们的作用，等等。这一切证明了马克思主义政治经济学的理论具有高度的规定性和精确性，它绝不是主观随意或杂乱无章的东西，它是一门科学，具有不容置疑的客观性，绝不能漠视。正如斯大林所说："政治经济学的规律是客观规律，它们反映不以我们的意志为转移的经济生活过程的规律性。否认这个原理的人，实质上就是否认科学，而否认科学，也就是否认任何预见的可能性，因而就是否认领导经济生活的可能性。"② 所以，马克思主义政治经济学的首要特征就是客观性。

二　特征之二：阶级性

　　马克思主义政治经济学研究的生产关系，就是生产过程中人与人的关系。在阶级社会里生产过程中人与人之间的关系，就是阶级关系，因而马克思主义政治经济学具有阶级性。恩格斯说过："经济学研究的不是物，而是人和人之间的关系，归根到底是阶级和阶级之间的关系。"③ 马克思在《资本论》中，以他的科学劳动价值论为基础，创立了剩余价值论，并通过绝对剩余价值和相对剩余价值的分析，揭露了资产阶级凭借他们占有的生产资料，无偿榨取雇佣工人创造的剩余价值，并且随着资本积累的发展，使广大雇佣工人过

---

①　斯大林：《苏联社会主义经济问题》，人民出版社 1953 年版，第 2 页。

②　《斯大林文集（1934—1952 年）》，人民出版社 1985 年版，第 603 页。

③　《马克思恩格斯文集》第 2 卷，人民出版社 2009 年版，第 604 页。

着绝对贫困和相对贫困的生活，最后工人阶级为了争取解放必然走上革命的道路，坚决剥夺靠剥夺起家的资产阶级，这就是所谓的"剥夺者被剥夺"。马克思主义政治经济学这种显明的无产阶级立场，必然受到全世界无产阶级和广大劳动者的支持。恩格斯在《资本论》第一卷英文版序言中说过："《资本论》在大陆上常常被称为'工人阶级的圣经。'任何一个熟悉工人运动的人都不会否认：本书所作的结论日益成为伟大的工人阶级运动的基本原则，不仅在德国和瑞士是这样，而且在法国，在荷兰和比利时，在美国，甚至在意大利和西班牙也是这样；各地的工人阶级越来越把这些结论看作是对自己的状况和自己的期望所作的最真切的表述。"①

在马克思主义政治经济学的社会主义部分，阐明了在生产资料公有制条件下，消灭了人与人之间的剥削和被剥削的关系，在生产过程中形成了平等的互助合作关系；在分配过程中，实行按劳分配原则，并为争取更美好的共产主义而共同努力。在当代中国的马克思主义政治经济学中，"坚持以人民为中心的发展思想"②，坚持以社会主义基本经济制度为主线，以发展成果由全体社会成员"共享"为基本原则，并且正在造就中国特色社会主义社会平等、友善、团结、和谐的人际关系。

由上可见，马克思主义政治经济学代表着全世界无产者的根本利益，有着明显的阶级性和无产阶级立场。因而马克思主义政治经济学也称作无产阶级政治经济学。我们知道，党性是阶级性的集中表现，所以，具有高度阶级性的马克思主义政治经济学也等于说它具有强烈的党性。

三　特征之三：逻辑性

马克思主义政治经济学的研究方法是辩证唯物主义和历史唯物

① 《资本论》第一卷，人民出版社 2004 年版，第 34 页。
② 习近平：《立足我国国情和我国发展实践，发展当代中国马克思主义政治经济学》，《经济日报》2015 年 11 月 25 日。

主义，具有很强的哲理性和逻辑性。任何一门科学都必须有科学的研究方法，倘若方法有误，就难以正确地剖析它的研究对象，阐发相关的科学理论。马克思主义政治经济学具有完整的科学研究方法，这方法就是辩证唯物主义和历史唯物主义，也就是马克思主义哲学。它既是研究的方法，又是研究的世界观。列宁指出过："虽说马克思没有遗留下'逻辑'（大写字母的），但他遗留下《资本论》的逻辑，应当充分地利用这种逻辑来解决这一问题。在《资本论》中，唯物主义的逻辑、辩证法和认识论（不必要三个词，它们是同一个东西）都应用于一门科学"①。

辩证唯物主义和历史唯物主义的方法主要包括对立统一规律、量变质变规律、否定之否定规律的方法，生产力和生产关系、经济基础和上层建筑辩证关系原理的方法，以及科学抽象法、历史与逻辑相统一的方法，等等。马克思在研究和撰写《资本论》和其他政治经济学著作时，充分运用了这些方法。后人在承接马克思主义政治经济学的时候，也承接了这些科学的研究方法。

运用唯物辩证法研究政治经济学，就要从客观的经济事实和经济现象出发，透过经济现象剖析出隐藏在经济现象背后的事物的本质，并揭示其运动规律。马克思运用唯物辩证法，从社会生活的各个领域中划分出经济领域来；从一切社会关系中划分出生产关系来，并把它当作其余一切关系的基础的原始的关系。为了揭示生产关系及其规律，从物质资料生产出发来分析社会经济现象；从事物的互相联系、互相制约中研究经济问题；从量变到质变的关系上考察社会经济运动过程；从考察社会经济现象中揭示经济问题的本质；从对立统一规律这个辩证法的根本规律上分析矛盾，寻找解决矛盾的途径和方法。马克思在《资本论》中成功地把唯物辩证法应用于经济研究，科学地揭示了资本主义生产方式产生、发展和必然灭亡的规律。所以，是否坚持和运用唯物辩证法，是马克思主义政治经济

---

① 《列宁全集》第 55 卷，人民出版社 1990 年版，第 290 页。

学和其他经济学说的一个重要区别。

　　马克思主义政治经济学依据历史唯物主义的世界观和方法论，它不是孤立地研究社会生产关系，而是从生产关系和生产力的相互关系中来研究生产关系；从经济基础和上层建筑的相互关系中来研究生产关系，从而阐明了资本主义制度的历史局限性和历史暂时性，以及它被社会主义代替的历史必然性。

　　由辩证唯物主义和历史唯物主义延伸出来的科学抽象法，是马克思主义政治经济学研究的一个重要方法。马克思说过："分析经济形式，既不能用显微镜，也不能用化学试剂。二者都必须用抽象力来代替。"① 要发现和把握经济事物的本质及其发展规律，不能停留在事物的表面现象上，必须运用科学的抽象法，舍去事物现象形态的假象、乱象，揭示出事物的本质，即经过去粗取精、去伪存真、由此及彼、由表及里的抽象过程发现事物的本质。但是，如果只停留在从具体现象到抽象出本质的研究过程还是不够的。因为人们不能只是认识世界而不去说明世界，所以，研究过程完成之后，还要用已经认识了的事物的本质，来阐释事物的具体现象，这就是说要有一个叙述过程。这是一个从抽象到具体的上升过程。可见，马克思主义政治经济学研究的抽象法，是研究过程和叙述过程相统一的方法。

　　辩证唯物主义和历史唯物主义的世界观和方法论，还延伸出历史的方法与逻辑的方法相统一的方法，这是马克思主义政治经济学研究的又一个重要方法。恩格斯指出："历史从哪里开始，思想进程也应当从哪里开始，而思想进程的进一步发展不过是历史进程在抽象的、理论上前后一贯的形式上的反映。"② 马克思的《资本论》，在逻辑上一环扣一环，非常严谨，而同资本主义经济发展的历史进程又十分吻合。历史与逻辑的统一，使历史中有逻辑的内涵，又使逻辑中有历史的演进，从而大大增强了理论的深度和说服力。

---

　　① 《马克思恩格斯全集》第 23 卷，人民出版社 1972 年版，第 8 页。
　　② 《马克思恩格斯文集》第 2 卷，人民出版社 2009 年版，第 603 页。

一种同社会主义基本经济制度相结合的经济体制；确立社会主义初级阶段的基本经济制度是以公有制为主体、国有经济为主导、多种所有制经济共同发展；确立社会主义初级阶段的基本分配制度是以按劳分配为主体、多种分配方式并存；形成了社会主义对外开放理论，主要是统筹国内国际两个大局，利用国内国际两个市场、两种资源，发展高层次的开放型经济，"引进来"和"走出去"相结合，积极参与全球经济治理，同时坚决维护本国利益，积极防范各种风险，处理好对外开放和独立自主、自力更生的关系，确保国家经济安全；形成了宏观调控的理论与对策，主要是处理好政府和市场的关系，把"看不见的手"和"看得见的手"结合起来，使市场在资源配置中起决定性作用和更好地发挥政府作用，"政府的职责和作用主要是保持宏观经济稳定，加强和优化公共服务，保障公平竞争，加强市场监管，维护市场秩序，推动可持续发展，促进共同富裕，弥补市场失灵"①；提出"必须牢固树立创新、协调、绿色、开放、共享的发展理念"②；确立坚持走和平发展道路，通过维护世界和平发展自己，通过自身发展维护世界和平，促进世界经济共同繁荣，建立和谐世界。

上述一切，生动地证明了马克思主义政治经济学不是封闭的、固定不变的、僵化的教条，而是一种开放式的、与时俱进的、不断丰富发展的、充实生命力的科学理论。今后，随着科学技术革命的推进和经济全球化的深化，西方资本主义经济的曲折演变，以及广大发展中国家经济的日益兴旺，特别是中国特色社会主义现代化建设和市场经济日新月异的发展，马克思主义政治经济学仍将不断地丰富和发展，其理论与方法、其内容与形式都将不断创新、步入新境界。所以，开放性是马克思主义政治经济学的一个重要特征。那些认为马克思主义政治经济学"过时了""老化了"的人们，如果

---

① 《中共中央关于全面深化改革若干重大问题的决定》，人民出版社2013年版，第6页。

② 《〈中共中央关于制定国民经济和社会发展第十三个五年规划的建议〉辅导读本》，人民出版社2015年版，第11页。

不是有意诽谤，就是不懂得马克思主义政治经济学的开放性，看不到它是与时俱进的。

五　特征之五：导向性

马克思主义政治经济学的创立、传播和深化，都是为了引领全世界无产阶级和广大劳动人民逐步走向共产主义，它具有很强的导向性。

马克思主义政治经济学用生产力和生产关系、经济基础和上层建筑的矛盾运动，阐明了人类历史的发展变化，系统揭示了资本主义生产方式无法克服的深刻矛盾，科学地论证了社会主义代替资本主义的历史必然性，并预见到人类社会必将走向共产主义的光明前景。

马克思主义政治经济学预见到共产主义将在高度科学技术的基础上，在生产力水平极大提高的条件下，在生产资料全社会共同占有的体制下，彻底消灭人剥削人、人压迫人的现象及其根源，消灭阶级差别、工农差别、脑体差别、城乡差别、地区差别和民族差别。实行各尽所能、按需分配的原则。在共产主义社会里，人们不受社会分工的限制，得到全面发展，人们的思想品质和道德情操将提升到纯真的水平。人们之间将没有尔虞我诈，只有诚信；人们之间将没有钩心斗角，只有团结友爱。这样的共产主义社会将是人们梦寐以求的最幸福、最美满的人间天堂。

马克思主义政治经济学还深刻论证了中国特色社会主义理论与道路的科学性与可行性。它告诉人们，我们今天为中国特色社会主义所做的一切，都是为了无限美好的共产主义的实现。马克思主义政治经济学的导向性就像大海中的灯塔一样无比光明。

结束语

上述马克思主义政治经济学的客观性、阶级性、逻辑性、开放性和导向性五大特征，证明了它是一门坚持无产阶级立场、运用理性研究方法、探寻客观规律、与时俱进、引导人们走向理想社会的科学。因而，我们可以总括地说，科学性就是马克思主义政治经济学基本特征的集中体现。

马克思主义政治经济学的科学性不仅不妨碍它的阶级性和革命性，而且二者是完全统一的。列宁说过："这一理论对世界各国社会主义者所具有的不可遏止的吸引力，就在于它把严格的和高度的科学性（它是社会科学的最新成就）同革命性结合起来，并且不仅仅是因为学说的创始人兼有学者和革命家的品质而偶然地结合起来，而是把二者内在地和不可分割地结合在这个理论本身中。"[1] 马克思主义政治经济学的科学性和阶级性之所以能够统一，就在于无产阶级的奋斗目标和它作为资产阶级掘墓人的历史使命同经济社会发展的规律是完全一致的，即都是共产主义。

科学性和阶级性的高度统一使马克思主义政治经济学区别于其他各色各样的政治经济学。资产阶级古典经济学虽然对经济学的发展作出过重要贡献，但它不能认识资本主义制度的历史过渡性，而把它看作合乎人的本性、合乎自然的绝对和永恒的社会生产方式。因而他们错误地把研究资本主义生产方式的特有规律，当作研究人类社会的一般规律。小资产阶级政治经济学者虽然同情无产阶级和广大劳动者，但他们的思想不能越出小资产阶级生活所越不过的界限，以至小资产阶级政治经济学不是向前看，而是向后看；不是推动历史前进，而是企图倒转历史车轮，所以，它具有无法克服的反动性。资产阶级庸俗政治经济学是从资产阶级古典经济学蜕变而来的，它不仅失去了古典经济学的科学性，反而批判古典经济学，变成了一种维护垄断资产阶级利益、为资本主义制度辩护的庸俗理论。空想社会主义对政治经济学的发展曾发挥了重要作用，它尖锐地批评了资本主义制度，揭露了资本主义固有的各种矛盾，对社会主义制度做了天才的预测，但空想社会主义正像列宁所说："既不会阐明

---

① 《列宁选集》第 1 卷，人民出版社 1995 年版，第 83 页。

资本主义制度下雇佣奴隶制的本质，又不会发现资本主义发展的规律，也不会找到能够成为新社会的创造者的社会力量。"① 由上可见，马克思主义政治经济学是唯一正确的科学，是全世界无产阶级和广大劳动人民认识世界和改造世界的强大理论工具。

当代中国马克思主义政治经济学是马克思主义政治经济学在当代中国的深化、发展和具体表现。2015 年 11 月 23 日，习近平同志在主持中共中央政治局就马克思主义政治经济学基本原理与方法进行集体学习时强调："要立足我国国情和我国发展实践，揭示新特点新规律，提炼和总结我国经济发展实践的规律性成果，把实践经验上升为系统化的经济学说，不断开拓当代中国马克思主义政治经济学新境界。"他又说："我国经济发展进程波澜壮阔、成就举世瞩目，蕴藏着理论创造的巨大动力、活力、潜力，要深入研究世界经济和我国经济面临的新情况新问题，为马克思主义政治经济学创新发展贡献中国智慧。"② 据此，我认为，认真把握马克思主义政治经济学的特征和精髓，促进其不断中国化和时代化，为中华民族的伟大复兴，为世界的和平与发展，积极致力于丰富和发展马克思主义政治经济学，就是我们当代中国经济学人的神圣职责。

（原载《华南师范大学学报》2016 年第 5 期，《马克思主义研究》2017 年第 2 期全文转载）

---

① 《列宁全集》第 19 卷，人民出版社 1959 年版，第 7 页。
② 习近平：《立足我国国情和我国发展实践，发展当代中国马克思主义政治经济学》，《经济日报》2015 年 11 月 25 日。

建设中华民族伟大复兴的文化软实力

我国人民正在中国共产党的领导下，同心协力、艰苦奋斗实现伟大的和平崛起。2010 年我国已经跃升为仅次于美国的世界第二大经济体；2013 年我国的进出口贸易总额已名列世界第一；我国的航天事业日新月异、飞速发展；我国的学者继获得诺贝尔文学奖之后，又获得了诺贝尔生物医学奖；等等。总之，各行各业都在奋力前进。环顾中华大地，一片欣欣向荣的景象。但是，我们要实现"两个一百年"的美好梦想，要在经济、政治、科教、文化、国防、生态环境建设等方方面面都置身于世界最前列，还有很大差距，还需要继续努力奋斗。

特别值得提出的是，我们要快速推进现代化物质文明建设，就迫切需要精神文明建设即文化建设的强力支撑，因为物质文明和精神文明是相辅相成的。物质文明既是形成精神文明的基础，又是精神文明建设的支撑力量。精神文明建设既是社会主义现代化建设全局目标的重要组成部分，又是实现全局目标的重要推手。同时，还应该看到，我们的和平崛起，必然引起和不断加剧世界大国之间的竞争，而当今的国际竞争主要是综合国力的竞争。也就是说，不仅存在经济、科技、军事等硬实力的竞争，还必然存在理想、信念、价值观、精神、道德等文化软实力的竞争。因此，实现中华民族的伟大复兴，就必须加强文化软实力建设。只有物质硬实力和文化软实力都加强了，都站在世界的最前列，我们才实现了实实在在的崛起，才能永远立于不败之地。这里想就文化软实力的内涵、构成、来源以及文化软实力建设的意义和途径略加阐述，以就教于同志们。

一　文化软实力的含义

（一）什么是文化

文化这个词在我国到近代才出现，在古籍里没有文化这个词，只有"以文化成""以文教化"的提法。它来源于我国封建帝王时代所实行的文治和教化的治国理政之策。"设神理以景俗，敷文化以柔远"（王融《三月三日曲水诗序》），这是在我国古籍里仅有的文化一词，其含义与今日的所谓文化也不尽相同。

国外对文化一词的解释：英文：culture，意为：①精神文明；②教养，陶冶，修养；③耕作，栽培，养殖，培养，等等。俄文：культура，意为：①文化；②文化性，文化程度，技艺；③种植；④农作物，等等。从英、俄文中对文化的诠释来看，我们似乎感到社会有了农业以后，人类才称得起有了文化和文明。

日文中的文化一词字形同汉字，意近汉语，意为文化，无其他解释。

文化有广义和狭义之分。广义的文化是指"人类在社会发展过程中，所创造的物质财富和精神财富的总和"①。任何国家和民族，历史有多久，文化就有多久；人类活动的空间有多广，文化就有多广。在我国，从空间上说，有河洛文化、齐鲁文化、巴蜀文化、陇西文化、岭南文化、草原文化等。从时间上来说，有古代文化、近代文化、红色文化、改革文化等。还有时间与空间兼具的文化类型，如仰韶文化，是指公元前 5000 年左右新石器时期中原地区的文化形态。其特点是那时已经有了彩色陶器。仰韶文化就代表 5000 年前中原地区物质文明和精神文明的综合状态。还有与此类似的龙山文化。这是新石器晚期的一种文化，1928 年首先发现于山东章丘龙山镇的城子崖，分布于山东和辽东以及河南、河北、山西南部和陕西渭水

---

① 《简明社会科学词典》，上海辞书出版社 1982 年版，第 174 页。

流域。河南地区的龙山文化的年代为公元前 2800—2300 年，属父系氏族公社时期。沿海地区的龙山文化遗址中，常有陶胎较薄、表面漆黑光亮的黑陶，所以龙山文化又称黑陶文化。龙山文化就是这一地区在这一时代的物质文明和精神文明的综合。

狭义的文化，是指世界观、人生观、价值观、理想、信念、精神、道德、风俗、习惯等观念形态的东西。它是非物质的。

狭义文化的特征有五：

第一，狭义文化是第二性的东西。先有物质形态的东西，再有观念形态的东西，所以软实力是以硬实力为基础的，因而它的形成必然具有滞后性。

第二，狭义文化可感觉而超感觉。因为它是观念形态的东西，不具有物质外形，它可以使人感觉到它的存在、辨别它的优劣，但人们摸不到、闻不到、看不到它，更不便对它进行量化。

第三，狭义文化中某些部分具有意识形态性质。不是全部观念形态的元素，都具有意识形态的性质，而是由经济基础决定的那部分观念形态才具有意识形态性质，如由所有制这种经济基础决定的公有意识或私有观念等。

第四，狭义文化是逐渐积淀而形成的。它的形成是渐进的，它的消失也是渐进的。在消失过程中，长时间还会保留它的影响，它不同于粮食、煤炭等物质形态的东西可以在短时间内消耗殆尽，所以它具有稳定性。

第五，狭义文化可以反作用于物质运动过程。狭义文化的反作用力可以促进也可以阻碍物质运动。所以，它可能是正能量，也可能不是正能量，我们要促使它成为精神变物质的巨大正能量。

我们要建设的文化软实力的文化就是指狭义的文化。

（二）软实力的含义

"软实力"（Soft Power）一词最早是由美国哈佛大学肯尼迪政府学院约瑟夫·奈教授在他 1990 年出版的《注定领导》一书中提出来的。

约瑟夫·奈将综合国力分为硬实力（Hard Power）和软实力两部分。硬实力主要是指一个国家的经济力、科技力、军事力等；软实力则主要是指一个国家的文化影响力，包括意识形态和政治价值观的吸引力、民族精神和社会文化的感召力、政治动员力和运作国际组织的能力等。约瑟夫·奈在 2004 年为他的《软实力》一书写的序言中又讲过："何谓软实力？它是依靠吸引力，而非通过威胁或利诱的手段来达到目标的能力。这种吸引力源于一个国家的文化政治理念和政策。"[①] 可见，约瑟夫·奈所说的软实力就属于我们前面讲到的狭义文化的范畴，或者说就是我们所说的狭义文化运用于国家政治和国际关系上的体现。

约瑟夫·奈所说的软实力是指国家层面的软实力。如果把涉及社会生活各个层面的软实力都涵盖在内，我们可以对软实力作出如下概括：软实力是指一个国家由历史与现实、经济与政治、科技与军事、生态与环境等所产生的一切非物质的文化吸引力、凝聚力、辐射力和影响力。我们所讲的软实力就是指这种文化软实力。

文化软实力可以分为四个层面：一是国家文化软实力；二是包括企业在内的各类组织的文化软实力；三是产业的文化软实力；四是各类地区的文化软实力。我们这里讲的主要是国家层面的文化软实力。

二　文化软实力的来源

（一）优秀的传统文化

习近平同志 2014 年 10 月在文艺工作座谈会上提出："中华优秀传统文化是中华民族的精神命脉，是涵养社会主义核心价值观的重要源泉，也是我们在世界文化激荡中站稳脚跟的坚实基础。"

1. 我国有连续 5000 年的文化传统，从未中断，世界唯一。

2. 我国的传统文化主要是指"五四运动"以前所传承下来的文

[①]　约瑟夫·奈：《软实力》，中信出版社 2013 年版，第 7 页。

化形态。

3. 我们的传统文化体现在儒、释、道各个方面，其中主要是儒家文化即孔孟之道。

4. 传统文化中既有精华又有糟粕。我们应当取其精华、去其糟粕。所谓优秀传统文化，主要是传统文化中的精华部分。

5. 优秀传统文化的核心内容有着多种概括，我们可以把它概括为以下几个字：仁、义、礼、智、信、忠、孝、诚、廉、勇。

（二）红色文化

红色文化是指在中国共产党领导下，在革命战争和新社会建设中形成的艰苦奋斗、不怕牺牲、纪律严明、忠于组织、团结友爱以及全心全意为人民服务的精神。这其中包括长征精神、井冈山精神、延安精神、雷锋精神、王铁人精神、焦裕禄精神等。

（三）社会主义核心价值体系和社会主义核心价值观

社会主义核心价值体系是社会主义意识形态的本质体现。这一体系是党的十七大提出来的，包括四方面内容：（1）马克思主义的指导思想。特别是要用马克思主义中国化最新成果武装全党、教育人民；（2）中国特色社会主义的共同理想；（3）以爱国主义为核心的民族精神和以改革创新为核心的时代精神；（4）社会主义荣辱观。主要指"八荣八耻"。

社会主义核心价值观是党的十八大提出来的：在国家层面有：富强、民主、文明、和谐；在社会层面有：自由、平等、公正、法治；在公民个人层面有：爱国、敬业、诚信、友善。

（四）新发展理念

实现发展战略目标，破解发展难题，厚植发展优势，必须牢固树立和贯彻落实创新、协调、绿色、开放、共享的新发展理念。根据《中华人民共和国国民经济和社会发展第十三个五年规划纲要》的解释：

> 创新是引领发展的第一动力。必须把创新摆在国家发展全局的核心位置，不断推进理论创新、制度创新、科技创新、文

化创新等各方面创新，让创新贯穿党和国家一切工作，让创新在全社会蔚然成风。

协调是持续健康发展的内在要求。必须牢牢把握中国特色社会主义事业总体布局，正确处理发展中的重大关系，重点促进城乡区域协调发展，促进经济社会协调发展，促进新型工业化、信息化、城镇化、农业现代化同步发展，在增强国家硬实力的同时注重提升国家软实力，不断增强发展整体性。

绿色是永续发展的必要条件和人民对美好生活追求的重要体现。必须坚持节约资源和保护环境的基本国策，坚持可持续发展，坚定走生产发展、生活富裕、生态良好的文明发展道路，加快建设资源节约型、环境友好型社会，形成人与自然和谐发展现代化建设新格局，推进美丽中国建设，为全球生态安全作出新贡献。

开放是国家繁荣发展的必由之路。必须顺应我国经济深度融入世界经济的趋势，奉行互利共赢的开放战略，坚持内外需协调、进出口平衡、引进来和走出去并重、引资和引技引智并举，发展更高层次的开放型经济，积极参与全球经济治理和公共产品供给，提高我国在全球经济治理中的制度性话语权，构建广泛的利益共同体。

共享是中国特色社会主义的本质要求。必须坚持发展为了人民、发展依靠人民、发展成果由人民共享，作出更有效的制度安排，使全体人民在共建共享发展中有更多获得感，增强发展动力，增进人民团结，朝着共同富裕方向稳步前进。

坚持创新发展、协调发展、绿色发展、开放发展、共享发展，是关系我国发展全局的一场深刻变革。创新、协调、绿色、开放、共享的新发展理念是具有内在联系的集合体，是"十三五"乃至更长时期我国发展思路、发展方向、发展着力点的集中体现。①

---

① 《中华人民共和国国民经济和社会发展第十三个五年规划纲要》，人民出版社2016年版，第14—15页。

（五）民族品格与风尚

民族品格与风尚也是历史形成的文化元素，它更接地气，更能体现在每一个人身上，所以单独列出。我们的民族品格可以概括为：勤劳、勇敢、爱国，我们的民族风尚可以概括为：节俭、朴实、谦让、包容、与人为善、助人为乐。

上述民族品格与风尚，都是文化软实力的重要来源和构成部分。

（六）智库

智库是个新问题，也是今后要大力建设的一个领域，所以在此适当多加论述。

1. 智慧的内涵

智慧不同于我们平时所说的知识和技术，虽然它的形成需要知识和技术。我认为智慧是以奇思取得奇效的思维能力和决策能力。

什么是奇思？并非胡思乱想，而是超常之思、超前之思、创新之思。相应的奇效也就是超常之效、倍加之效、前所未有之效。

2. 智库的含义

智库是智慧研发、整合、汇集、传播、运用和智慧人才荟萃的平台。它的功能主要是为决策服务，为国家、组织和地区发展的决策提供智力支撑。它不同于培训部、技术服务中心或中介公司等一般文化企业。习近平同志在 2013 年 4 月批示道："智库是国家软实力的重要组成部分，随着形势的发展，智库的作用会越来越大。要高度重视、积极探索中国特色新型智库的组织形式和管理形式。"

3. 智库发展的现状

虽然中国的智囊文化源远流长，但现代意义上的智库却是西方大国首创的。

智库对它们国家的发展曾经发挥过不小的作用。例如美国的兰德公司就是世界闻名的对美国安全与发展发挥着重要作用的大型智库。以约翰·奇普曼为首的英国国际战略研究所也是世界闻名的智库。根据美国宾夕法尼亚大学智库研究项目（TTCSP）编制的《全球智库报告（2016）》：2016 年全球已有智库 6846 家，其中北美洲最多，拥有 1931 家；欧洲其次，1770 家；亚洲随其后，拥有 1262 家。美国是世界上拥有智库最多的国家，有 1835 家。中国位居第二，达 435 家。英国和印度位居第三、第四位，各有 288 家和 280 家。

上述《全球智库报告（2016）》还公布：在全球智库中筛选出 175 家智库进入综合榜单、居首位的是美国的布鲁金斯学会。英国的查塔姆研究所和法国的国际关系研究所位居第二、第三位。我国进入榜单的有 9 家，包括中国现代国际关系研究院（第 33 名）、中国社会科学院（第 36 名）、中国国际问题研究院（第 39 名）、国务院发展研究中心（第 52 名）、上海国际问题研究院（第 73 名）、北京大学国际战略研究院（第 79 名）、中国与全球化智库（第 111 名）、中国人民大学重阳金融研究院（第 149 名）等。

在我国，智库还是个新鲜事物，但已受到自上而下的重视。2012 年 11 月，党的十八大提出："坚持科学决策、民主决策、依法决策，健全决策机制和程序，发挥思想库作用。"[①] 这里所说的"思想库"也就是"智库"。2013 年党的十八届三中全会报告中提出："加强中国特色新型智库建设，建立健全决策咨询制度。"[②] 2014 年 3 月，习近平同志在访问德国时强调，在中德之间除了要加大政府、政党、议会之间的交往外，还要加强智库之间的交往。2014 年 10 月 27 日中央深化改革领导小组第六次会议审议了《关于加强中国特色新型智库建设的意见》。习近平同志在会上提出："把中国特色新型智库建设作为一项重大而紧迫的任务切实抓好。"

我国的公立智库虽然建立较早，但它们作为智库的定位并不明确，有的甚至混同于文秘机构。民间智库才刚刚起步，尚不规范。我国智库发展的广阔前景是可以期待的。

---

① 《中国共产党第十八次全国代表大会文件汇编》，人民出版社 2012 年版，第 26—27 页。

② 《中共中央关于全面深化改革若干重大问题的决定》，人民出版社 2013 年版，第 30 页。

三　建设文化软实力的重要意义

恩格斯曾经说过："文化上的每一个进步，都是迈向自由的一步。"① 联合国教科文组织提出："发展最终应以文化概念来定义，文化的繁荣是发展的最高目标。"② 我们党和国家进入新世纪后对建设文化软实力十分重视，已提升到国家战略的地位。2007 年召开的党的十七大提出："要坚持社会主义先进文化前进方向，兴起社会主义文化建设新高潮，激发全民族文化创造活力，提高国家文化软实力。"③ 这是党中央文件中首次提出文化软实力这一概念。2012 年召开的党的十八大报告提出全面建成小康社会的目标，确定到 2020 年"文化软实力显著增强"为主要目标之一。④

由上可见，建设和不断增强国家文化软实力具有十分重要的意义。具体分述如下：

第一，建设文化软实力有利于提高全民族的精神素养和道德品格。

社会主义现代化建设必须依靠人和为了人，真正以人为本。因此，提高全民族的精神素养和道德品格就十分重要。它既是目标本身，又是实现目标的手段。

第二，建设文化软实力有利于增强我们的文化自信。

所谓文化自信，是一个国家、一个民族以及一个政党对自身文化价值的充分肯定，对自身文化生命力的坚定信念。只有如此，才能做到坚持坚守的从容，鼓起奋发进取的勇气，焕发创新创造的活力。做到文化自信，就应该不忘本来，吸收外来，着眼未来。

习近平同志在庆祝中国共产党成立 95 周年的讲话中说："文化

① 转引自《中国文化软实力研究要论选》第 1 卷，社会科学文献出版社 2011 年版，第 3 页。

② 同上。

③ 《中国共产党第十七次全国代表大会文件汇编》，人民出版社 2007 年版，第 32 页。

④ 见《中国共产党第十八次全国代表大会文件汇编》，人民出版社 2012 年版，第 16 页。

自信是更基础、更广泛、更深厚的自信。"文化自信成为继道路自信、理论自信和制度自信之后的第四个自信。文化自信由此提升到了一个新高度，对实现中华民族伟大复兴的"中国梦"具有筑基铸魂的战略意义，而文化自信又是文化软实力建设的结果。

第三，建设文化软实力有利于提升我们的综合国力。

一直以来，人们存有一种偏见，似乎一国的强大只表现为经济力和军事力的强大，而忽视文化软实力的作用。这种偏见在发展中国家尤盛。许多发展中国家为了尽快强大起来，制定了赶超战略，主要是 GDP 的赶超。

纵观世界历史，不论是英国和美国，还是法国和德国，它们的崛起，除了具备一定的基本条件和内在实力、抢占工业革命和科技革命先机，大胆推进国内制度革新之外，还离不开文化软实力的支撑和国际社会的广泛认同。所以，文化软实力是大国崛起的稳定器和推进器。特别是美国利用运作国际组织如联合国、世界贸易组织、国际货币基金组织等的作用，为自己谋取了大量利益。

第四，建设文化软实力有利于提高决策水平和执行能力。

中国特色社会主义建设的过程和中华民族崛起的过程，也是一个一步一步决策的过程，经济改革要决策，对外开放要决策，工业化、城镇化要决策，信息化和农业现代化也须决策，区域协调发展要决策，生态文明实现更要决策。决策不当就会贻误时机，造成损失，拖延崛起的步伐。而每一项决策之后都跟随着扎实有效的执行。所以，执行不到位甚至有误，更将贻误时机，造成损失。文化软实力的建设将不仅能提高决策水平，而且能够提高执行能力，大大有利于中华民族的崛起。

第五，建设文化软实力有利于引领世界发展、建设人类命运共同体、建设和谐世界。

文化软实力的建设，必然增强本国对别国的辐射力和影响力，从而有利于国际经济、文化交流与合作，形成国际互促、互补、互利、共赢的局面，这就有利于形成人类命运共同体、有利于建设和谐世界。我国在国际上提出建设"一带一路"的倡议，就十分有利于沿线国家的发展，所以能够得到有关国家的迅速回应，并已达成了一系列协议，大大提高了我国的国际地位和国际声望。今后我们将乘此东风，更好地引领世界发展。

四　加强文化软实力建设的路径

文化软实力的建设和经济、科教等硬实力的建设一样，是一个长期的艰巨的历史任务，因而需要从各方面努力。

（一）培育和增强全民的文化软实力意识

我们要重视 GDP，但不能唯 GDP。要认识到只有硬实力和软实力都具备才能形成综合国力。所以，软实力有不可替代的功能，在一定条件下甚至有更突出的功能。我国硬实力建设虽然已经取得显著成就，但软实力建设起步晚、力度小，今后必须大力加强。为此，就须增强全民的文化软实力意识。要让每一个中国人都懂得：什么是文化软实力，为什么要建设以及如何建设文化软实力，自己如何为增强文化软实力做贡献。

（二）制定文化软实力建设战略规划

从 1953 年开始，我国硬实力建设即经济社会发展坚持制定五年发展规划，至今已完成 12 个五年规划，目前正在实施第 13 个五年规划。今后软实力建设也应制定规划，或者与常规的五年规划合在一起统一规划。有了规划就可以提高发展的效率和效益；有了规划就应认真执行和落实。

（三）各级党群组织的有关部门应担当起文化软实力的宣传教育任务，并重视宣教效果

各级宣教部门可以说就是文化软实力建设的专业部门。社会主义核心价值体系和社会主义核心价值观的贯彻落实关系到全国人民的思想道德素质的提高，关系到文化软实力的增强，各级宣教部门应担当其贯彻落实的任务。

（四）高等教育和基础教育都应强化思想政治教育，努力加强和改善马克思主义理论课的教学

马克思主义是全世界劳动人民求解放和从事建设的指导思想。我们中国人民的革命斗争和成立新中国之后的建设、改革与发展的一切成就，都是在马克思主义和中国化的马克思主义指导下取得的。所以，在我国的基础教育特别是高等教育中必须加强马克思主义思想政治课教学，使我们的青少年从人生的起步阶段就牢固地树立起马克思主义的世界观和人生观。

（五）组建文化软实力研究机构

要不断探讨如何深化文化软实力的认知和如何优化文化软实力的建设对策，就应组建文化软实力的研究机构。我们都知道"学以致用"，在此，我们还应懂得"研以致用"。所以，对文化软实力研究机构不求规模，但求务实，能以研究促发展为善。

（六）制定文化软实力测评方法、建立文化软实力评价体系

对文化软实力的强、弱、优、劣进行测评，不是为了装点门面，而是为了对本身的文化软实力心中有数，以便有针对性地精准建设，使之日益完善。

（七）加强文化软实力建设的经验交流

文化软实力建设经验在机构之间、部门之间、地区之间进行交流，是为了互鉴互学、互促互补，以人之有补己之无，以人之优补己之劣，以人之长补己之短，以人之有知补己之无知。所以参与经验交流是最好的求进之途。除在国内交流经验、互学互鉴之外，还应出国考察和学习国外文化软实力建设的成功经验。

（八）保护、挖掘和运用能增强文化软实力的遗迹和品牌

由于名胜古迹（如少林寺）、商品品牌（如道口烧鸡）、历史名人（如李白、杜甫）、英模人物（如焦裕禄）、历史事件（如五四运动、二七大罢工），还有民族节庆日、民族习俗等，都能形成文化软实力，都应加以保护和运用。

（九）奖励文化软实力的优秀研究成果

奖励就是倡导，奖励就是放大，所以对于文化软实力的研究成果，应按照一定程序给予奖励。到目前为止，这一奖项还无先例，但该做而可做的事情必须开拓。

我们相信，随着文化软实力的日益增强，一个经济繁荣、科技发达、文化昌盛、国防强大的中华民族一定能够胜利地屹立在世界东方！

（2017 年 3 月 6 日在河南财经政法大学的演讲）

人的全面而自由的发展和人的现代化

马克思的《资本论》是"工人阶级的圣经"①，是全世界无产阶级进行革命斗争的理论武器，也是我们进行中国特色社会主义现代化建设的行动指南。马克思《资本论》第一卷于 1867 年 9 月 14 日出版。在《资本论》第一卷中，马克思阐明了他的科学的劳动价值论、剩余价值论和资本积累理论，奠定了全部《资本论》的理论基础，在马克思经济学理论中占有重要地位。在 1885 年《资本论》第二卷出版之前，《资本论》第一卷在世界上单独流传了 18 年。在此期间，人们谈到《资本论》时，指的就是《资本论》第一卷。可见《资本论》第一卷影响之大。

需要特别提出的是：在《资本论》第一卷中除了人们熟知的上述三大理论之外，马克思在其中还留下了一句值得我们深思的名言："为一个更高级的、以每一个个人的全面而自由的发展为基本原则的社会形式建立现实基础。"② 这种社会形式无疑就是马克思所说的"自由人联合体"③，即未来的共产主义社会。这就是说，共产主义社会的基本原则是每个人都能全面而自由地发展。那么，何谓全面发展和自由发展，二者的关系是怎样的，以及如何实现人的现代化，直至实现人的全面而自由的发展等，是值得探讨的具有现实意义的重大问题。

---

① 《资本论》第一卷，人民出版社 2004 年版，第 34 页。
② 同上书，第 683 页。
③ 同上书，第 96 页。

一 人的全面而自由发展的含义

人是社会的人，社会是人的社会。有什么样的社会就会造就什么样的人；同样，有什么样的人就会构建什么样的社会。对于未来社会的基本特征，马克思和恩格斯在《共产党宣言》里提出："共产主义革命就是同传统的所有制关系实行最彻底的决裂；毫不奇怪，它在自己的发展进程中要同传统的观念实行最彻底的决裂。"[①] 又说："代替那存在着阶级和阶级对立的资产阶级旧社会的，将是这样一个联合体，在那里每个人的自由发展是一切人的自由发展的条件。"[②] 马克思在《哥达纲领批判》中还说过："在共产主义社会高级阶段，在迫使个人奴隶般地服从分工的情形已经消失，从而脑力劳动和体力劳动的对立也随之消失之后；在劳动已经不仅仅是谋生的手段，而且本身成了生活的第一需要之后；在随着个人的全面发展，他们的生产力也增长起来，而集体财富的一切源泉都充分涌流之后，——只有在那个时候，才能完全超出资产阶级权利的狭隘眼界，社会才能在自己的旗帜上写上：各尽所能，按需分配！"[③] 可见，未来共产主义社会是一个大公无私的社会。在共产主义社会里，人们遵循着全面而自由发展的基本原则。

所谓人的全面发展，我认为就是指一个人既能够从事体力劳动，又能够从事脑力劳动；既可以从事简单劳动，又可以从事复杂劳动；既能胜任这个部门的工作，又能胜任那个部门的工作；既能适应这个地区的工作环境，又能适应别的地区的工作环境。这就意味着未来社会的人能文能武、多才多艺。只有这样，在未来社会中人们才能自由地选择职业。所谓自由发展，我认为就是指人们职业的变换将不再受任何制度的、法律的、自身能力的限制，而能随心所欲地

---

① 马克思、恩格斯：《共产党宣言》，人民出版社 1964 年版，第 42 页。
② 同上书，第 44 页。
③ 《马克思恩格斯文集》第 3 卷，人民出版社 2009 年版，第 435—436 页。

选择职业和工作环境，这样就既不会感到工作的枯燥，也不会感到工作的压力。也只有这样，未来社会的人才能最终脱离动物界而成为真正的人。

由上可知，人的全面而自由的发展不仅是个高指标，而且是个硬指标，只有人的全面而自由的发展达标了，人类才能进入共产主义社会的高级阶段，或者说只有在共产主义社会高级阶段才能实现人的全面而自由的发展。人的现代化则是相对的，在不同时段有不同的表现。人的全面而自由的发展，是在追求人的现代化的过程中实现的。也可以说，人的全面而自由的发展是一个远大目标，而人的现代化则是实现这一目标的一个重要途径。

那么，在以往历史发展的长河中，人为什么不能全面而自由地发展？下面将扼要论述阻碍人的全面而自由发展的因素。

二　人的全面而自由发展的障碍

（一）阶级压迫

人类从原始共产主义社会走向阶级社会以后，其发展就受到阶级关系的制约。第一个阶级社会是奴隶制社会。在那里，奴隶主阶级居于统治地位，它支配着经济社会发展的方向。广大奴隶依附于奴隶主，没有人身自由，处于被剥削、被压迫、被奴役的地位。奴隶主对奴隶拥有生杀予夺之权。在这种情况下，奴隶们没有学文化的条件，没有选择职业的自由，更没有娱乐和休闲的机会，完全成为一个"会说话的工具"，根本没有全面而自由发展的可能。

由奴隶制社会过渡到封建制社会，独立的自耕农获得了一定的耕作自主权，但承租于封建地主的佃农和受雇于封建地主的长工，虽然比起往日的奴隶有了一定的自由，但对封建地主还有较大的人身依附关系。广大农民实际上处于农奴的地位，整个社会都在封建专制主义统治之下。"普天之下，莫非王土；率土之滨，莫非王臣"，老百姓仍然没有全面而自由发展的机会。

从封建制社会过渡到资本主义社会，广大雇佣工人获得了自主出卖劳动力的自由，但他们并没有不出卖劳动力的自由，否则他们便失去了生存的条件。所以，在资本主义制度下，雇佣工人是被一条看不见的绳索捆绑在资本家的车轮上的。为了获得较好的被雇佣的条件，工人们不得不设法学习文化、学习技能，使自身得到一些发展，但资本家为了从工人身上榨取更多的剩余价值，总要千方百计地延长工人的劳动时间，增加工人的劳动强度，广大雇佣工人是难有更多时间和精力去争取自身发展的。

在阶级社会里，奴隶主、封建主和资本家到底是凭借什么来压榨和控制广大劳动者呢？不是别的，就是凭借他们对生产资料的占有和垄断。因此，可以说是生产资料私有制堵塞了广大劳动者全面而自由发展的大门。在我国，到了社会主义初级阶段，建立了以生产资料公有制为主体的基本经济制度，但由于社会生产力尚未得到充分发展，包括资本主义私有制、劳动者个体私有制和引进的外国私营经济还大量存在，即使公有制经济内部，也还将长期存在全民所有制和集体所有制的区别。所以，社会主义时期特别是在它的初级阶段还难以为每个人提供全面而自由发展的充分条件。

（二）旧的社会分工的制约

旧的社会分工主要是指体力劳动和脑力劳动的分工。体力劳动和脑力劳动的差别在人类历史上已经存在了几千年之久。这种差别和阶级差别是交织在一起的。居于统治地位的剥削阶级占有和支配脑力劳动者，使脑力劳动者为其服务。被统治、被剥削的广大劳动者则被迫从事繁重的体力劳动。这就是所谓的"劳心者治人，劳力者治于人"。

体力劳动和脑力劳动的分工是不公平的。在大多数情况下，体力劳动者的劳动条件比较艰苦，工作环境比较恶劣，对体力的消耗比较大，而劳动报酬却十分微薄。相反，脑力劳动者的劳动条件比较安稳、工作环境易于接受，体力的消耗较小，脑力的耗费也易于恢复，劳动报酬也相对较高。

这种长期固化的体力劳动和脑力劳动的社会分工，既不公平又阻碍人的全面发展。人若不能全面发展，也就难以摆脱旧的社会分工的藩篱，只能世代沿袭这种不合理的社会分工，从而形成一种恶性循环。

（三）　科教条件的局限

每个人能否全面而自由地发展，不仅决定于生产资料所有制和旧的社会分工，而且同科学技术水平的高低与普及程度以及教育水平的高低和普及程度密切相关。到目前为止，在我国，体力劳动和脑力劳动的分工仍然没有摆脱被固化的框架，体力劳动和脑力劳动的差别仍然严重存在。不仅农业中的手工劳动还大量存在，工业中的自动化和智能化水平也还有限。工农业劳动者受教育的年限较短、文化程度较低，这就大大限制了人的全面而自由的发展。

上述各种阻碍人的全面而自由发展的因素的存在，根源主要在于社会生产力水平的局限。所以要实现人的全面而自由的发展，在未来特别是在社会主义初级阶段必须大力发展社会生产力。

三　人的全面发展和自由发展的关系

人的全面发展和人的自由发展这二者是相互联系、相互促进的。如果人不能全面发展，他也就不能自由择业，只能束缚在旧的社会分工上；如果人不能自由发展，他就不能独立自主地去学习和接受各种社会实践的磨炼，也就难以获得全面发展。所以，每个人的全面发展和自由发展是互为条件的、不可分割的。人们在全面发展中获得自由发展的条件；同样，每个人在自由发展中形成全面发展的能力。可见，实现每个人的全面发展和自由发展必须同时推进。

四　如何实现人的全面而自由的发展

人的全面而自由的发展具有历史的必然性。实现人的全面而自由的发展是一项重大的历史任务。当代人，即还处于社会主义初级阶段的我们，如何遵循历史发展的规律，从中国的国情出发，走出一条中国特色的实现人的全面而自由发展的路径，是我们应该认真探索的问题。这里提出若干想法。

（一）彻底消灭生产资料私有制

私有制是造成现存各种社会矛盾的根源，贫富差别、阶级矛盾、战争与暴力、欺诈与盗窃、贪污行贿以及各种为非作歹的恶行莫不源自生产资料私有制。私有制在人类历史上虽然有多种形式，但其本质是相同的，即都是少数人凭借占有生产资料而剥削多数人的剩余劳动，造成一个阶级剥削、压迫另一个阶级的不合理现象。消灭私有制和建立公有制不是由人的主观意志决定的，而是由生产力发展水平决定的，因而它不可能一蹴而就，而是一个逐步实现的过程。我国社会主义初级阶段的所有制结构是："根据解放和发展生产力的要求，坚持和完善公有制为主体、多种所有制经济共同发展的基本经济制度。"① 但是，不管公有制经济存在多少不完善之处，我们都必须坚持和不断优化与壮大公有制；不管实现全面公有制需要克服多少困难、需要花费多长时间，我们都应当不懈努力，直至生产资料公有制的全面建立。只有实现了公有制，人的全面而自由的发展才有了坚实的基础。

（二）彻底消灭体力劳动和脑力劳动的差别

脑体差别的存在不仅是社会不公平的一种表现，而且它阻碍每个人全面而自由的发展。只要人们被固定在脑体分工的框架内，就表明人们还没有得到全面发展，也表明人们还没有自由选择职业的可能。所以，要实现人的全面而自由的发展，就必须消灭体力劳动与脑力劳动的差别。

消灭体力劳动与脑力劳动的差别是一个艰巨的历史任务，它决定于社会生产力发展的水平，但人可以发挥主观能动性来缩短消灭

---

① 《中国共产党第十六次全国代表大会文件汇编》，人民出版社 2002 年版，第 24 页。

脑体差别的过程。为此就要加强教育与科技的普及和发展，并创造条件让所有的人都能得到接受高等教育的机会。因为消灭脑体差别的任务主要在于帮助广大体力劳动者获得从事脑力劳动的知识和能力。同时，还要帮助广大脑力劳动者获得参加各种社会实践的机会，以便具有脑体兼备的能力。这样，在未来就不可能再有专门的脑力劳动者，也不可能再有只能从事体力劳动而无法进入脑力劳动大门的现象。

（三）实现人的现代化

美国学者阿历克斯·英格尔斯在《人的现代化》一书中说过："人的现代化是国家现代化必不可少的因素。它并不是现代化过程结束后的副产品，而是现代化制度与经济赖以长期发展并取得成功的先决条件。"[①] 现代化是个相对的动态的概念，它是指人和有关事物的发展在当时世界上已经达到的最高水平。这个水平就是现代化水平。但这个水平不是固定不变的，而是与时俱进的。我们所追求的人的现代化，就是要造就现代化的人即现代人。"所谓现代人，就是具有现代知识、现代观念和现代行为方式的科学化的人。"[②] 这就是未来社会所达到的最高水平的人。要实现人的现代化我们从现在起就应在以下几个方面努力。

1. 彻底扭转"重物轻人"的倾向

由于我们的新中国是在半殖民地半封建社会的基础上建立起来的，经济技术比较落后，在物质文明方面同世界发达国家差距较大。因此，长期以来，我们相对更重视物质文明建设。例如，在社会主义现代化建设中，我们先后提出过农业现代化、工业现代化、交通运输现代化、科学技术现代化、国防现代化、信息化、网络化、城镇化等，但是从来没有提出过人的现代化的任务，没有把实现人的现代化放在议事日程上。虽然1986年党的十二届六中全会作出过《中共中央关于社会主义精神文明建设指导方针的决议》；十年之后，

---

① 转引自薄忠信等《科学发展的人文思考》，中央编译出版社2001年版，第214页。
② 同上。

1996 年，党的十四届六中全会又作出过《中共中央关于加强社会主义精神文明建设若干重要问题的决议》。这两个决议对人的思想政治素质的提高和精神道德风范的优化无疑具有重要意义，但是，这都不是从人的现代化的角度、更不是从人的全面而自由发展的高度作出的决策。虽然我们深知一切事在人为，也懂得一切都是为了人，但对人如何实现现代化这个问题却重视不够，这不能说不是一个重大的缺失。也可以说，我们是有意强化了物质方面的现代化，而无意中忽视了人的现代化，事实上存在着一定程度的"见物不见人"的现象。要实现人的现代化，就必须彻底扭转这种"重物轻人"的倾向。

2. 每个人都要有远大的理想

当代人要追求未来美好的生活，不能只看到眼前的景物，满足于当前的需要，必须探明社会发展的规律，要深信共产主义到来的必然性，要清楚共产主义社会的基本特征。共产主义是取代资本主义的人类社会最高的发展阶段。共产主义社会的一切生产资料都为公共所有；共产主义社会消灭了体力劳动和脑力劳动的差别、工业和农业的差别以及城市和乡村的差别；共产主义社会实行"各尽所能、按需分配"的分配制度；特别是以每个个人全面而自由的发展为基本原则。当代人如果能够自觉地把自己眼下的工作和实现共产主义的远大目标联系起来，那就可以认为是人走向现代化的一个重大进步。

3. 每个人都应具有科学的价值理念

人的现代化不仅要求人们要有共产主义的理想信念，而且要有科学的价值观。价值观是人们判断客观事物优劣和选择行为方向的准则。它是人们生活的指南针和导向仪。科学价值观的建立有利于人的成长、有利于社会的进步与和谐、有利于人类命运共同体的形成。每个人科学价值观的建立，都将增强人的判断力、决策力和担当力，未来社会也将由此而繁盛。所以，以马克思主义为指导，确立起每一个人的科学价值理念是一个现代人应具有的基本品质。社会主义核心价值观："富强、民主、文明、和谐；自由、平等、公正、法治；爱国、敬业、诚信、友善"的确立和贯彻落实，将为未来社会每一个人建立科学的价值理念奠定基础。

4. 每个人都能接受高等教育，具有高端的专业知识和技能

人的现代化应以教育为基础。人要实现现代化，就要接受现代教育。人要能够胜任高端的职业岗位，就必须接受高等的现代教育。所以，未来的高等教育应该像今天的基础教育一样，得到强制性的推广，实现全覆盖。而且那时的高等教育也不同于今天的高等教育，它将具有更高的层次、更新的内涵、更好的教育方式。

在未来社会，人们要打破社会分工的束缚，能够自由地选择职业，就需要不断地接受再教育。因此，社会应建立各种各样的专门更新职业能力的教育机构。人们经过或长或短的适应新职业的教育，就能够选择自己所喜欢的工作，从而真正把劳动当作一种乐生的需要。

结束语

未来的社会是无比美好的，这美好的社会是以人的全面而自由的发展为基本原则的。要实现人的全面而自由发展的远大目标，就要求人的现代化。人的现代化既需要专业能力的提升，更需要思想境界的更新，但这一切都有赖于社会生产力的提高。总之，方向是明确的，道路是漫长的，只要我们始终不渝地坚持以马克思主义为指导，以中国特色社会主义道路为唯一选择，梦想就一定能实现！

（原载《管理学刊》2017 年第 6 期）

平均利润和生产价格理论及其在《资本论》中的地位

——为纪念马克思 200 周年诞辰而作

今年（2018 年）是伟大的无产阶级革命导师马克思诞生 200 周年，这是一个值得纪念的时刻。马克思对全世界无产阶级和广大劳动人民争取解放的理论贡献是谁也不能否认的。人们不仅在今天而且将永远纪念他。

马克思的名字是和他的光辉的科学巨著《资本论》紧紧联系在一起的。这不仅仅因为《资本论》是他的主要著作，而且他为了《资本论》的写作花费了毕生的精力。《资本论》是一部划时代的无产阶级政治经济学的经典著作。马克思在这部巨著中，运用他的辩证唯物主义和历史唯物主义的世界观，分析了资本主义制度的内在矛盾，揭示了资本主义社会的经济运动规律，科学地证明了资本主义发生、发展及其必然灭亡和社会主义必然胜利的客观规律，指明了无产阶级的伟大历史使命，并且预见到了未来社会经济发展的一系列重要原理，从而为全世界无产阶级争取解放的斗争贡献了一个最锋利的理论武器。

今天，在我们无产阶级和劳动人民已经取得政权的国度，学习马克思的这部光辉巨著，对于认识人类社会的发展规律，掌握无产阶级的历史命运，坚持马克思主义，夺取新时代中国特色社会主义伟大胜利，把我国建设成为富强、民主、文明、和谐、美丽的社会主义现代化强国，仍有着十分重要的意义。本文试图就马克思在《资本论》中所创立的平均利润和生产价格理论写些学习和研究的心得，以为对马克思诞生 200 周年的纪念。

马克思的平均利润和生产价格理论是在《资本论》第三卷第一至第三篇里阐述的。这一理论在《资本论》第三卷中以及在马克思经济理论的整个体系中占有重要地位。在这里，马克思运用自己的从抽象到具体、从一般到特殊、从本质到现象的叙述方法，通过几个层次的转化分析，丰富和发展了剩余价值理论和劳动价值理论，为论证剩余价值在资本主义各个剥削集团之间的分割奠定了理论基础，从而使马克思的抽象理论分析与现实经济实践连接起来，对于全面揭示资本主义经济运动规律具有重要意义。

一　马克思平均利润和生产价格理论的基本点

（一）不变资本价值和可变资本价值转化为成本价格

研究剩余价值如何转化为利润，首先就要从研究不变资本价值和可变资本价值如何转化为成本价格（k）开始。我们知道，商品价值由三部分组成：不变资本价值（c）、可变资本价值（v）和剩余价值（m）。如果从商品价值中减去剩余价值部分，那就只剩下不变资本价值和可变资本价值。马克思说："商品价值的这个部分，即补偿所消耗的生产资料价格和所使用的劳动力价格的部分，只是补偿使资本家自身消耗的东西，所以对资本家来说，这就是商品的成本价格。"[①] 用符号来表示，成本价格就是：k = c + v。

马克思说："商品使资本家耗费的东西和商品的生产本身所耗费的东西，无疑是两个完全不同的量。商品价值中由剩余价值构成的部分，不需要资本家耗费什么东西，因为它耗费的只是工人的无酬劳动……所以，对资本家来说，商品的成本价格必然表现为商品本身的实际费用。"[②] 成本价格形成以后，商品价值就等于成本价格加剩余价值。用符号来表示：W（商品价值）= k（成本价格）+ m

① 《资本论》第三卷，人民出版社 2004 年版，第 30 页。

② 同上。

（剩余价值）。

把商品价值中那些补偿商品生产中耗费的资本价值的部分界定为成本价格这个范畴，它表明了资本主义生产的特殊性质。因为商品的资本主义费用是用商品的耗费来计量的，而不是用劳动的耗费来计量的。所以，成本价格也称作生产费用，也就是资本家用以生产商品的本钱。资本家是要"将本求利"的。商品的资本主义成本价格，在数量上是与商品的价值或商品的实际成本价格不同的，它小于商品价值。因为在实际的商品价值中，不仅包括工人必要劳动所创造的价值，还包括工人的剩余劳动所创造的价值。所以，成本价格的出现就掩盖了资本主义制度下剥削与被剥削的关系。

（二）剩余价值转化为利润

成本价格这个范畴的出现掩盖了不变资本和可变资本的本质区别，也抹杀了活劳动和死劳动的区别，使人无法看到创造新价值的因素是什么。在这种情形下，本来只是可变资本增值额的剩余价值，在生产过程结束后来到现实生活中，却表现为所消耗的全部资本的增值额，这就是成本价格具有的假象。

成本价格所造成的上述假象，还不足以表现资本主义现实生活中更悖理的假象。因此，需要进一步探究。在资本家眼里，剩余价值不仅是所费资本即成本价格的增值额，而且是所用资本即全部预付资本的增值额。这就是说，资本家认为，剩余价值的产生不仅同生产中所消耗的一定量的资本有关，而且同那些投入了生产但还没有消耗的资本也有关。因为他认为如果没有他投入生产的全部资本在发挥作用，就不可能产生一个增值额即剩余价值。所以，不管怎样，结论总是：剩余价值是同时由所使用的资本的一切部分包括机器设备、厂房仓库、原材料和工人劳动产生的。于是，"剩余价值，作为全部预付资本的这样一种观念上的产物，取得了利润这个转化形式"①。剩余价值转化为利润以后，商品价值就等于成本价格加利

---

① 《资本论》第三卷，人民出版社 2004 年版，第 43—44 页。

润。用符号表示就是：W（商品价值）＝k（成本价格）＋p（利润）。

利润和剩余价值虽然在数量上是相等的，但剩余价值是本质，利润只是它的转化形式或表现形式。利润具有一种神秘的外衣。这种神秘的外衣是由资本主义生产关系造成的。在资本主义生产关系下，不变资本和可变资本的区别在成本价格这一概念的掩盖下不见了，以至剩余价值及其表现形式利润，就不被正确地看作可变资本的产物，也就是说，不被看作雇佣工人的剩余劳动创造的被资本家无偿占有的超过劳动力价值以上的价值，而被歪曲地看作资本家预付总资本的产物。显然，剩余价值转化为利润以后，就掩盖了资本家阶级和工人阶级之间剥削与被剥削的关系。

（三）剩余价值率转化为利润率

通过上面的分析，我们已经知道，在资本主义生产关系下，当不把剩余价值看作可变资本的产物而看作预付总资本的产物时，剩余价值就转化为利润了，由此也就不难理解，当剩余价值不同可变资本相比，而同预付总资本相比时，剩余价值率也就转化为利润率了。用符号来表示就是：$p' = m/c$（p' 代表利润率；c 代表预付总资本；m 代表剩余价值）。

剩余价值率转化为利润率，才最终标志着剩余价值转化为利润。这是因为利润率既然表示剩余价值和预付总资本的比例关系，因而也就具体确立了利润是总资本的产物这一概念。可见，利润率最清楚地表明了利润这一概念的含义。已实现的剩余价值还未必是利润，它只有当作全部垫支资本的产物时才成为利润，而这恰恰表现在利润率这种形式上。马克思曾经十分明确地指出："应当从剩余价值率到利润率的转化引出剩余价值到利润的转化，而不是相反。实际上，利润率从历史上说也是出发点。剩余价值和剩余价值率相对地说是看不见的东西，是要进行研究的本质的东西，而利润率，从而剩余价值作为利润的形式，却会在现象的表面上显示出来。"[1] 由于剩余

---

① 《资本论》第三卷，人民出版社 2004 年版，第 51 页。

价值率是剩余价值和可变资本之比，而利润率则是剩余价值同包括可变资本在内的预付总资本之比，所以，不难看出，同一资本，其利润率要比剩余价值率低得多。

利润率和剩余价值率不仅所表示的比率不同，更重要的是它们所表示的经济关系也不同。剩余价值率表示的是资本家对工人的剥削程度，而利润率则表示预付总资本的增长程度。这就是说，在前者，剩余价值是作为雇佣工人剩余劳动的创造物出现的；在后者，剩余价值则是作为资本自身的增长物出现的。所以，利润率掩盖了人与人之间的剥削与被剥削的阶级关系，而表现为一种物与物的关系。

（四）利润转化为平均利润

在资本主义经济发展的初期，由于各种原因各个资本的利润率是各不相同的，有的较高，有的较低。随着资本主义经济的发展，在实际生活中，等量资本却总能获得等量利润，也就是说，不管投在哪个部门的资本，都具有大体平均的利润率。那么，这种平均利润率或者说一般利润率是怎样形成的呢？马克思指出："不管所生产的价值和剩余价值多么不同，成本价格对投在不同部门的等量资本来说总是一样的。成本价格的这种等同性，形成各个投资竞争的基础，而平均利润就是通过这种竞争确定的。"① 这就是说，在资本主义经济中，等量资本获得等量利润具有客观必然性，已成为一种规律性的现象。那么，形成这种规律的依据是什么？马克思上面那段话揭示出两点：一是成本价格的等同性；一是部门间的竞争。

我们知道，生产某种商品所耗费的成本价格，就是生产某种商品所耗费的资本。对于资本家来说，在成本价格上，不变资本和可变资本的区别不存在了。假定资本家为了生产某种商品必须垫付100，不管他垫付这笔资本的有机构成是 $80c + 20v$，还是 $60c + 40v$，它消耗于资本家的都是一样多，都是 100。这就是成本价格的等同

---

① 《资本论》第三卷，人民出版社 2004 年版，第 172 页。

性。这种等同性就指出了等量成本价格即等量资本必须获得等量利润。各个利润率不同的等量资本为获得等量利润而运动的过程，就是竞争的过程。

马克思认为，资本主义经济中的竞争依据范围来划分有两种：部门内的竞争和部门之间的竞争。部门内的竞争形成商品的社会价值，部门之间的竞争则形成平均利润率。下面我们就来看看平均利润率是怎样在部门之间的竞争中形成的。

在资本主义经济中，各部门的资本家为了争夺更高的利润率而展开的竞争，主要是通过资本的转移来实现的。所谓资本转移，就是资本不断从利润率较低的部门抽出来再投入到利润率较高的部门。资本纷纷从利润率低的部门抽出来，那么，利润率低的部门产品供给就会减少，产品价格就会提高，利润就会增加；与此同时，资本不断转入利润率高的部门，以至利润率高的部门的产品就会供过于求，产品价格就会下降，利润就会减少。这样，经过资本在部门之间反复转移，就导致部门之间的利润率趋于平均化，平均利润率也就由此而形成。

平均利润率形成的过程，实质上是不同部门的资本家通过竞争而重新瓜分剩余价值的过程。因此，平均利润率形成后，不仅各个资本家所获得的利润不一定同本企业工人所创造的剩余价值量相符，而且各部门资本家所获得的利润也不一定同本部门工人所创造的剩余价值量相符。原来利润率高的资本，现在所得到的利润会少于其雇佣工人所创造的剩余价值；原来利润率低的资本，现在所得到的利润会多于其雇佣工人所创造的剩余价值。由上可见，平均利润率不过是把社会总资本作为一个整体看待时所得到的利润率，它是剩余价值总额与社会总资本之比。

平均利润率的形成过程已如上述，那么决定平均利润率水平的因素是什么呢？马克思指出："一般利润率取决于两个因素：1. 不同生产部门的资本有机构成，从而各个部门的不同的利润率；2. 社会总资本在这些不同部门之间的分配，……也就是，每个特殊生产部门在社会总资本中所吸收的相对份额。"① 第二个因素对平均利润率水平的影响是显而易见的。比如,某一特殊生产部门的资本量如果在社会总资本中占有比别的资本都大得多的份额,那么它的利润率水平就比其他各部门更接近全社会的平均利润率水平,这是很清楚的。那么,资本有机构成状况是怎样影响平均利润率水平的呢?

假定其他因素在社会各种资本中是一样的,那么资本有机构成就是影响平均利润率水平的唯一因素。资本有机构成高的部门即高位构成的部门,同量资本中由于使用工人的劳动较少,因而创造的剩余价值也较少,利润率就较低;由于相反的原因,资本有机构成低的部门即低位构成的部门,同量资本中由于使用的工人劳动较多,因而创造的剩余价值也较多,利润率就较高;只有中位构成的部门,才具有中等的即大体平均的利润率。

在资本主义经济中,高位构成部门的资本必然因为利润率低而向低位构成的部门转移,结果高位构成部门的产品就会因资本减少、生产量降低,出现供不应求的情况,从而使商品价格提高,利润率也随之增高;由于相反的原因,低位构成的部门,原来较高的利润率就会降低。这样,不同部门的不同利润率,通过竞争就趋向平衡而形成平均利润率。各部门的资本家依据平均利润率所取得的利润,就是平均利润。

需要特别说明的是,平均利润率形成的过程,就是不同部门的资本家通过竞争而重新瓜分剩余价值的过程。同时,也应该认识到,平均利润率形成以后,资本家和雇佣工人之间剥削与被剥削的关系,已经不是本企业和本部门资本家和雇佣工人之间的剥削与被剥削关系,而是整个资产阶级和整个工人阶级之间的剥削与被剥削的关系。所以,资本家和工人之间的矛盾和斗争已不是个别人之间的矛盾和斗争而是阶级与阶级之间的矛盾和斗争。工人阶级只有推翻整个资产阶级的统治才能获得彻底解放。

---

① 《资本论》第三卷,人民出版社 2004 年版,第 182 页。

（五）　商品价值转化为生产价格

马克思说："我们在第一册和第二册（即《资本论》第一卷和第二卷——引者）只是研究了商品的价值。现在，一方面，成本价格作为这个价值的一部分而分离出来了，另一方面，商品的生产价格作为价值的一个转化形式而发展起来了。"① 所以关于商品价值转化为生产价格的理论，马克思主要是在《资本论》第三卷里论述的，具体说是在第三卷第九章和第十章里论述的。

生产价格是以平均利润率的形成为前提的。在平均利润率形成以前，商品价值等于成本价格加剩余价值。平均利润率形成以后，由于剩余价值进一步转化为平均利润，许多部门所得到的平均利润，就和本部门生产的剩余价值在量上不一致了，有的高于本部门的剩余价值，有的低于本部门的剩余价值，只有少数部门所得到的平均利润大体等于本部门所创造的剩余价值。这时商品就不再是按照成本价格加上本部门的剩余价值的价格来出售，而是按成本价格加平均利润的价格来出售。所以，马克思说，平均利润形成以后，"商品的生产价格，……等于商品的成本价值加上平均利润"②。

商品的市场价格，在生产价格形成以前，是围绕价值上下波动的；在生产价格形成以后，则是围绕生产价格上下波动的。这样说，是否同第一卷中已经讲过的劳动价值理论相矛盾呢？任何一个资产阶级经济学家都没能够说清这个问题。正如马克思指出的："以前的经济学，或者硬是抽掉剩余价值和利润之间、剩余价值率和利润率之间的差别，以便能够坚持作为基础的价值规定，或者在放弃这个价值规定的同时，也放弃了对待问题的科学态度的全部基础。"③ 在此，马克思既批判了资产阶级古典经济学，为了"坚持"劳动价值论，而否认生产价格和价值的差别，又批判了资产阶级庸俗经济学只看到生产价格和价值的差别，而根本否定劳动价值论。

---

① 《资本论》第三卷，人民出版社 2004 年版，第 182—183 页。
② 同上书，第 177 页。
③ 同上书，第 188—189 页。

　　只要我们把握住生产价格是从价值转化而来的这一基本事实，就会既看到它们的差别性，又会看到它们本质上的一致性。其实价值和生产价格是同一事物在资本主义商品经济不同发展阶段的不同范畴。商品按价值买卖，是资本主义商品经济发展初期阶段的现象；商品按生产价格买卖，是资本主义商品经济发展到较高阶段的现象。

　　在资本主义商品经济发展到比较高的阶段，一方面由于机器大工业普遍建立，各部门的资本有机构成出现了差别，因而有了不同的利润率，于是客观上就要求等量资本获得等量利润；另一方面，这时资本主义的发展已经达到可以根据竞争的需要，使资本和劳动力比较容易地从一个部门转移到另一个部门，也就是有了完全的商业自由、信用制度的一定发展以及资本主义生产关系在社会经济各方面的普遍化，并且妨碍工人自由流动的法律已经废除，还因为各部门劳动简单化易于转业等。这一切决定了平均利润率的形成和商品价值转化为生产价格的客观必然性。

　　生产价格形成以后，虽然各部门的平均利润可能高于或低于其本部门所创造的剩余价值，但全社会的平均利润总额，仍然同剩余价值总额相等；再有，生产价格可能与各部门的商品价值不一致，但全社会的商品生产价格总和仍然同它们的价值总和相等；还有，马克思说："生产价格的变化显然总是要由商品的实际的价值变动来说明，也就是说，要由生产商品所必需的劳动时间的总和的变动来说明。"① 可见，马克思的生产价格理论，不但同他的劳动价值理论不相矛盾，而且正是在坚持劳动价值论的基础上建立起来的。生产价格理论是劳动价值理论的丰富和发展。

　　上述五个层次的转化，依据马克思的科学的方法论，以及马克思的劳动价值论和剩余价值论的基本原理，我们还可以作出以下更深层次的表达：第一，不变资本价值和可变资本价值转化为成本价格，本质上就是劳动消耗表现为资本消耗；第二，剩余价值转化为

① 《资本论》第三卷，人民出版社 2004 年版，第 186 页。

利润，本质上就是资本家对剩余价值的占有表现为资本的自行增值；第三，剩余价值率转化为利润率，本质上就是资本家对雇佣工人的剥削程度表现为资本的增值程度；第四，利润转化为平均利润，本质上就是由表现为资本的产物进一步表现为一种社会权力；第五，商品价值转化为生产价格，本质上就是由人类一般劳动的凝结表现为资本的创造。

《资本论》第三卷前三篇中的转化理论，充分体现了马克思科学的叙述方法，即从抽象上升到具体的方法，从本质上升到现象的方法，从一般上升到特殊的方法。马克思正是运用了这种方法，揭露了资本主义制度下被物与物关系的假象掩盖着的人与人即阶级与阶级的关系，从而使广大被奴役被剥削的劳苦大众认识到资产阶级和资本主义制度的真面目。

二　平均利润和生产价值理论在《资本论》中的地位

在《资本论》的传播与运用中，人们对马克思的劳动价值论和剩余价值论是十分重视的，而对平均利润和生产价格理论似乎关注不足，若从马克思经济理论的整体结构来看，固然劳动价值理论和剩余价值理论是理解马克思主义经济学的枢纽和基础，但平均利润和生产价格理论在《资本论》中也占有非常重要的地位。我们知道，《资本论》第一卷的卷名是"资本的生产过程"，它阐明的是剩余价值是怎样产生的；《资本论》第二卷的卷名是"资本的流通过程"，它阐明的是剩余价值是怎样实现的；《资本论》第三卷的卷名是"资本主义生产的总过程"，它阐明的是剩余价值是怎样在各个剥削集团之间进行分配的。平均利润和生产价格理论包含在《资本论》第三卷的开端，也就是说，它处于《资本论》第一、第二卷和第三卷之间。它向前衔接《资本论》第一、第二卷，向后衔接着《资本论》第三卷的大部分。这种篇章结构和逻辑结构又是统一的。因此，可以明确地说，平均利润和生产价格理论，它既是《资本论》第三卷的理论基础，又是整部《资本论》的理论节点。它发挥着承上启下的作用，承担着《资本论》理论由抽象走向具体、由一般转换为特殊、由本质显示出现象的理论节点和转化平台的功能。我以为这就是平均利润和生产价格理论在《资本论》中的定位。下面进一步加以解析。

（一）平均利润和生产价格理论是《资本论》第三卷的理论基础

《资本论》第三卷的研究对象是"资本运动过程作为整体考察时所产生的各种具体形式"①。所谓作为整体的资本运动过程，就是指它不像第一卷所论述的资本的生产过程，也不像第二卷所考察的资本的流通过程，而是从整体上来看的资本形态。这些具体的资本形态，就是指工业资本、商业资本、农业资本、借贷资本和银行资本等。马克思在《资本论》第三卷中说："我们在本册中将阐明的资本的各种形态，同资本在社会表面上，在各种资本的互相作用中，在竞争中，以及在生产当事人自己的通常意识中所表现出来的形式，是一步一步地接近了。"② 实际上第三卷是通过对具体资本形式的分析来更深刻地揭露资本的阶级内容，或者说，通过对各种具体现象的分析更深刻地揭示资本主义生产关系的本质。可见，第三卷所研究的问题，既是更具体的，也是更本质的。

为了说明平均利润和生产价格理论如何为《资本论》第三卷对各种具体资本参与剩余价值瓜分奠定理论基础，我们在此以商业资本的平均利润和生产价格形成为例加以论述。

我们知道，商业资本是流通领域的一种资本形式。价值和剩余价值是由生产领域中雇佣工人的劳动创造的。资本在流通领域既不创造价值也不创造剩余价值。商业资本撇开和它有关的保管、运输、分类、包装等生产性活动外，单就商业采购和销售活动而言，既不创造价值也不创造剩余价值，而只是对价值和剩余价值的实现发挥中介作用，对价值和剩余价值的物质承担者使用价值的运动发挥中

---

① 《资本论》第三卷，人民出版社 2004 年版，第 29 页。
② 同上书，第 30 页。

介作用。但是，因为流通过程是社会生产总过程中不可缺少的阶段，"所以在流通过程中独立地执行职能的资本，也必须和在不同生产部门中执行职能的资本一样，提供年平均利润。"① 这种平均利润同样是在部门之间的竞争中形成的。如果商业利润高于平均利润，一部分产业资本就会转来经营商业；相反，如果商业利润低于平均利润，一部分商业资本就会转营产业资本。这样，就形成了平均利润。

我们应进一步研究商业利润是从哪里来的。马克思指出："认为商业利润是单纯的加价，是商品价格在名义上高于它的价值的结果，这不过是一种假象。"② 其实商业资本所得到的平均利润是从产业资本所榨取的利润总额中分割来的，它是产业部门的工人所创造的剩余价值的一部分。

产业资本家为什么愿意把自己的一部分剩余价值分给商业资本家呢？这是因为商业资本是为产业资本服务的。商业购销业务原来是由产业资本家兼营的。商业资本从产业资本中独立出来以后，商品流通的时间和费用都减少了。如果由产业资本家兼营商业，就会占用更多的流通时间，使用更多的流通费用。所以，商业资本独立经营以后，产业资本家垫支的资本总额比以前减少了，即使商业资本家分割去一部分剩余价值作为自己的利润，对产业资本家来说还是有利润的。

那么，商业资本家是怎样从产业资本家那里分割去一部分利润的呢？这就要了解商业资本家购销价格之间的差额。如果撇开商品流通中各种费用的支出暂时不说，商业利润就存在于商品的购销差价上。那就是产业资本家以低于商品生产价格的价格把商品卖给商业资本家，商业资本家则按等于商品生产价格的价格把商品卖给消费者，商品销售价格高于购进价格的部分就形成商业利润。商业资本家所得到的利润和产业资本家所得到的利润，同他们各自垫支的资本相比，即同他们的利润率相比是一致的，也就是说他们都获得

① 《资本论》第三卷，人民出版社 2004 年版，第 314 页。

② 同上。

了平均利润。否则他们就会通过资本转移的竞争方式再争取获得平均利润。

由于商业资本参加了利润率的平均化，商品的生产价格的构成就有了新的内容，如公式：商品的生产价格＝成本价格（k）＋产业利润（p）＋商业利润（h）。可见，商品的销售价格虽然高于它的购买价格，但高出的部分即商业利润仍然是商品生产价格或者说商品价值的一部分。马克思说过："商人的出售价格之所以高于购买价格，并不是因为出售价格高于总价值，而是因为购买价格低于总价值。"① 商业资本之所以能够获得利润，完全依赖于商业职工的剩余劳动的付出。因此，商业资本家和商业职工的关系同产业资本家和雇佣工人的关系一样，同样是一种雇佣和被雇佣、剥削和被剥削的关系。

由以上分析，我们知道，如果没有平均利润和生产价格理论，商业资本和商业利润问题以及商业资本参与利润率平均化和商品生产价格的形成问题就难以得到科学的说明。借贷资本和借贷利息以及企业主收入和银行资本与银行利润问题，也是难以得到科学的说明的。

在资本主义农业中，依据马克思关于平均利润和生产价格理论可以知道，由于存在着土地的有限性和土地的资本主义经营垄断，农业中的级差地租是由农产品的个别生产价格同它的社会生产价格之间的差额转化而来的。在资本主义农业中，还由于存在土地私有权的垄断，农业中的超额利润就不参加社会平均化过程，而由农业资本家把这部分超额利润以绝对地租形式交给大土地所有者。但不管是大土地所有者获得的绝对地租也好，还是农业资本家获得的农业利润以及各种形式的级差地租也好，归根到底，都是农业工人创造的剩余价值，都是对农业工人剥削的结果。

由以上分析可知，平均利润和生产价格理论在《资本论》第三

---

① 《资本论》第三卷，人民出版社 2004 年版，第 319 页。

卷中的地位就好像劳动价值理论在《资本论》第一卷中的地位一样。没有平均利润和生产价格理论，就无法阐明商业资本家、借贷资本家、银行家、农业资本家和大土地所有者是如何瓜分雇佣工人创造的剩余价值的；同样，没有劳动价值理论，就无法阐明剩余价值的来源和资本积累的来源。可见，二者都是《资本论》中的基本理论，不过劳动价值论不仅是剩余价值理论和资本积累理论的基础，也是平均利润和生产价格理论的基础。因此，可以说，劳动价值理论是第一层次的基础理论，平均利润和生产价格理论则是第二层次的基础理论。

（二）平均利润和生产价格理论是《资本论》整体理论结构中的节点和转化平台

马克思的《资本论》共有三卷十七篇九十八章，可分为十大理论板块：一是劳动价值理论；二是剩余价值理论；三是资本积累理论；四是个别资本再生产理论；五是社会资本再生产理论；六是平均利润和生产价格理论；七是商业资本和商业利润理论；八是借贷资本和利息理论；九是地租理论；十是各种收入及其源泉理论。

上述十大板块又可分为三个部分：第一部分是前五个板块，包含在《资本论》前两卷中。是对资本主义生产和流通的抽象分析、一般阐述和本质揭示，第三部分是后四个板块，包含在《资本论》第三卷里，是对资本主义各个剥削集团瓜分剩余价值的具体分析和现象透视。但是，在前后两部分的抽象和具体之间、一般和特殊之间以及本质和现象之间如何衔接、如何过渡、如何沟通，还需要有一个不能缺少的中间环节。这个中间环节就是逻辑演绎中的一个节点、一个转化的平台。有了这个节点和转化平台，就可以避免论证上的脱节。《资本论》中的理论节点和转化平台在哪里？就在十大板块的第二部分，即十大板块中的第六个板块："平均利润和生产价格理论"。

有了上述节点和转化平台，在通过利润和平均利润来论述剩余价值转化而成的商业利润、借贷利息、企业主收入、银行利润和农业中的地租时，就能够实现逻辑严密、有说服力、使人易于理解。
如果没有这个节点和转化平台，理论的分析就可能被搁置在从具体
到抽象的阶段，而不能完成从抽象上升到具体的层次。再有，如果
缺少这个节点和转化平台，利润、利息、企业主收入和地租等，就
可能停留在现象形态上，而达不到本质的阐明。所以，平均利润和
生产价格理论在《资本论》中具有承上启下、连接本质和现象、一
般和特殊、抽象和具体的特殊功能。

恩格斯对包括平均利润和生产价格理论在内的《资本论》第三
卷给予了很高的评价。他在给朋友的信中写道："现在我正在搞第三
卷，这是圆满完成全著的结束部分，甚至使第一卷相形见绌。……
这个第三卷是我所读过的著作中最惊人的著作。"① 恩格斯之所以如
此赞誉第三卷，我认为是同《资本论》第三卷平均利润和生产价格
的论证采用分析转化形式的方法不无关联的。这种转化分析方法环
环相扣、步步深入、简明扼要、彰显本质，是其他著作中所罕见的。

马克思的平均利润和生产价格理论的创立，就使得他在《资本
论》中能够更深刻地揭示资本主义社会经济现象的本质，能够更充
分地阐明资本主义制度下资产阶级和无产阶级之间剥削与被剥削、
奴役和被奴役的阶级关系，能够更彻底地批判资产阶级经济学说的
各种谬误。所以，平均利润和生产价格理论部分，是马克思的"最
惊人的著作"中的灿烂篇章。

最后，值此马克思 200 周年诞辰之际，为了弘扬马克思的理论
贡献和科学精神，为了对《资本论》进行更深入的研究和更广泛的
传播，我呼吁学术界从现在起，应致力于构建"《资本论》学"。我
们知道，在相关学界的努力下，早已有"《红楼梦》学"、"敦煌
学"、"洛阳学"等，并都产生了很好的影响。我们《资本论》和相
关研究工作者理应努力建设"《资本论》学"，其中应包含《资本
论》释义学、《资本论》创作史、《资本论》历史典据学、《资本论》

---

① 《恩格斯致丹尼尔逊（1885 年 4 月 23 日）》，《马克思恩格斯全集》第 36 卷，人民
出版社 1975 年版，第 299 页。

版本学、《资本论》传播史及《资本论》应用与发展等。试想大家如此拓展和深入研究下去，《资本论》的科学光芒将更加辉煌灿烂！既可更好地指引我们中国特色社会主义的前进道路，也将真诚告慰马克思的在天之灵！

（原载《毛泽东邓小平理论研究》2018 年第 3 期）

《资本论》给了我们什么？

　　2018 年，是伟大的全世界无产阶级革命导师马克思 200 周年诞辰。在 1818 年以来的 200 年的漫长过程中，马克思只享受了 65 年的人生岁月。在他生活的 65 年中，他花费了 40 年的光阴主要用于研究和撰写《资本论》这部科学巨著。自《资本论》第一卷于 1867 年问世以后，资产阶级反对它，广大劳动人民和一切进步人士学习它、赞扬它，而且越来越多的人认同它、理解它，把它称为"工人阶级的圣经"，把马克思誉为全世界千年的伟大思想家。那么，马克思的这部伟大著作《资本论》到底给了我们什么？换言之，也就是我们应该从《资本论》及其艰辛的创作历程中学习些什么？本文拟将我的一些粗浅认识，汇报给大家，以求指教。

一　《资本论》给了我们认识资本主义经济本质及其发展规律的理论武器

　　人类历史从封建社会进入资本主义社会以后，生产力得到了解放，经济社会有了迅速的发展。正如马克思和恩格斯在《共产党宣言》中所说："资产阶级在它的不到一百年的阶级统治中所创造的生产力，比过去一切世代创造的全部生产力还要多，还要大。自然力的征服，机器的采用，化学在工业和农业中的应用，轮船的行驶，铁路的通行，电报的使用，整个整个大陆的开垦，河川的通航，仿佛用法术从地下呼唤出来的大量人口——过去哪一个世纪料想到在社会劳动里蕴藏有这样的生产力呢？"① 但是，随着资本主义的发展，其内在的基本矛盾即生产力和生产关系的矛盾，具体表现为生产的社会性和占有的私人性的矛盾日益尖锐；资本主义生产无限扩大的趋势和广大劳动群众有支付能力的需求日益狭小的矛盾不断强化；单个企业经营有组织和社会生产无政府状态的矛盾也更加突出。于是从1825年开始资本主义国家周期性地爆发着经济危机。直到目前，西方主要资本主义国家仍然经受着金融和经济危机这一顽疾的困扰。

资本主义国家经济矛盾的发展，激化了阶级之间的对抗。随着资本积累的发展，在资产阶级一方是财富的积累，资本越来越集中在少数人手中；在无产阶级一方则是贫困的积累，失业和饥饿伴随着越来越多的劳苦大众。于是，从19世纪三四十年代起工人运动蓬勃兴起。1831年和1834年法国里昂工人首先起义；接着1836—1848年，英国工人阶级又爆发了宪章运动；到了1844年，德国西里西亚纺织工人起义。这三大工人运动是无产阶级作为独立的政治力量，开展独立政治运动的突出表现。

随着工人运动的发展，形形色色的社会主义思潮在社会上广泛流传，但是，工人运动越是向前发展，就越是暴露这些社会主义学说的虚弱和荒谬。如果以这些社会主义学说为指导，非但不能把工人运动引向胜利，很可能把工人群众英勇斗争的革命成果白白葬送。而传统的资产阶级经济学说，又在宣扬资本主义生产关系的永恒性，用物与物的关系来掩盖资本主义不合理的人与人的关系。可见，工人运动的蓬勃发展迫切要求有一种崭新的科学的革命的理论来武装他们的头脑。马克思就是在这样的时代背景下，肩负着无产阶级求解放的阶级使命来创作《资本论》的。

马克思在《资本论》中从解剖资本主义经济细胞商品的内在矛盾开始，建立了科学的劳动价值理论、剩余价值理论、资本积累理论、资本流通和再生产理论、平均利润和生产价格理论，以及商业

---

① 《马克思恩格斯文集》第2卷，人民出版社2009年版，第36页。

资本、借贷资本和地租理论，充分揭露了资产阶级和无产阶级之间剥削与被剥削、奴役与被奴役的关系，证明了资本主义的历史暂时性，预示着资本主义必然灭亡的客观规律。

马克思在《资本论》中明确指出："资本的垄断成了与这种垄断一起并在这种垄断之下繁盛起来的生产方式的桎梏。生产资料的集中和劳动的社会化，达到了同它们的资本主义外壳不能相容的地步。这个外壳就要炸毁了。资本主义私有制的丧钟就要响了。剥夺者就要被剥夺了。"①

马克思这个著名的科学论断，是我们认识资本主义必然灭亡历史趋势的指路明灯，它给了作为资本主义制度掘墓人的全世界无产阶级以极大鼓舞，从而使全世界劳动人民更紧密地团结起来。

还应该说明，在《资本论》中马克思阐述资本主义本质及其发展规律的理论，有许多部分如资本循环与周转以及社会资本再生产，等等，如果抽去其资本主义生产关系的属性，就其物质运动本身而言，在以生产资料公有制为基础的社会里，也是完全适用的。

二 《资本论》给了我们追梦未来社会的远大理想

旧世界必然也必须彻底砸烂，新世界必将应运而生，这是不可抗拒的人类的社会发展规律。但是，马克思是个彻底的唯物主义者，他不像空想社会主义者那样，把未来社会构想得天花乱坠。马克思在《资本论》中对未来社会的论述并不详尽，只是在十分必要的地方指出未来社会发展的大方向。当然有了这个大方向，对我们来说已经是一种很好的享受了。

马克思在《资本论》中明确指出："从资本主义生产方式产生的资本主义占有方式，从而资本主义的私有制，是对个人的、以自己劳动为基础的私有制的第一个否定。但资本主义生产由于自然过

---

① 《资本论》第一卷，人民出版社 2004 年版，第 874 页。

程的必然性，造成了对自身的否定。这是否定的否定。这种否定不是重新建立私有制，而是在资本主义时代的成就的基础上，也就是说，在协作和对土地及靠劳动本身生产的生产资料的共同占有的基础上，重新建立个人所有制。"① 马克思这段话清楚地告诉我们，在消灭资本主义私有制之后，未来社会将建立在生产资料公有制的基础上。生产资料公有制就是未来社会最主要最基本的特征。重新建立的个人所有制只是生活资料的占有形式。

马克思说过："设想有一个自由人联合体，他们用公共的生产资料进行劳动，并且自觉地把他们许多个人劳动力当作一个社会劳动力来使用。"② 这就告诉我们未来社会的社会组织形式就是"自由人联合体"。既然人们是自由的，相互之间必然是平等的，众多的个人劳动力将由社会统一协调，有组织地进行生产活动。

马克思在《资本论》中还写道："我们假定，每个生产者在生活资料中得到的份额是由他的劳动时间决定的。这样，劳动时间就会起双重作用。劳动时间的社会的有计划的分配，调节着各种劳动职能同各种需要的适当的比例。另一方面，劳动时间又是计量生产者在共同劳动中个人所占份额的尺度，因而也是计量生产者在共同产品的个人可消费部分中所占份额的尺度。"③ 这就是说，在未来社会，劳动时间一方面要按比例地分配到国民经济各个部门，以便有计划地进行生产；另一方面每个人付出的劳动时间又是分配个人消费品的依据。这应是对个人消费资料实行"按劳分配"的原则。

在《资本论》中，马克思还写道："发展社会生产力，去创造生产的物质条件；而只有这样的条件，才能为一个更高级的、以每一个个人全面而自由的发展为基本原则的社会形式建立现实基础。"④ 这说明，未来社会的成员将不受旧的分工的约束，而可以自由地选

---

① 《资本论》第一卷，人民出版社 2004 年版，第 874 页。
② 同上书，第 96 页。
③ 同上。
④ 同上书，第 683 页。

的发展是有规律的，而反映历史发展规律的逻辑思维，必然和历史发展的进程相一致。当然在历史发展进程中还会出现一些偶然现象。

此外，马克思在《资本论》研究中，还运用了定性分析与定量分析相结合的方法。上述《资本论》研究中所运用的各种方法，具有一定的普适性，在研究社会主义经济问题时也是可以借鉴的。

四 《资本论》给了我们无畏的批判精神和创新精神

马克思早在19世纪40年代初就在自己的文章中表示要"对现存的一切进行无情的批判"①。马克思为创立无产阶级政治经济学用毕生精力所撰写的《资本论》，起初就定名为"政治经济学批判"，到了1862年在起草第二稿的过程中，才改名为《资本论》，并以"政治经济学批判"为副标题。可见，马克思创作《资本论》始终不忘坚持批判精神。

批判精神就是一种斗争精神、一种革命精神，同时也是一种创新精神。因为不破不立。只有彻底批判了不科学、反科学的错误理论，才能建立起科学的、完善的新理论。在马克思这里批判和创新是紧密结合在一起的，不可分割的。马克思批判了资产阶级古典经济学中有关劳动价值论不彻底、不完善的成分，从而创立了科学的劳动价值理论；马克思批判地填补了资产阶级古典经济学中只有利润、利息、地租等有关剩余价值现象形态的概念，才提出了剩余价值一般的概念，成功地创立了剩余价值理论；马克思批判了资产阶级庸俗经济学中的"节欲说"谬论，才创立了资本积累理论，如此等等。就这样，马克思边破边立、破中有立，最终完成了创建无产阶级政治经济学的历史任务，从此，全世界无产阶级有了翻身求解放的理论武器。马克思曾经严厉地宣称，《资本论》"无疑是向资产阶

---

① 《马克思恩格斯全集》第31卷，人民出版社1972年版，第542—543、425页。

级（包括土地所有者在内）脑袋发射的最厉害的炮弹"。它是"最后在理论方面给资产阶级一个使它永远翻不了身的打击"。① 政治经济学是一门阶级性和党性很强的学科，因此，在它的建立、发展和运用中，都必须坚持党性原则，而不同的经济理论和不同的经济学人也都各有自己的党性。《资本论》作为体现无产阶级根本利益的科学巨著，对它的传播和运用就必须坚持无产阶级的立场、观点和方法，必须坚持对非马克思主义和反马克思主义理论的批判。放弃了批判精神，《资本论》就没有活力和生命力，也就难以创新、难以发展。

五　《资本论》给了我们战胜一切困难的拼搏精神

马克思创作《资本论》的漫长岁月，并不是在平静的环境里和优裕的生活条件下度过的。他面临的困难并非仅仅表现在必须想方设法去搜集和挖掘大量的材料和伏案写作上，而是有"政治迫害""贫穷困扰"和"疾病缠身""三座大山"压在他的头上。

马克思遭到政治迫害是势所必然的。因为他要通过《资本论》的写作，在一个人剥削人的社会里去探求消灭剥削的真理；在一个人压迫人的制度里去寻找走向平等的道路。他是在资本主义还处于上升时期，就宣判资本主义的死刑，他必须向整个旧世界宣战，和一切传统的观念彻底决裂。他还要在批判旧世界的同时，发现一个新世界。因此，他必然会遇到形形色色敌人的反对，而当时阶级力量的对比对马克思又是十分不利的。恩格斯说过："马克思是当代最遭嫉恨和最受诬蔑的人。各国政府——无论是专制政府或共和政府——都驱逐他；资产者——无论保守派或极端民主派——都纷纷争先恐后地诽谤他，诅咒他。他对这一切毫不在意，把它们当做蛛丝一样轻轻抹去，只是在万分必要时才给予答复。"②

早在1843年3月，马克思主编的《莱茵报》就因为经常发表不

---

① 《马克思恩格斯全集》第31卷，人民出版社1972年版，第542—543、425页。
② 《马克思恩格斯选集》第3卷，人民出版社1972年版，第575页。

合反动政府口味的文章而被查封。1843年秋，马克思被迫来到巴黎。在这里他的革命活动又触怒了反动派，1845年，马克思被看作一个危险的革命家逐出了巴黎，被迫移居比利时的布鲁塞尔。1847年春，马克思和恩格斯参加了秘密革命团体"共产主义者同盟"，并出席了这年11月在伦敦举行的同盟第二次代表大会，而且受大会的委托，由他俩起草了伟大的历史文献《共产党宣言》。1848年2月革命爆发时，马克思曾捐款武装布鲁塞尔工人，并和恩格斯一起参加了布鲁塞尔民主协会的活动。因此，3月3日当夜比利时反动警察逮捕了马克思，经过18个小时的监禁，他们全家被迫离开比利时，只好又一次移居巴黎。三月革命爆发后，4月初，马克思和恩格斯前往德国参加革命，并在科伦出版了《新莱茵报》，马克思任主编。革命失败后，反动当局又借口马克思1848年11月18日曾参加起草民主主义者区域委员会的呼吁书而指控他煽动叛乱。1849年5月16日，德国当局又发出了驱逐马克思出境的反动命令。接着，马克思被迫第三次来到巴黎。到巴黎后不久，马克思第三次遭到法国政府驱逐。偌大的欧洲大陆竟没有马克思一处安身之所。1849年8月26日，他只得渡海迁居伦敦。

除了来自反动政府的迫害之外，资产阶级及其御用文人对马克思的攻击和诽谤，也从来没有停止过。他们黑心用尽、花招施绝，一个个像疯狗一样向马克思扑来，马克思却始终岿然不动，只是把它们当作落在衣服上的灰尘一样轻轻地掸去！

马克思定居伦敦以后，政治处境似乎安定了一些，然而贫困的胁迫和疾病的折磨，又加害于在坎坷道路上前进的这位伟大的无产阶级革命家身上。

马克思在伦敦的30多年生活中，贫困和疾病总是伴随着他，有时候穷得只好靠典当和拍卖衣物维持生活。1850年4月，马克思由于付不起房租，家具被查封，全家只好暂时住在旅馆。1851年10月，马克思为写作《揭露科伦共产党人事件》，竟把上衣当了买稿纸。这一年马克思生了一个女孩，名叫马克思·弗兰契斯卡，一岁多就死于贫病之中。当她活着的时候，家里连给她买摇床的钱都没有，在她死了以后，连埋葬的费用都拿不出，最后还是向法国的流亡者借钱才勉强买了一个小棺材埋葬了。1853 年 8 月 18 日，马克思在致恩格斯的信中写道："我现在不仅象通常一样处境困难，而且更糟的是我的妻子以为能及时拿到钱，给各种债主说定了还债的日期，所以这些狗现在简直是包围了我的家。……为了弄到几文钱，把我四分之三的时间都用在奔走上去了。"[①] 马克思在写作《政治经济学批判》时，曾经打趣地说过，未必有一位作者在这样极度缺少货币的情况下来研究货币理论。1859 年，当他把《政治经济学批判》这本书写好以后，竟没有钱买邮票把书寄出去。到了 60 年代初，由于美国内战，马克思停止了多年来固定为《美国纽约每日论坛报》撰稿的工作，这就使他的生活处境更加艰难了。

物质生活的窘迫，丝毫没有动摇过马克思的坚强革命意志，虽然他完全有可能不失尊严地获得一官半职以安度此生，但是，他坚定地表示，不管遇到何等困苦，他都要朝着既定的目标前进，而不让资产阶级社会把他变成一架赚钱的机器。

马克思在自己的生活经常难以度日的情况下，还把大部分十分微薄的收入，赠给其他从事革命斗争而生活更为艰苦的同志。这种深厚的无产阶级感情是何等的高尚！

由于马克思长期过度劳累和生活的艰辛，他身患多种疾病。从 19 世纪 50 年代开始，有时就因肝病发作而不得不停止工作。到了他生命的最后十年，病情越来越严重。列宁说过："在第一国际中的紧张工作和更加紧张的理论研究，完全损坏了马克思的健康。尽管如此，他还是收集大量新资料，学习好几种语言（例如俄文）继续进行改造政治经济学和完成《资本论》的工作。"[②] 他不仅患有脑病、肋膜炎、肝病，还有眼病，加上长期不愈的失眠症以及随时发作的痛，他的身体极度衰弱，但他仍然不顾同志们的劝阻，加倍努力地坚持研究和撰写《资本论》。他语重心长地说过："因为我一直在坟

---

① 《马克思恩格斯全集》第 28 卷，人民出版社 1973 年版，第 280 页。
② 《列宁选集》第 2 卷，人民出版社 1972 年版，第 579 页。

墓的边缘徘徊，因此，我不得不利用还能工作的每时每刻来完成我的著作，为了它，我已经牺牲了我的健康、幸福和家庭。"①

在马克思身患重病而不得不卧床休养的时候，他也从不间断看书学习。1864 年夏，马克思有一段时间因病完全不能工作，他就利用躺在床上的时间阅读了大量有关自然科学的书籍。在马克思看来，工作才是最大的愉快，如果让他过着悠闲的生活，哪怕是因病也是决不愿意的。在一次马克思给恩格斯的信中说，他正在图书馆埋头读书，突然"两眼发黑，头痛得要命，胸部闷得慌"。接着他写道："照我的情况来看，本来应当把一切工作和思考都丢开一些时候；但是，这对我来说，即使有钱去游荡，也是办不到的。"②

马克思就是这样在反动政府的迫害下，在各式敌人的咒骂和诋毁声中，在贫病交加的情况下，为着无产阶级和全人类的彻底解放，为了提供摧毁资本主义的巨型炸弹，以大无畏的革命精神，挺立不拔，向着既定的目标昂首阔步地前进。他在《政治经济学批判》序言的末尾曾经向读者庄严地宣告："在科学的入口处，正象在地狱的入口处一样，必须提出这样的要求：'这里必须根绝一切犹豫；这里任何怯懦都无济于事'。"③ 13 世纪意大利著名诗人但丁说过："走你的路，让人家去说吧！"马克思在书中把这句话借用来回敬那些残暴的迫害者和无耻的诽谤者。

六 《资本论》给了我们高尚的伟大的友谊

在历史上的各个时期，都有过为人们所传颂的友谊，然而那些友谊都不能和无产阶级的伟大革命导师马克思和恩格斯之间的友谊相比。他们的感情和理想，他们的理论研究和革命斗争是完全交融在一起的。马克思在充满着艰难险阻的不平坦的道路上，在不断遭

---

① 《马克思恩格斯全集》第 31 卷，人民出版社 1972 年版，第 543 页。
② 《马克思恩格斯全集》第 32 卷，人民出版社 1974 年版，第 51 页。
③ 《马克思恩格斯选集》第 2 卷，人民出版社 1972 年版，第 85 页。

到政治迫害和贫病折磨的险恶环境里，能够经常得到恩格斯的最真挚的友谊和最无私的援助该是多么可贵啊！

《资本论》这部光辉的科学巨著，在马克思主义两位奠基人那种无与伦比的友谊联盟中占有极重要的地位。马克思是《资本论》的创作者，恩格斯则是《资本论》的创作协助者和传播者。没有恩格斯的无私支持和理论研究上的合作，《资本论》的问世和发挥其划时代的作用是不可想象的。

列宁说过："贫困简直要置马克思和他的一家于死地。如果不是恩格斯经常在经济上舍己援助，马克思不但不能写成《资本论》，而且定会死于贫困。"[1] 恩格斯常常在他的亲密战友在生活上感到危机之时雪中送炭。马克思对恩格斯这种无私的援助无限感激而又异常不安。他在 1867 年 5 月 7 日写给恩格斯的信中说："没有你，我永远不能完成这部著作。坦白地向你说，我的良心经常象被梦魇压着一样感到沉重，因为你的卓越才能主要是为了我才浪费在经商上面，才让它们荒废，而且还要分担我的一切琐碎的忧患。"[2]

恩格斯对《资本论》的贡献是多方面的，除了在经济上支持马克思的写作以外，还为《资本论》这座科学大厦的建造提供了各种精确的经济资料。由于恩格斯长期生活在曼彻斯特这座工业大城市，本人又有经营企业的实践经验，他对资本主义经济的运营过程了如指掌。在《资本论》的写作中，马克思经常向他请教有关经济活动的一些细节和具体数据。例如，资本周转及其在各个不同部门的特点，还有资本周转速度对利润和价格的影响，等等。恩格斯在 1865年和 1866 年间曾经仔细观察过英国及有关国家棉业危机的状况，并写成相关说明材料，这些材料后来在《资本论》中曾被运用。

更重要的是恩格斯还直接参与了《资本论》的创作。例如，《资本论》第三卷第四章的"周转对利润率的影响"，就是恩格斯根据马克思留下的标题代笔完成的，至于他对个别段落的增补，在

① 《列宁选集》第 2 卷，人民出版社 1972 年版，第 578 页。
② 《马克思恩格斯全集》第 31 卷，人民出版社 1972 年版，第 301 页。

《资本论》第二、第三卷里更是屡见不鲜。根据笔者的统计，恩格斯在《资本论》正文中所作的增补有 122 处之多，共 37600 余言（按中译文计算）。恩格斯在《资本论》中加写的脚注共 90 个，其中由他单独作的注有 72 个，补加在马克思原注上的 18 个。两项合计，增写脚注文字 13000 有余。恩格斯临逝世前两个多月，带着身患食道癌的病痛，还为《资本论》写了两篇增补论文：《价值规律和利润率》以及《交易所》，批判了资产阶级学者对《资本论》的攻击，捍卫了《资本论》的理论体系。

1867 年 9 月 14 日，《资本论》第一卷发表了，这是国际工人运动中的一个重大事情，也是马克思和恩格斯亲密友谊的象征。在正式出版的前夕，1867 年 8 月 16 日，当马克思校完最后一个印张，于深夜 2 时写信给恩格斯说："这样，这一卷就完成了。其所以能够如此，我只有感谢你！没有你为我作的牺牲，我是决不可能完成这三卷书的巨大工作的。我满怀感激的心情拥抱你！"①

《资本论》第一卷出版以后，恩格斯为了它能够在全世界广泛传播不遗余力。他早就预料到资产阶级会以沉默来抵消《资本论》出版后产生的影响。为了粉碎这个阴谋，恩格斯以最巧妙的笔法大力宣传《资本论》第一卷出版这一重大信息。由于恩格斯的倡导和推动，到 1868 年 7 月，至少有 15 家德文报刊发表了宣传《资本论》的文章，还有更多的媒体登载了《资本论》的序言和广告。从此，《资本论》逐渐在全世界传播开来，资产阶级的以沉默来扼杀《资本论》的阴谋被粉碎了。

马克思逝世以后，恩格斯为《资本论》的再版和翻译不遗余力，整理、编纂和出版以后各卷的任务就更为艰巨，因为马克思留下的是第二、第三卷的初稿甚至是草稿，不少章节残缺不全。经过恩格斯的辛勤劳动，第二卷于 1885 年出版了，又经过 9 年之久的编纂，第三卷在 1894 年终于面世了。

---

① 《马克思恩格斯全集》第 31 卷，人民出版社 1972 年版，第 328—329 页。

列宁有一段名言："恩格斯出版了《资本论》第二卷和第三卷，就是替他的天才的朋友建立了一座庄严宏伟的纪念碑，在这座纪念碑上，他无意中也把自己的名字不可磨灭地铭刻上去了。的确，这两卷《资本论》是马克思和恩格斯两人的著作。古老的传说中有各种非常动人的友谊的故事。欧洲无产阶级可以说，它的科学是由两位学者和战士创造的，他们的关系超过了古人关于人类友谊的一切最动人的传说。"①

结束语

由上可见，马克思的影响人类命运的伟大科学巨著《资本论》，给予我们的不仅是这部经典的文本本身，而且包括《资本论》创作全过程中激动人心的点点滴滴。

《资本论》给予我们认识资本主义经济制度本质和资本主义经济发展规律的理论，使我们确信资本主义决不是一种永恒的制度，"资本主义私有制的丧钟就要响了"，它必然走向消亡；同时，它也使我们懂得社会主义和共产主义必然胜利是不可阻挡的历史潮流。这是《资本论》给予我们最厚重、最有价值的理论财富。但是，我们学习《资本论》能够获得的绝不限于这些，同样十分宝贵的还有研究社会经济现象的方法论。因为没有科学的方法，就得不到科学的理论。

还要认识到，《资本论》是在资产阶级经济学的氛围里破土而出的，它没有自己的土壤，它要发展就必须培植自己的土壤。因此，创作《资本论》、运用《资本论》和发展《资本论》，都必须破旧才能立新，必须有批判精神。离开了对各种论调的经济学的批判，就不可能有《资本论》。所以，可以说整部《资本论》就是一部"批判经济学"。

《资本论》是马克思在政治迫害、贫穷困扰和疾病缠身等多重压

---

① 《列宁选集》第 1 卷，人民出版社 1972 年版，第 92—93 页。

力下奋力写成的。没有一种不屈不挠的拼搏精神是难以成功的。因此，可以说《资本论》就是奋力拼搏的产物。

《资本论》的作者是马克思，但如果只是马克思一个人孤军奋战，那是很难完成的。恩格斯的倾力支持和合作研究是《资本论》能够最终问世的十分重要的因素。因此，可以说《资本论》是马克思和恩格斯伟大友谊的结晶。

总之，《资本论》博大精深，它是百科全书式的伟大著作，它的创作过程又是那样丰富感人，它给予我们的和我们应该从它那里获得的是多方面的，既有理论又有方法，既有知识又有精神，既有学术又有文化。应该说，它给予我们的最核心的东西就是无产阶级的立场、观点、方法和阶级感情。这是一辈子最有用的东西。

在我们中国特色社会主义建设的新时代，在我们实现两个"百年梦"和构建人类命运共同体的征程中，在我们倾力打造中国特色马克思主义政治经济学的奋斗中，学习和借鉴《资本论》及其创作经历所包含的理论、经验和方法是至为重要的，这是每一个理论工作者都不能漠然置之的。

（原载《当代经济研究》2018 年第 9 期）

我国改革开放的历史性成就是
马克思主义的伟大胜利

1978 年 12 月 18 日至 22 日在北京举行的党的十一届三中全会，是中国共产党历史上一次具有重大历史意义的会议，它开启了中国改革开放的伟大征程，到今年已经历了 40 个春秋。我这里想简要阐述一下我国改革开放所取得的巨大成就以及它的重大历史意义，作为对这个中国人民永志不忘的重要时刻的纪念。

一　我国改革开放取得的历史性成就

40 年来，我国人民在中国共产党的领导下，在改革开放的大潮中，解放思想、攻坚克难、奋勇拼搏所取得的辉煌成就，在今天是举世瞩目的，而在当初，则是难以想象的，这里只能择其要者列举若干方面供大家参考。

（一）创立了社会主义基本经济制度

改革开放以后，党和国家根据解放和发展生产力的要求，破除了"一大二公"的所有制结构，建立起以公有制为主体、多种所有制经济共同发展的基本经济制度。毫不动摇地巩固和发展公有制经济；毫不动摇地鼓励、支持和引导非公有制经济发展。坚持公有制为主体，促进非公有制发展，统一于社会主义现代化建设的过程中，保障了社会经济稳健而快速的发展。

值得特别关注的是，我们在社会主义基本经济制度的基础上，建立起了社会主义市场经济体制，它既能充分发挥市场配置资源的决定性作用，又能充分发挥政府的宏观调控作用，成为当今世界上最有效率又较为公平的一种经济体制。

（二）社会财富的极大增长

在我国生产资料所有制的社会主义改造完成以后，当时仍然错误地坚持以阶级斗争为纲，大大阻碍了经济社会的发展。党的十一届三中全会之后拨乱反正，确立了以经济建设为中心，使社会生产力大发展。目前，中国已成为世界第二大经济体，第一制造业大国、第一大货物贸易国、第一大外汇储备国。我国国内生产总值占世界生产总值的比重由改革开放之初的 1.8% 上升到当前的 15.2%。据世界银行数据测算，2012 年至 2016 年世界主要国家对世界经济增长的贡献率，美国为 10%，欧盟为 8%，日本为 2%，中国则达 34%，超过美、欧、日之和。

（三）科技水平和科技实力显著提高

2018 年我国研发人员总量预计可达 418 万人，居世界第一。我国国际科技论文总量和被引用次数稳居世界第二，发明专利申请量和授权量居世界首位。高新技术企业已达 18.1 万家，科技型中小企业 13 万家，全国科技合同成交额为 1.78 万亿元。科技进步贡献率预计超过 58.5%，国家综合创新能力已上升至世界第 17 位。在航天、探海和医疗方面的技术进步也是世人有目共睹的。

（四）人民收入增加、生活改善，获得感、幸福感明显提升

我国居民人均可支配收入由 40 年前的 171 元，增加到现在的 2.6 万元，中等收入群体持续扩大。我国贫困人口累计减少 7.4 亿人，基本养老覆盖超过 9 亿人，医疗保险覆盖超过 13 亿人。居民预期寿命由 1981 年的 67.8 岁上升到 2017 年的 76.7 岁。

（五）国家文化软实力和中华文化影响力明显提升

在我国，马克思主义在意识形态领域的指导地位坚定不移。40 年来，在加强社会主义物质文明建设的同时，坚持社会主义精神文明建设。社会主义核心价值观正在逐步深入人心。创新精神的弘扬、绿色理念的树立、民族团结的增强、工匠精神的倡导、红

色理念的传承和改革开放意识的强化等，使中华民族精神文明更加发扬光大。

总之，40 年的改革开放，使中国特色社会主义的道路、理论、制度和文化更加成熟。中国正在和平崛起，中国的综合国力日益增强，中国的国际地位和国际影响力不断提升，中国正在从世界舞台的边缘走向世界舞台的中央。中国人民正在由站起来、富起来，奋力奔向强起来。中国的发展日益接近建成一个富强、民主、文明、和谐、美丽的社会主义现代化国家的伟大目标。

二　中国改革开放取得的历史性成就的伟大意义

（一）改革开放取得的历史性成就，再次证明了马克思主义是战无不胜的理论武器

中国改革开放能够得到亿万人民群众的支持，得以顺利推进，并在较短时期内取得举世瞩目的巨大成就，其原因何在？这是值得人们深思的问题。也许有一些同志会认为这是向西方发达资本主义国家学习的结果。乍听起来似乎也有些道理。因为西方发达国家建立市场经济体制远远早于我国，而且经济繁荣、科技发达，居民生活水平也比我们高。改革开放后，在市场经济体制下，我们的企业同西方发达国家的企业频繁交往，购买它们的产品，学习它们的经验；我们的大批青年到西方发达国家留学；我们政府部门的干部到西方发达国家考察借鉴，的确向西方学了不少东西，而且今后还会继续向西方学习。但这里要进一步提出，在改革开放领域我们向西方资本主义国家主要学习了些什么？深入观察和分析以后，就可以发现，我们向西方学习的主要是市场经济的运作模式、经营技巧和管理方法等，如公司的治理结构、公司的管理制度、虚拟资本的操作方法以及外向型经济的运营规范，等等。这些虽然都是市场经济题中应有之义，应该学习、应该掌握，但这些都属于战术层面的东西，是市场经济发展中的操作方式方法问题、经营技巧问题，并非

经济社会发展中的方向和要害所在。

那么，中国改革开放的方向和要害是什么？对此，马克思主义提供了科学的答案。马克思在他 1859 年 1 月写的《〈政治经济学批判〉序言》中阐述了历史唯物主义最基本的理论。他说："人们在自己生活的社会生产中发生一定的、必然的、不以他们的意志为转移的关系，即同他们的物质生产力的一定发展阶段相适合的生产关系。这些生产关系的总和构成社会的经济结构，即有法律的和政治的上层建筑竖立其上并有一定的社会意识形式与之相适应的现实基础。……社会的物质生产力发展到一定阶段，便同它们一直在其中运动的现存生产关系或财产关系（这只是生产关系的法律用语）发生矛盾。于是这些关系便由生产力的发展形式变成生产力的桎梏。那时社会革命的时代就到来了。随着经济基础的变更，全部庞大的上层建筑也或慢或快地发生变革。"接着他又说："无论哪一个社会形态，在它所能容纳的全部生产力发挥出来以前，是决不会灭亡的，而新的更高的生产关系，在它的物质存在条件在旧社会的胞胎里成熟以前，是决不会出现的。所以人类始终只提出自己能够解决的任务，因为只要仔细考察就可以发现，任务本身，只有在解决它的物质条件已经存在或者至少是在生成过程中的时候，才会产生。"①

马克思的上述经典名言揭示了社会经济和人类社会发展的基本规律，即生产力决定生产关系、生产关系一定要适合生产力发展的基本经济规律，以及经济基础决定上层建筑，上层建筑一定要适合经济基础的要求的客观规律。中国的改革开放正是遵循了这些客观规律的要求才取得了如此辉煌的成就。改革开放前，中国的"一大二公"的所有制结构和农村的人民公社制度，以及过分集中的计划经济体制，多年的实践证明不符合生产力发展的要求，脱离了我国生产力的发展水平，以致广大劳动者的生产积极性不高，经济发展

---

① 《马克思恩格斯选集》第 2 卷，人民出版社 1995 年版，第 33 页。

迟缓，产品供应短缺，人民生活困难。党的十一届三中全会以后，依据生产关系一定要适合生产力发展的规律以及上层建筑一定要适合经济基础的规律，解放思想，实事求是，坚定不移，开启改革开放，使国家面貌发生了翻天覆地的变化。这个铁一般的事实，再次证明了马克思主义是无比正确的真理。

（二）改革开放的巨大成就，证明了我国仍处于并将长期处于社会主义初级阶段的定位是完全正确的

20 世纪 50 年代，在我国完成了生产资料所有制的社会主义改造以后，不顾生产力发展的实际水平，便急于向共产主义过渡，这种冒进的行动，受到了客观规律的惩罚。在这种形势下，60 年代初我们的方针和政策进行了一定的调整，"左"的错误得到了一定的纠正，但仍然很不到位；改革开放的启动，才使我们认识到中国目前和今后相当长的时期仍然处于社会主义初级阶段。这是一个重大而崭新的论断。

上述对中国当代社会发展阶段的判断是对马克思主义的重大发展。马克思主义在前期，无论是在《共产党宣言》中，还是在《资本论》等经典著作中，都只把资本主义消亡后的未来社会即共产主义社会视为一个完整的历史时期，没有划分发展阶段。到了 1875 年，随着革命实践的发展，马克思在《哥达纲领批判》一书中，才将未来共产主义社会划分为两个阶段，即低级阶段和高级阶段。对于低级阶段他说："我们这里所说的是这样的共产主义社会，它不是在它自身基础上已经发展了的，恰恰相反，是刚刚从资本主义社会中产生出来的，因此它在各方面，在经济、道德和精神方面都还带着它脱胎出来的那个旧社会的痕迹。……但是这些弊病，在经过长久阵痛刚刚从资本主义社会产生出来的共产主义社会第一阶段，是不可避免的。"对于高级阶段，马克思说："在共产主义社会高级阶段，在迫使个人奴隶般地服从分工的情形已经消失，从而脑力劳动和体力劳动的对立也随之消失之后；在劳动已经不仅仅是谋生的手段，而且本身成了生活的第一需要之后；在随着个人的全面发展，

他们的生产力也增长起来，而集体财富的一切源泉都充分涌流之后，——只有在那个时候，才能完全超出资产阶级权利的狭隘眼界，社会才能在自己的旗帜上写上：各尽所能，按需分配！"① 在这里，马克思不仅把共产主义分为两个阶段，而且把这两个阶段的分配制度也确定了下来，低级阶段即后来被称为的社会主义阶段实行按劳分配制度，高级阶段则实行按需分配制度。

共产主义社会划分为两个发展阶段的理论，直到中国改革开放之前，一直是世界社会主义国家和全球马克思主义者的共识。但是，中国社会主义建设的实践，特别是改革开放的实践证明了，如果从中国的实际国情出发，中国的社会主义建设目前和今后相当长的时期，还不能按照传统的社会主义模式来实施，还必须按照社会主义初级阶段的要求来实施。这就是说，对资本主义以后的社会发展阶段的划分，只分为社会主义和共产主义两个阶段还是不够的，对社会主义阶段至少还应该划分出一个初级阶段，并且实行和社会主义初级阶段的国情相适应的路线、体制、战略和政策。中国改革开放的实践证明了，社会主义初级阶段的划分和定位是完全正确的，是对马克思主义的重大发展。

党的十三大的政治报告中就已提出："正确认识我国社会现在所处的历史阶段，是建设有中国特色的社会主义的首要问题，是我们制定和执行正确的路线和政策的根本依据。对这个问题，我们党已经有了明确的回答：我国正处在社会主义的初级阶段。这个论断，包含两层含义。第一，我国社会已经是社会主义社会。我们必须坚持而不能离开社会主义。第二，我国的社会主义社会还处在初级阶段。我们必须从这个实际出发，而不能超越这个阶段。"② 30 年后召开的党的十九大仍然强调："我国仍处于并将长期处于社会主义初级阶段的基本国情没有变"③。这就是说，至少在中

---

① 《马克思恩格斯文集》第 3 卷，人民出版社 2009 年版，第 435—436 页。
② 《中国共产党第十三次全国代表大会文件汇编》，人民出版社 1987 年版，第 8 页。
③ 《中国共产党第十九次全国代表大会文件汇编》，人民出版社 2017 年版，第 10 页。

国，无产阶级夺取政权以后，要建设社会主义和共产主义不是只分为两个阶段走，而是应该分三个阶段走。这是一个重大发展，是对马克思主义原有理论的重大突破。如果初级阶段的发展任务完成之后，要全面建成社会主义和实现共产主义，还需要经历一个社会主义中级阶段，那么无产阶级夺取政权后要实现共产主义就需要经历四个阶段。当然这只是现在的一种设想，这个设想当然还要由未来的实践去裁定。

（三）改革开放的巨大成就，证明了必须坚持中国特色社会主义道路

既然我国还处于并将长期处于社会主义初级阶段，因此，我们的社会主义建设就必须从这个基本国情出发，既不能照搬国外的经验，也不能教条地照搬书本上对社会主义的传统定义。

我们既然要实行社会主义制度，就必须坚持公有制，但我们还不能全面实行公有制，而只能根据我国社会主义初级阶段的国情，实行以公有制为主体、多种经济成分同时并存的经济制度。同时，我们既然要坚持社会主义制度，就必须实行按劳分配制度，但还不能全面实行按劳分配制度，而只能根据我国社会主义初级阶段的国情，实行以按劳分配为主体、多种分配形式同时并存的分配制度。当然除了经济领域以外，在上层建筑领域也必然具有中国特色，例如民主协商制度的实施就是中国特色。

经过几十年的奋斗，中国特色社会主义建设已经取得了巨大成就，我国社会主要矛盾已转化为人民日益增长的美好生活需要和不平衡不充分的发展之间的矛盾。社会主义矛盾的转化意味着中国特色社会主义建设进入了一个新时代。党的十九大表明："这个新时代，是承前启后、继往开来，在新的历史条件下继续夺取中国特色社会主义伟大胜利的时代，是决胜全面建成小康社会、进而全面建设社会主义现代化强国的时代，是全国各族人民团结奋斗、不断创造美好生活、逐步实现全体人民共同富裕的时代，是全体中华儿女勠力同心、奋力实现中华民族伟大复兴中国梦的时代，是我国日益

走近世界舞台中央、不断为人类作出重大贡献的时代。"① 适应新时代的新要求，我们应该努力打造新时代中国特色社会主义的新理念、新理论和新的发展战略。

总起来说，今天我们所拥有的一切辉煌，都是在中国共产党领导下，坚持以马克思主义为指导，坚持解放思想、改革开放得来的。改革开放只有现在时，没有过去时。今后，全国人民仍将团结一致、改革创新，沿着中国特色社会主义道路砥砺前进！

（2018 年 11 月 11 日在中国市场经济研究会改革开放 40 周年高层研讨会上的演讲）

① 《中国共产党第十九次全国代表大会文件汇编》，人民出版社 2017 年版，第 9 页。

商品生产所有权规律转变为资本主义占有规律

商品生产所有权规律转变为资本主义占有规律，这是资本积累过程中的必然现象。资本积累就是剩余价值资本化，而把剩余价值当作资本使用，或者说，把剩余价值再转化为资本，这同时就是商品生产所有权规律转化为资本主义占有规律。马克思在《资本论》第一卷第二十二章里论述了这一转变。这一转变是生产关系的一种变革，也是阶级关系的一种变革，是符合客观经济规律的必然趋势。

一 商品生产所有权规律和资本主义占有规律的内涵

商品生产所有权规律，就是在商品生产中，以等价交换为原则而不侵占他人劳动的私有权规律。在商品生产所有权规律作用的条件下，劳动和对劳动产品的所有权是结合在一起的。也就是说，付出劳动就有所得，不劳动就不能得，不劳动还要占有别人的劳动成果是不可能的。所以，商品生产所有权规律，是以个人劳动为基础的小商品生产或简单商品生产的规律。在商品生产所有权规律支配下，商品生产者之间是一种平等的交换关系，因而是不存在剥削与被剥削关系的经济规律。

资本主义占有规律，是拥有生产资料所有权的资本家无偿占有工人所创造的剩余价值的规律。在资本主义占有规律作用的条件下，"所有权对于资本家来说，表现为占有他人无酬劳动或它的产品的权利，而对于工人来说，则表现为不能占有自己的产品。所有权和劳动的分离，成了似乎是一个以它们的同一性为出发点的规律的必然结果。"① 因为工人丧失了生产资料，他除了双手，一无所有，不可能在生产过程中占有产品，只能得到由出卖劳动力而换取的与自己劳动力价值相当的工资；资本家在占有工人所创造的产品中，除去补偿他垫支的资本外，还取得剩余价值。资本家阶级和工人阶级之间的这种关系是一种剥削和被剥削的阶级关系。

由上文可以知道，商品生产所有权规律，实质上是价值规律在商品生产产权领域的体现；资本主义占有规律，则是剩余价值规律延伸到资本主义分配领域的体现。

二 商品生产所有权规律转变为资本主义占有规律的前提条件

依据马克思在《资本论》中运用的从抽象到具体的叙述方法，从第一卷第一篇开始，越往后的论述越具体，越贴近实际经济生活。所以在阐述商品生产所有权规律向资本主义占有规律转化时，就提出了转化所需要的前提条件。

要把剩余价值转化为资本，并启动扩大再生产，就需要在市场上能购买到相应的生产要素。为此，要了解积累所需要的这些物质要素如何取得，就不能只从个别资本而必须从社会资本的角度进行考察。

从社会资本的角度来考察，年产品能够作何用途，取决于它本身的构成，而不取决于流通。如果我们把积累作为直接生产过程的一个要素来看待，那么它所需要的基本物质条件大致如下：

第一，首先必须从社会总产品中提取一部分用来替换年生产过程中所消耗掉的资本物质成分，如使用的原材料和磨损的机器设备等，其余的则为年剩余产品。

第二，为了积累还必须从剩余产品中拿出一部分用于投资，也

---

① 《资本论》第一卷，人民出版社 2004 年版，第 674 页。

就是把它再转化为资本。所以，年产品中必须有一部分可以作为新资本的物质要素，即追加的生产资料和消费资料。马克思说过："剩余价值所以能转化为资本，只是因为剩余产品（它的价值就是剩余价值）已经包含了新资本的物质组成部分。"①

第三，为了让这些新资本的物质部分能够投入生产，如果不能从增加原有劳动者的劳动强度和延长原有劳动者的劳动时间来补充劳动力，那就必须有相应的追加的劳动力。

在上述三个条件具备之后，资本家只要把追加的生产资料和追加的劳动力结合起来，剩余价值就能够转化为资本了。否则，剩余价值将无法转化为资本，社会再生产将无法进行。

三　商品生产所有权规律转变为资本主义占有规律的过程和关键

马克思说："以商品生产和商品流通为基础的占有规律或私有权规律，通过它本身的、内在的、不可避免的辩证法转变为自己的直接对立物。"② 具体说来，这一转变过程大致如下：

作为这种转变的出发点的是商品生产所有权。既然构成第一个追加资本的剩余价值只是用原资本购买劳动力的结果，这种购买完全符合商品交换的规律；既然第二个追加资本只是第一个追加资本的结果；既然每一次交换都符合商品交换的规律，甚至还可以假定这种交换始终都是按劳动力的实际价值支付的。正是在这样的前提下，商品生产所有权规律就神秘地转变为资本主义占有规律。这种神秘性就在于表现为最初行为的等价交换，就会变成仅仅在表面上还是等价交换。这是因为：

第一，用来和劳动力交换的那部分资本本身，只是不付等价物而占有的别人劳动产品的一部分，即资本家无偿占有的工人创造的

① 《资本论》第一卷，人民出版社 2004 年版，第 670 页。
② 同上书，第 673 页。

剩余价值的一部分；

第二，这部分资本不仅要由它的生产者即工人来补偿，而且补偿之外还须加上新的余额即剩余价值。

马克思指出："这样一来，资本家和工人之间的交换关系，仅仅成为属于流通过程的一种表面现象，成为一种与内容本身无关的并只能使它神秘化的形式。劳动力的不断买卖是形式。其内容则是，资本家用他总是不付等价物而占有的他人的已经对象化的劳动的一部分，来不断换取更大量的他人的活劳动。"① 这样，商品生产的所有权，就会转变为资本主义占有权。也就是说，由平等的等价交换关系，转变为资本家无偿占有工人创造的剩余价值的剥削和被剥削关系。

为了深入理解上述转变，我们再来分析一下所有权和劳动的关系。最初，商品生产所有权是以商品生产者自己的劳动为基础的。根据商品生产的原则，每个人都只能占有自己的劳动产品，如要占有别人的劳动成果，只能用自己的劳动成果去交换。但在资本积累过程中则不然，对资本家来说所有权表现为无偿占有别人劳动产品的权利，而对雇佣工人来说，却变成不能占有自己的劳动产品了。这就是说，在商品生产的基础上，所有权和劳动是结合在一起的，是同一的；但在资本积累过程中，二者分离了，劳动者对自己的劳动产品失去了所有权，因为劳动所有权被资本主义占有权代替了。这是资本积累必然的也是可悲的结果。

还必须探明的是，所有权和劳动的分离，进而资本主义占有规律的出现，关键在于劳动力成为商品，正如马克思所说："一旦劳动力由工人自己作为商品自由出卖，这种结果就是不可避免的。"② 这就是说，劳动力成为商品以后，才不可避免地使商品生产所有权规律转变为资本主义占有规律。之所以如此，是因为劳动力成为商品以后，商品生产就普遍化了，每一个产品都是为了出卖而生产，都

---

① 《资本论》第一卷，人民出版社 2004 年版，第 673 页。

② 同上书，第 677 页。

必须当作商品投入市场。正是由于资本家购买了劳动力这一商品，从而获得了劳动力的使用权，而劳动力商品不同于其他商品，它的使用就是劳动，而劳动可以创造出比其自身价值更大的价值。其中既包括劳动力的价值，还包括一个余额即剩余价值。这个剩余价值就被资本家无偿占有了。于是，资本主义占有权也就由此而形成了。马克思曾经说过："商品生产按自己本身内在的规律越是发展成为资本主义生产，商品生产的所有权规律也就越是转变为资本主义的占有规律。"① 其中的关键因素就是劳动力成为商品。如果没有劳动力成为商品，就不会形成资本主义占有规律，二者是互为因果的。

四　资本主义占有方式的产生是对商品生产规律的应用

资本主义占有方式的产生似乎是而实际上绝不是对商品生产规律的违反。因为：

第一，在货币转化为资本的过程中，劳动力的买卖，是完全按照等价交换原则进行的。

第二，在简单商品生产条件下，生产资料和劳动力的买卖，以及制成品的买卖，都是按商品交换规律进行的。

第三，在扩大再生产的情况下，同样遵循了商品交换规律。既然剩余价值属于资本家所有，所以他将剩余价值预付在生产上，同他最初进入市场一样，是从自己的基金中预付的。至于这个基金是由原来的无酬劳动创造的，这一点不会改变资本家和工人之间的交换关系。首先因为，原来的工人提供这种剩余价值时，资本家对他的劳动力支付了完全合理的价格，不差分文。其次因为，上述交易与现在的劳动力出卖者无关。现在的劳动力出卖者所关心的只是得到与自身劳动力价值相等的工资，而且这样的工资他已经得到了。

从上述全过程来看，每一个环节都符合价值规律的要求，没有

---

① 《资本论》第一卷，人民出版社 2004 年版，第 677—678 页。

一个地方是违反的。所以，从商品生产所有权规律转变为资本主义占有规律是经济发展的必然结果。

还需要特别阐明的一点是：只有从再生产过程看，才能发现商品生产所有权规律到资本主义占有规律的转变，不管是简单再生产还是扩大再生产，如果仅仅从孤立的生产过程看，就不能发现商品生产所有权规律到资本主义占有规律的转变，更看不出资本主义占有的实质。这是因为，在孤立的商品生产中，相互对立的仅仅是彼此独立的买者和卖者，经过一次买卖，他们的关系就会结束，如果同一买者和同一卖者再次相遇，那是很偶然的事情。在这种情况下，就看不出付给雇佣工人的工资是由上一次雇佣工人所创造的剩余价值转化而来的。

如果从再生产过程看，"尽管每一个单独考察的交换行为仍遵循交换规律，但占有方式却会发生根本的变革，而这丝毫不触犯与商品生产相适应的所有权"[1]。这就是说，虽然个别的交换行为是按照价值规律运作的，但从连续不断的再生产过程看，资本家在不断地占有剩余价值，形成了与简单商品生产占有方式完全不同的资本主义占有方式。简单再生产占有方式是生产者占有自己劳动的产品，而资本主义的占有方式则是资本家占有别人劳动的产品。显然，这是占有方式上的"根本的变革"。所以，资本主义的占有规律只有在再生产过程中才能显现出来。

五　妄图永恒保留小商品生产而消灭资本主义占有权是违反客观规律的

马克思在阐述商品生产所有权规律转变为资本主义占有规律这一理论时，还批判了蒲鲁东相关的错误论调。蒲鲁东（1809—1865年）是法国小资产阶级经济学家和社会学家，无政府主义创始人之一。他从小资产阶级立场出发批评资本主义，称资产阶级私有财产

---

① 《资本论》第一卷，人民出版社 2004 年版，第 677 页。

是盗窃的财物，但他并不主张废除私有制，认为私有财产的普遍化，即小私有制是社会幸福的基础。他依据自己的唯心主义历史观，主张改良资本主义，消除资本主义"坏的"方面，建立"好的"资本主义。马克思在《哲学的贫困》等著作中，对蒲鲁东和蒲鲁东主义进行了深刻的批判。

蒲鲁东的理论和主张，其实质就是反对商品生产所有权规律转变为资本主义占有规律。他妄图在保留商品生产的基础上消灭资本主义的弊端。他要发展"纯粹的"商品生产，而又不使它导致资本主义，这完全是小资产阶级的幻想。马克思针对蒲鲁东的荒谬论调批判道："说雇佣劳动的介入使商品生产变得不纯，那就等于说，商品生产要保持纯粹，它就不该发展。商品生产按自己本身内在的规律越是发展成为资本主义生产，商品生产的所有权规律也就越是转变为资本主义的占有规律。"① 这就是说，商品生产发展到一定的高度，必然在一定条件下使劳动力成为商品，从而就必然转变为资本主义生产。这是一种不以人的意志为转移的客观规律。

从简单商品生产发展到资本主义商品生产，虽然产生了剥削与被剥削关系，但从生产力发展的角度来看，则是社会发展的一个进步，而想使小商品生产永远存在下去，永远保持它的纯洁性，不变化，则是一种倒退，也是一种幻想。所以，马克思在《资本论》第一卷的一个脚注里对蒲鲁东的这种谬论曾带有讽刺意味地批判道："蒲鲁东提出永恒的商品生产所有权规律同资本主义所有制相对立，想以此消灭资本主义所有制，对他的这种机智不能不感到惊讶！"②

六　公有制基础上的商品生产的发展前景

马克思在世的时候，还只有两种商品生产，即建立在个人劳动基础上的简单商品生产即小私有制商品生产或小商品生产，还有建

---

① 《资本论》第一卷，人民出版社 2004 年版，第 677—678 页。
② 同上书，第 678 页。

立在资本主义私有制和雇佣劳动基础上的资本主义商品生产，而到了20世纪30年代以后又出现了社会主义商品生产。社会主义商品生产是建立在社会分工和社会主义公有制即全民所有制和集体所有制基础上的一种商品生产。我们已经知道简单商品生产所有权必然转变为资本主义占有权，也即小商品经济必然发展为资本主义经济，那么，社会主义公有制基础上的商品生产发展的前景是什么？会不会也步小商品生产的后尘，发展为资本主义商品生产？

我们在前面的论述中已经知道，小商品生产所有权必然转变为资本主义占有关系的关键因素是劳动力成为商品。在社会主义公有制条件下，劳动力不是商品，因而也不存在买卖劳动力的问题，就是不存在雇佣劳动制度，同时，也不存在工人的劳动产品被私人无偿占有的现象。所以，社会主义公有制基础上的商品生产不可能转变为资本主义占有制基础上的商品生产。

由上文可知，社会主义公有制基础上的商品生产不会发展成为资本主义的商品生产，那么，它的发展前景将会是怎样的呢？依据生产关系一定要适合生产力发展的规律的要求，在长远的未来，生产力已高度发展，科学技术已经十分普及，社会产品已极大丰富，社会成员的基本需求都可由社会组织有计划地进行分配。这时，商品生产将永远退出历史舞台，代之而起的将是有计划的公共经济。

上面论述的是公有制基础上的社会主义商品生产，然而我国目前的商品生产，还是建立在多种所有制基础上的社会主义初级阶段的商品生产，也即中国特色社会主义的商品生产。这种商品生产的主流是社会主义性质的，但成分比较复杂，除公有制基础上的社会主义商品生产外，还有个体经济基础上的小商品生产、私有制基础上的资本主义商品生产、股份所有制基础上的商品生产、中外合资所有制基础上的商品生产；还有混合所有制基础上的商品生产，等等。既然我国目前存在着多种性质的商品生产，因而其发展前景也必然是多元的。除了公有制基础上的社会主义商品生产未来将成长为有计划的公共经济以外，其余的各种非公有制的商品生产，已经是并可能通过合法和非法途径转变成为资本主义商品生产，这并不意外，虽然它不符合我们的理想和愿望。

为了避免中国特色社会主义商品生产的发展走上邪路，我们应该从各个方面采取强有力的举措加以防范和引导，特别是要有效地发挥政府的宏观调控的功能，对于公有制基础上的商品生产应毫不动摇地加以巩固和发展：应坚决避免国有资产流失，避免借改革之名落入私有化的泥淖；对于个体小商品生产，应引导其逐步走上合作化和集体化道路，以适应社会生产力发展的要求；对于其他非公商品生产，也应毫不动摇地鼓励、支持和引导，以期在长远的未来转变为社会主义商品生产。总之，我们要在中国特色社会主义建设的新时代，保证各类商品生产的发展不转向、不蜕变，一直沿着有利于建设社会主义现代化强国的道路前进！

（原载《〈资本论〉基本原理求索》，社会科学文献出版社2018年版）

编选者手记

这本文集，可以说是我的自选集。六十年来在从事教学与研究过程中，虽然自我感觉并不满意，但还是积累了一些学术成果，除了独著、合著、主编、参编的专著、教材、皮书等约 40 本外，还发表了约 250 篇论文和演讲稿。要在这些论文和讲稿中筛选出一部分单独汇编成书，就需要有选择的范围和标准。我编纂本书选文的范围和标准有四项：

一是突出我的研究方向。我的主要研究方向有二：首先是马克思的《资本论》；其次是经济发展战略的理论与实践。此外我的研究还涉及可持续发展问题和文化软实力等领域。

二是选文要贯彻以马克思主义为指导思想的精神。

三是选文应和中国特色社会主义现代化建设的实践需要相关联。

四是文章要有新意，也就是要尽力体现学术创新的要求。

根据上述要求，本书选入了我自 1963 年以来直到 2018 年发表过的 34 篇成果。

收入这本文集的文章和讲稿的时间跨度长达半个多世纪，因此，今天来读当年的论述就需要有历史的眼光，就是要从当年的环境、当年的社会发展态势来评价当年文章中的见解。这就是要用历史的观点来看待这本文集。

编书虽然不同于写书，但要按编辑的规范来运作也是相当费工夫的，更不用说要从半个多世纪的历史长河中搜集和本书相关的各种各样的文献资料也是很费力气的。所以，我就求助于我的在读博士研究生、陕西理工大学副教授任颖洁同志。她既有学术功底，又有写作经验，更有助人为乐的精神。这个文集的编辑，她从文稿输入、目录编排和部分文字的校审到最后汇集成书都花费了大量精力。我在此对她深表谢忱。

最后，我作为本书的作者和编选者，在这篇"手记"中必须向出版社和看到本书的广大读者同志说明一点：收入本书的文章，写作时间起自 1963 年，止于 2018 年，其中 2004 年以前撰写的有 17 篇，大部分是研究《资本论》的文章。这次在编选时，为读者查阅资料的方便以及考虑经济社会变化的现实需要，对 2004 年以前的文章进行了一点补充和再次完善，故引注了人民出版社 2004 年版的《资本论》。为免误会，特作以上说明，望能谅解。

我今年虽然已达 85 周岁，但我仍然本着"活到老，学到老，干到老，反思到老"的精神要求自己。因此，我希望看到这本文集的同志，不吝赐教，多多批评指正，以便我来日进一步修改完善，再出新作。还要衷心感谢经济所的领导和参与组编文集的同志们以及中国社会科学出版社的领导和编辑，对本书的出版给予的大力支持和帮助！

李成勋

2019 年 10 月 31 日于京城芳古红楼

《经济所人文库》第二辑总目(25种)

（按作者出生年月排序）

《汤象龙集》　　《李伯重集》

《张培刚集》　　《陈其广集》

《彭泽益集》　　《朱荫贵集》

《方　行集》　　《徐建青集》

《朱家桢集》　　《陈争平集》

《唐宗焜集》　　《左大培集》

《李成勋集》　　《刘小玄集》

《刘克祥集》　　《王　诚集》

《张曙光集》　　《魏明孔集》

《江太新集》　　《叶　坦集》

《李根蟠集》　　《胡家勇集》

《林　刚集》　　《杨春学集》

《史志宏集》